# Mauro Camargo

amor

© 2017 Mauro Cesar Bruginski Camargo

Programação visual da capa:
FERNANDO CAMPOS

Revisão textual
SANDRA KNOLL

Instituto Lachâtre
Caixa Postal 164 – CEP 12914-970
Bragança Paulista – SP
Telefone: 11 4063-5354
Site: www.lachatre.org.br
E-mail: editora@lachatre.org.br

1ª edição – Novembro de 2017
Do 1º ao 2.000º exemplar

A reprodução parcial ou total desta obra, por qualquer meio,
somente será permitida com a autorização por escrito da editora.
(Lei n° 9.610 de 19.02.1998)

Impresso no Brasil
*Presita en Brazilo*

---

CIP-BRASIL. CATALOGAÇÃO NA FONTE
Camargo, Mauro Cesar Bruginski, 1962 –

*Amor* / Mauro Camargo – 1ª ed. – Bragança Paulista, SP : Lachâtre, 2017.

ISBN: 978-85-8291-061-0
296 p.

1.Espiritismo. 2.Romance espírita. 3.Inquisição espanhola I. Título.

CDD 133.9          CDU 133.7

*Somente o amor pode construir pontes para superarmos os abismos de dor do passado.*

# PREFÁCIO

Na minha primeira experiência em colaborar com um escritor do plano físico na construção de um romance que seria publicado como livro, eu havia chegado há pouco tempo no plano espiritual e isso gerou algumas dificuldades, mas quero crer que elas não atrapalharam no resultado final do trabalho. Assim foi escrito o livro *Perdão*, publicado em outubro de 2014.

Antes mesmo de a obra ser publicada, já havíamos começado a trabalhar com o projeto do livro seguinte, já que a ideia é termos uma sequência, *Perdão, Amor e Caridade*, estes alicerces maravilhosos sem os quais não existiria a evolução do espírito.

Enquanto escrevíamos a obra *Perdão*, minha curiosidade em relação ao passado, onde estariam as causas que nos levaram a situações tão difíceis de serem superadas na última jornada terrena, aumentou sobremaneira. Havia uma aparente injustiça em minha morte: fui assassinado com um tiro, com apenas vinte anos. Porém, a perfeição de tudo que eu via ao meu redor já me fazia intuir que, mesmo minha morte naquelas condições não poderia ser uma injustiça. Não existe injustiças na criação divina. Tudo obedece a uma ordem planejada. Léon Denis nos disse que a ideia mais elevada que podemos fazer do Criador é que ele fez uma obra tão perfeita que não precisa ficar fazendo intervenções constantes, correções. Quer dizer, nós mesmos nos ajustamos, através da nossa consciência, em perfeita interação com as leis de causa e efeito.

A felicidade é a luz no fim do túnel, para onde caminhamos incessantemente. Em cada etapa existencial entendemos melhor o que é esta luz. Nas etapas mais primárias, o ser a entende como o acúmulo de bens materiais, o jogo do poder e as satisfações da sensualidade. Com o tempo e muitas vidas, começamos a mudar a visão da felicidade e passamos a vê-la pelo prisma dos sentimentos mais elevados, onde a consciência equilibrada encontrará a paz através do amor verdadeiro.

Então não havia injustiça na minha morte com vinte anos e tudo pela frente para viver. Aprendi isso antes de descobrir o que me levara a passar por aquela situação, mas, ao descobrir as causas no passado, não tive como não sentir vontade de transformar em livro o que lá havia acontecido. Principalmente quando descobri que muitas pessoas daquele passado ainda estavam na matéria, sofrendo as consequências dos seus atos, através de situações aparentemente injustas.

A encarnação presente do nosso grupo familiar, do qual eu havia conhecido apenas uma parte, estava profundamente vinculada a episódios vividos em uma jornada na época das grandes navegações e descobertas do Novo Mundo. Vivíamos nos reinos que mais tarde se uniriam para compor o que é hoje a Espanha, na época mais contundente da atuação do Tribunal do santo ofício, a inquisição espanhola. Lá sofremos e fizemos sofrer. Lá plantamos sementes que muito nos custariam colher na lavoura do tempo.

O livro *Amor* é uma volta ao passado, sem deixar de lado o presente, o que não fiz no livro *Perdão*, porque não tinha, na época, conhecimento e experiência suficientes para isso. Espero que eu e o escritor do plano físico tenhamos feito um trabalho a contento, para que os leitores e leitoras possam compreender um pouco mais sobre as aparentes injustiças da vida, que nunca são mesmo injustiças, se as observarmos pelo prisma das leis de ação e reação.

Embora estas vinculações das duas obras, *Perdão* e *Amor* (ainda virá *Caridade*), é importante que leitores e leitoras saibam que não é necessário a leitura da primeira para compreensão da segunda.

Foi com muita alegria que descobri que o carismático padre Godoy, que teve participação tão marcante no livro *Perdão*, embora curta, seria o personagem principal desta obra, que, com humildade e respeito, agora entregamos ao público.

Boa leitura!

Henrique Brandão – espírito.

# CAPÍTULO I

*Bairro da Restinga, Porto Alegre, julho de 2014.*

Padre Godoy abriu os olhos como se já tivesse dormido muitas horas, mas as estrelas que via pela janela do quarto lhe diziam que o dia ainda tardaria a chegar. O relógio no criado mudo marcava duas horas da madrugada, mas ele sentia-se plenamente desperto e, como isso já havia acontecido muitas outras vezes, não sendo mais surpresa, com a dificuldade habitual que as dores na coluna lhe impunham, saiu da cama e vestiu sua roupa. Era uma noite fria do mês de julho e haveria geada no gramado da frente do salão paroquial, bem como nas calçadas ao redor da igreja, que ficava na Restinga, arredores de Porto Alegre, por isso colocou sobre o ombro seu pesado casaco revestido de lã e pensou em esperar na sala, onde a lareira ainda deveria ter um pouco de calor.

Esperar? Esperar o quê? Ele não sabia, mas alguma coisa aconteceria e era preciso estar preparado, por isso, com alguma dificuldade e movimentos lentos, sentou-se na poltrona confortável em frente à lareira e pensou em rezar, mas não teve tempo. Embora as batidas na porta da cozinha, nos fundos da casa, tenham sido tímidas, no silêncio da noite ouviu-as claramente. "Foi mais rápido do que você esperava, não é?" Falou consigo mesmo e ficou mais uma vez preocupado, porque dera de conversar sozinho em pensamento e ainda não sabia se isso era ou não uma coisa boa. Sempre fizera isso durante a vida, mas, ultimamente, conversava cada vez mais. Seu corpo nem tinha se acomodado na poltrona e já estava em pé, tentando conectar sua mente com Deus o mais rapidamente possível, pois sabia que atrás da porta da cozinha havia um problema a ser resolvido. Na pressa do pensamento acelerado, sua mente derramou nos seus lábios uma frase, que saiu quase que soprada:

– Pai, faz de mim um instrumento da tua paz...

As poucas lâmpadas da rua que ainda funcionavam não conseguiam vencer a escuridão que se espalhava pelos lados da igreja e nos fundos da casa do padre, que, quando abriu a porta, teve alguma dificuldade em enxergar quem havia batido. Padre Godoy fora vítima de um acidente quando criança, quando ajudava o pai na serra circular de uma serraria e uma lasca de madeira perfurou seu olho esquerdo, sendo que o direito, com a idade, não era mais tão eficiente, principalmente quando ele esquecia de colocar os óculos, o que era habitual. Embora não fosse propriamente velho, nos seus sessenta e sete anos, sua fragilidade física fazia com que parecesse ter muito mais. Além de ter perdido uma vista, também tivera paralisia infantil quando criança e, como sempre fora muito agitado, os problemas de coluna agora costumavam torturá-lo. A infância do padre não lhe era motivo de boas lembranças, embora todo dia agradecesse a Deus por todas as dificuldades pelas quais passara, fazendo-o ser uma alma forte. Seu pai e sua mãe morreram pouco depois de ter ganho um olho esquerdo de vidro devido ao acidente e, por isso, teve que ir morar com os tios. A tia era uma alma boa, mas o tio, pedreiro de profissão, não o recebera de boa vontade. De que lhe serviria mais uma boca para sustentar, que se atrapalhava por ter um olho só e coxeava devido à perna mal desenvolvida pela paralisia? O caminho para o sacerdócio não foi apenas uma fuga de suas agruras infantis, mas também, para o coração bondoso do menino, uma solução para a pobre tia, que já tinha problemas demais na convivência com o marido. Ele se sentia sempre uma imensa gota d'água transbordando o copo.

O olho bom do padre, que era míope, precisou vasculhar a escuridão para encontrar na sua frente uma pessoa, que se vestia todo de preto e usava um capuz cobrindo a cabeça. No meio deste capuz havia um leve cintilar de olhos. Foi então que o padre se deu conta de que não havia acendido nenhuma luz. A pouca visão o fizera quase dispensar a iluminação, sabendo se mover pela casa e fazer coisas que outras pessoas precisariam de muita claridade para fazer. Então tocou na tecla ao lado da porta e acendeu a luz da cozinha, que iluminou um jovem de não mais de dezesseis anos parado à sua frente, com olhar vago e expressão alienada, como se não estivesse ciente de que estava ali.

– Em que posso ajudar você, Bruno? – perguntou o padre, mas Bruno não esboçou nenhuma reação. Continuou sem se mover e Godoy percebeu que, embora seus olhos o mirassem, sua percepção estava distante.

Bruno Benaccio de Amorim era neto de Maria do Carmo Benaccio, a boa alma que ajudava o padre desde que ficara viúva há vários anos, tanto na casa paroquial, quanto no auxílio aos necessitados de vários tipos que constantemente os procuravam, por isso chegou a pensar que sua auxiliar poderia estar com algum problema, já que ela era mais velha do que ele, embora com boa saúde. Porém, antes de fazer mais uma pergunta, um leve movimento do braço do jovem fez com que um rápido reflexo chamasse sua atenção. "Eu não acredito que ele fez isso", comentou consigo mesmo e, sem hesitar, adiantou-se e apanhou da mão do rapaz uma faca que quase se escondia sobre a manga longa do moletom. Era uma faca pequena, com uma lâmina de cerca de quinze centímetros, e estava suja de sangue.

– Santo Deus! Bruno! O que você fez?

– Eu fiz, padre... eu fiz... Eu prometi que ia fazer... e fiz...

– Não, Bruno. Você me prometeu que nunca ia fazer isso; que era uma ideia maldosa, perversa. Você me prometeu que iria perdoar... Por Deus! – falou o padre, puxando Bruno pelo braço para dentro da cozinha e fechando a porta atrás de si. Fez com que o jovem sentasse em uma das cadeiras de palha que circundavam a mesa e jogou a faca na pia, com um breve mal-estar.

Sirenes feriam o silêncio da noite, mas estavam distantes, e o padre sabia para onde iam. Bruno, sentado à sua frente, mantinha nele um olhar vago e parecia não saber onde estava. Tinha dezesseis anos e era dependente químico, para desgosto e desespero da família de Maria do Carmo, sendo que o pai, genro da sua auxiliar, embora bastante instruído, por não saber lidar com a situação, vivia com ele um drama de conflitos exasperados, que iam de discussões até a alguns casos de violência física, obviamente sem trazer resultados eficientes. Pelo quadro dramático estampado ao padre, ele pensava ter usado o verbo na conjugação certa: vivia.

# CAPÍTULO 2

    A geada cobria o gramado ao redor da casa paroquial e havia sido mais forte do que imaginava o padre. O céu amanhecera pintado com um azul pálido e praticamente nenhuma nuvem podia ser vista, mas, mesmo assim, o sol de inverno perdia para o vento gelado, que parecia cortar a pele de quem tinha que sair cedo de casa.

    Era perto das sete horas da manhã quando a ambulância deixou o casa do padre levando Bruno e logo atrás dela saiu o carro do advogado Matias Perin, que o padre havia chamado, ainda de madrugada. O fato não despertou tanto a atenção, pois a maioria dos transeuntes desta hora estava preocupada com o horário do serviço e com o frio, por isso passavam rapidamente, mesmo que curiosos. O advogado partira para a delegacia do bairro, deixando Maria do Carmo, que chegou junto com ele à casa do padre, de coração aflito. Matias era de extrema confiança, tanto do padre Godoy, quando dela, por isso o chamaram para cuidar do caso. Era evidente que Bruno, no estado em que estava, precisava de tratamento especializado, por isso Matias não tinha dúvidas de que conseguiria que o jovem não fosse preso, principalmente porque Ernesto de Amorim não havia morrido, embora estivesse em estado muito delicado, internado no hospital da Restinga. Ernesto de Amorim era o pai de Bruno e a família, obviamente, estava em polvorosa, como nem poderia deixar de ser.

    – O que fazemos agora, padre? – perguntou Maria do Carmo, com seu sotaque gaúcho peculiar. – Como manter a calma e agir corretamente diante de tamanha tragédia?

– Só posso lhe dizer que o nervosismo jamais foi bom conselheiro, minha irmã – respondeu o padre, pousando a mão direita no ombro de sua assistente e amiga. – Não podemos deixar de orar e confiar em Deus. Por isso, antes reze, depois vá para casa, pois acredito que vão precisar do seu equilíbrio.

– Todos estão com muita raiva do Bruno e acho que também de mim, porque sempre o defendi. Quero ficar um pouco por aqui, padre. Creio que não estou em condições de enfrentar a família agora.

– Bem, até certo ponto, o tempo pode ser nosso amigo. Talvez algumas horas bastem para as pessoas raciocinarem com mais calma. Então fique, minha amiga, encontre um lugar onde não seja perturbada e busque a Deus pela oração. Hoje é terça-feira e logo chegarão pessoas para conversar comigo...

– Não quero me esconder em um canto, padre – interrompeu Maria do Carmo, que sempre fora um tanto rude com as palavras, mas somente por ser sua maneira de se expressar, não tendo nenhuma rudeza de alma. – Acho melhor ficar por perto do senhor e anotar o que for preciso, como sempre fiz. Vai me fazer bem. Mais tarde vou para casa, depois que os ânimos serenarem. Não sei no que posso ser útil neste momento.

Padre Godoy entendeu rapidamente a aflição de Maria do Carmo. Sabia que ela fora veemente contra a internação de Bruno em clínicas de recuperação para dependentes, nas vezes em que a família aventara a hipótese, logo que começou sua ligação com as drogas. Sabia que ela, enfermeira voluntária e amiga de muitos médicos, havia se informado bastante sobre o assunto para embasar sua posição, mas a maioria da família via na internação a solução mais rápida e prática para o problema. Ela, por sua vez, entendia que, antes de chegar ao ponto crítico em que Bruno se encontrava agora, havia outras alternativas mais eficientes, porque sabia que internações forçadas, contra a vontade do paciente, estatisticamente traziam resultados muito baixos em eficiência, independente da qualidade do tratamento. Só que a família, embora sempre muito preocupada, não soube agir adequadamente no tempo certo. E quem realmente sabe?, perguntava ela para si mesma. Só que agora não havia alternativa, até mesmo porque a justiça não é dada a sutilezas.

As mesmas sutilezas e nuances que a família passou por cima não seriam lembradas quando ela aparecesse em casa. Agora, com a dureza dos fatos, ela seria também cobrada com dureza, mesmo pela filha, Emília Benaccio de Amorim, que muitas vezes vira na internação uma saída, mesmo que sempre tivesse demonstrado um amor imenso pelo filho. Felizmente Emília tinha um vínculo de carinho e respeito muito grande com Godoy e costumava ouvi-lo com frequência para que a ajudasse com assuntos mais delicados. Porém, diante da situação, quando conseguiriam conversar? Por isso o padre apenas mostrou o caminho da casa para Maria do Carmo e, ao entrarem na cozinha, perguntou, tentando trazer alguma naturalidade ao dia:

– Pode passar um café, minha irmã?

Não tardou para que algumas pessoas começassem a se juntar na pequena varanda da casa do padre. Não vinham para confessar, o atendimento não era no confessionário, dentro da igreja, mas sim informal, no salão paroquial ao lado da casa, que era usado para eventos e reuniões do AA. Reuniam-se na frente da casa e o padre os recebia ali, na pequena varanda, depois iam para o salão conversando coisas amenas, como o frio, a geada ou o vento sul, que naquele dia castigava toda a região de Porto Alegre. A maioria das pessoas que buscavam as palavras amigas do padre era de mulheres, normalmente mães de famílias, esposas, avós, tias. Poucas vezes apareciam homens, por isso aquele senhor de expressão soturna chamou um pouco a atenção do padre, assim que abriu a porta e cumprimentou-o e as três mulheres que o aguardavam. O homem não respondeu ao cumprimento, apenas abaixou levemente a cabeça e puxou um chapéu de feltro para baixo, cobrindo um pouco o rosto.

As três mulheres eram já conhecidas do padre e, assim que sentaram nos bancos do salão, também cumprimentaram Maria do Carmo, que ainda despistava as lágrimas e a ansiedade, enquanto o padre se ocupava do seu lugar no pequeno escritório nos fundos, não sem antes ver que o homem, sempre calado, sentava-se um pouco mais afastado do grupo.

Foi com bastante esforço que Godoy prestou atenção às mesmas dificuldades de sempre daquelas senhoras. Ele sabia que cada um tem uma força maior ou menor para dobrar as barras de ferro das prisões de suas zonas de conforto, por isso tinha imensa paciência com os evidentes erros repetidos das pessoas que nele confiavam. Como era muito raro uma admoestação de sua parte, a confiança nele era sempre imensa, e o padre procurava conduzir aquelas almas pelos caminhos da oração e da paciência, sabendo que levamos uma ou mais vidas para conseguirmos avançar um pouco. Cada vez que assim pensava, um sorriso brotava na alma do padre, que era um admirador convicto e silencioso da teoria da reencarnação, tão lúcida para ele. "Você é espírita e não assume", dizia a voz que vinha mantendo conversas com ele ultimamente, e o padre rapidamente olhou para os lados, como se alguém pudesse ler o que se passava na sua cabeça.

Quando a terceira mulher saiu do seu escritório, Maria do Carmo levantou e disse:

– Bem, creio que é hora de eu enfrentar a família. O senhor almoçará sozinho?

– Ainda temos um irmão para atender, minha amiga – falou brandamente o padre.

– Irmão? Chamastes alguém?

– O irmão que aguarda no salão. Ele é quieto, mas não é invisível.

Maria do Carmo foi até a porta e logo olhou de volta para o padre, com expressão de estranheza no rosto.

– Bah! Não tem irmão nenhum aqui padre. Não que eu veja... a não ser que...

– A não ser que se cansou de esperar e foi embora – interrompeu o padre, sabendo o que a amiga iria falar. – É uma pena, poderia estar precisando de ajuda. Bem, como ainda é cedo, vou caminhar um pouco ao seu lado e fazer companhia. O sol já esquentou um pouco as ruas.

Godoy apanhou seu chapéu e levantou da cadeira, sempre com alguma dificuldade, enquanto que Maria do Carmo já o esperava na saída do salão. Assim que chegou na porta do escritório bateu de frente com o olhar pesado do homem que ainda o aguardava. Então entendeu. Ficou parado na porta olhando para aquele homem, que também o olhava e já mostrava alguma impaciência, quando Maria do Carmo o chamou, do lado de fora do salão:

– O senhor não vem?

– Não, minha amiga, vou ficar. Minha coluna não está me convidando para caminhar hoje. Vai você e que Deus a acompanhe.

– Amém! – foi o que ouviu como resposta.

Então o homem ficou em pé e caminhou em sua direção, passando por ele e sentando-se na frente da mesa onde o padre atendia. Godoy voltou para o seu lugar e, depois de sentar, pôde olhar melhor para o homem, que agora parecia estar bastante impaciente. Estava vestido com um paletó cinza já um tanto envelhecido e o chapéu de feltro, também cinza, aumentava a impressão de tristeza que o padre sentia ao observá-lo. Uma blusa preta de gola alta deixava só seu rosto à mostra e nele podia se perceber algumas cicatrizes fundas, apesar da barba negra mal aparada. A pele parecia bronzeada pelo sol e os olhos eram fundos nas órbitas, castanhos-escuros e impacientes, pois parecia que não conseguia suportar o olhar meigo, porém firme, do padre, que por fim perguntou:

– Em que posso lhe ajudar, meu irmão?

– O senhor sabe quem eu sou? – perguntou com uma voz grave e palavras ligeiras, como se quisesse encurtar o assunto.

– Não tenho a mínima ideia. Mas vejo que está bastante ansioso e isso não faz bem para ninguém. Por que não se acalma um pouco antes de conversarmos?

– Sempre tenho a impressão de que não tenho muito tempo, padre, e isso me deixa uma pessoa um tanto ansiosa – falou, depois de ter respirado fundo, como se quisesse buscar alguma calma.

– Como é seu nome?

– Então não lembra mesmo de mim?

– Eu deveria? – perguntou Godoy, procurando uma posição melhor na cadeira, para que a coluna parasse um pouco de doer.

– Nós cruzamos muito rapidamente na minha última vida... sei que seria difícil lembrar. É claro que lembrar de um tempo mais antigo, então, é bem mais complicado...

– Que eu eu saiba existem bons motivos para esquecermos das outras vidas...

– Sim, eu sei... eu sei... Já me falaram isso... Já andei por alguns centros...

– Centros? – perguntou o padre, depois que o homem deixou as palavras no ar.

– Espíritas... espíritas... O senhor sabe, já leu os livros.

– Ah! Sim... mas não me disse o seu nome – falou o padre, tentando mudar o curso da conversa, sempre com a impressão de que as paredes tinham ouvidos quando tratava destes assuntos.

– A minha pergunta sobre lembrar de mim tem a ver com meu nome, ou nomes. Não quero usar o nome desta minha última vida, quero que me chame por um dos nomes do passado. Eu era chamado de Javier Herrera, caro padre Godoy, mas pode me chamar apenas de Herrera.

– E por que está aqui, Herrera? Em que posso lhe ajudar?

Javier Herrera repentinamente pareceu cobrar alguma calma. Seus olhos ligeiros conseguiram parar e fixaram-se nos olhos do padre, que teve a impressão de que um leve sorriso pairava no canto dos seus lábios. Aprumou-se um pouco na cadeira e, apoiando as duas mãos na mesa, arcou um pouco o corpo para frente e falou, baixo, como se fosse um segredo:

– Eu tenho uma história para lhe contar, padre. Uma história sobre o passado, para o que o senhor possa entender porque eu estava ao lado de Bruno esta noite. Eu deveria tentar evitar que ele matasse Ernesto Amorim, mas nada fiz, torcendo até para que ele conseguisse seu intento. É uma longa história, padre, e preciso que a escute, porque precisamos da sua ajuda.

# CAPÍTULO 3

*Salamanca, abril de 1533.*

O vento gelado cortava o rosto do jovem frade dominicano Alfonso Borges e seus pés, calçados com sandálias grosseiras, estavam amortecidos. Há uma hora ele caminhava e somente agora uma leve claridade no leste o informava que o dia estava chegando. O gelo se espalhava pelos campos ressequidos ao seu redor e, em muitos lugares, deixava o chão escorregadio e perigoso. As primeiras claridades distantes do dia costumam deixar a madrugada ainda mais escura e o frade já havia escorregado várias vezes pelo caminho que se estendia na longa planície à sua frente.

Alfonso havia saído de Ávila dois dias antes e passara parte da noite na estrebaria de uma fazenda. Não aceitou o quarto que o fazendeiro ofertara, pois sua regra exigia austeridade. Embora a rispidez da madrugada, nem escuridão, nem frio eram problemas reais para ele. Problema real era o que retumbava em seus pensamentos. Problema real era Isabelita, a jovem e linda filha de uma família de convertidos a quem sua mente rapidamente afastava cada vez que ela surgia vívida nos corredores mais secretos do pensamento. Problema era seu amigo Agustín de Cazalla,[1] que, embora bem mais jovem do que ele, havia lhe aberto tantos novos horizontes ao lhe apresentar as ideias

---

[1] Agustín de Cazalla (1510-1559), clérigo espanhol com tendências humanistas, simpático às ideias de Erasmo de Roterdã. Foi capelão do imperador Carlos V (Carlos I da Espanha). Perseguido pela inquisição, foi acusado no reinado de Felipe II, sucessor de Carlos V, por suas ideias religiosas consideradas heréticas. Foi condenado a morrer na fogueira em um auto de fé em Valladolid. É considerado mártir pelos protestantes da Espanha. (*História de los hereodoxos españoles*, Marcelino Menéndez y Pelayo)

de Erasmo[2] e por isso mesmo era vigiado atentamente pelo cardeal Juan Pardo de Tavera, diretor do santo ofício e que sonhava ser nomeado inquisidor-geral.[3]

O ano era o de 1533 e o medo há muitos anos caminhava na frente de cada dominicano que viajava pela península Ibérica. Ávila estava tomada pela insegurança e a sombra de Torquemada[4] ainda assombrava, das almas mais frágeis até as mais valentes. Bem sabia Alfonso que existiam correntes contra o modo de trabalhar do tribunal do santo ofício, mas a força dos inquisidores era tamanha que não havia voz, ou coragem, que pudesse suplantá-la. A defesa da verdadeira fé tomara uma proporção tamanha que, como um monstro faminto, poderia devorar seus próprios criadores. Quantos padres, priores, bispos que a defendiam acabaram por se enrolar nas sutis teias de suas próprias palavras e acusações? Alfonso sabia o motivo, mas tratava mentalmente deste assunto com tamanho segredo que tinha até medo de conversar com ele mesmo. Era como se o pensamento pudesse ser lido à distância de centenas de milhas por um inquisidor

[2] Erasmo de Roterdã ou Desidério Erasmo (Roterdã, 28 de outubro de 1466 – Basileia, 12 de julho de 1536) – humanista e filósofo holandês, famoso pelo seu amplo conhecimento dos mais diversos assuntos ligados ao saber humano, além de um dos maiores críticos do dogma católico romano e da imoralidade do clero. Filho ilegítimo de um padre, acabou por ordenar-se monge. Embora fosse clérigo e profundamente cristão, Erasmo de Roterdã ficou conhecido pela sua oposição ao domínio exercido pela Igreja sobre a educação, a cultura e a ciência. O pensamento de Erasmo era caracterizado pela liberação da criatividade e da vontade do ser humano, que ia de encontro ao pensamento escolástico, segundo o qual todas as questões terrenas tinham resposta na doutrina religiosa. Essa liberdade de pensamento será utilizada contra Erasmo, que é acusado de inspirar Martinho Lutero a se rebelar contra a Igreja, num episódio que se desdobraria em outras disputas teológicas até o final de sua vida. (Ferrari, Marcio. *Erasmo de Roterdã*)
[3] Juan Pardo de Tavera (Zamora, 1472 – Valladolid, 1545) – religioso e político espanhol, um dos homens mais influentes do seu tempo. Desempenhou importantes cargos eclesiásticos, entre eles os arcebispados de Santiago e Toledo, e de inquisidor-geral. (http://www.mcnbiografias.com)
[4] Thomas Torquemada (1420-1498) – eclesiástico espanhol e inquisidor-geral. Era monge dominicano, prior do convento de Santa Cruz em Segóvia. Protegido dos reis católicos, Fernando e Isabel, que, com o consentimento do papa Sisto IV, o nomearam inquisidor-geral. Perseguiu judeus e muçulmanos convertidos e era chamado de "o martelo dos hereges". Seus autos de fé (queima de condenados na fogueira) chegaram ao número de mais de dois mil e duzentos. (http://www.mcnbiografias.com).

voraz de almas em desalinho com a fé e que precisavam ser purificadas pelo fogo, pois só o fogo podia purificar uma alma. Porém, nas suas longas caminhadas, debater consigo assuntos intrincados e profundos era seu principal passatempo.

Alfonso entendia duas questões principais que alimentavam os tribunais da inquisição, que eram como irmãs gêmeas, iguais no corpo, mas com temperamentos distintos, embora inseparáveis. A primeira era a sede de poder, a segunda a falta de fé. "Ora essa, como pode dizer que há falta de fé em quem combate a falta de fé?", perguntava um debatedor imaginário ao seu pensamento inflamado e temeroso, que corria a explicar de maneira clara: "Sim, uma imensa falta de fé, meu senhor. A Santa Madre Igreja se ingurgitou de filhos de famílias poderosas que não tinham direito à herança, mas que jamais viram no Cristo a salvação de suas almas, mas sim a salvação de seus privilégios. Como esperar que fossem dotados do necessário entendimento místico da fé? A grande maioria jamais entenderá o que é isso. Jamais sentirão o fulgor do amor do Cristo iluminando seus corações, jamais perceberão sua Divina Presença quando elevarem suas preces. Não, meu senhor, jamais entenderão o que é a fé verdadeira e mística, e, para que este assunto não os incomode, resolveram transformar tudo o que é místico em heresia, pois assim sentem-se muitíssimo confortáveis no espaço que criaram para sua cegueira e ignorância".

Cada vez que dava esta resposta para si mesmo, parava um pouco onde quer que estivesse, como agora, numa larga e deserta planície entre Ávila e Salamanca, e olhava cuidadosamente para os lados, como se alguém pudesse perceber em seus olhos o brilho de paixão que a fé explicada pela razão lhe causava, e que poderia lhe trazer tantos problemas.

"Mas", continuava o debatedor imaginário, assim que ele sentia-se seguro e sozinho, "qual é a irmã gêmea desta ideia?" Então o jovem frade sorria com o canto dos lábios finos e bem definidos, traidores naturais de suas emoções mais bem guardadas e, como se a explicação fosse absurdamente óbvia, respondia: "O poder é inimigo da fé. Somente a fé genuína e impoluta é capaz de ser mais forte do que ele. Então, para que o poder exista, é preciso que também exista um reino dominado por mentes tacanhas, embrutecidas, sem luz alguma, sem crença genuína, sem fé verdadeira. Assim uma ideia alimenta a outra.

Uma é o vento, outra é a brasa, que acende fogueiras e queima aqueles que possuem em si a imaculada fé, não para limpar suas almas para que tenham luz pela eternidade, como dizem, mas apenas para que não os derrubem dos cimos do poder".

"Isso quer dizer que os judeus são dotados de verdadeira fé?", tornou a perguntar o insistente debatedor invisível, e esta impertinente pergunta fez com que Alfonso parasse mais uma vez e agora subisse numa rocha ao lado do caminho, de onde, ao longe, podia ver o brilho rosado das pedras que erguiam a nova catedral de Salamanca, agraciadas pelo generoso sol da manhã que, aos poucos, tirava seus pés do entorpecimento. O frade olhou muitas vezes para todas as direções e desceu da pedra sem responder a última pergunta. Apressou o passo, como se quisesse deixar para trás o debatedor, mas, de repente, ele elevou a voz mais uma vez e, como se segurasse seu braço para que fosse ouvido, falou:

"Tem certeza de que os antepassados de Isabelita se converteram mesmo à fé católica?"

"Ora, é claro que sim!" – falou o frade, assustando-se imediatamente por ter falado em voz alta. Se tinha medo que lessem seu pensamento, medo maior ainda tinha de que sua voz, tantas vezes embargada pela emoção, o traísse. Depois de parar mais uma vez e certificar-se de que estava mesmo sozinho, sentou-se em uma pedra chata da beira do caminho, assustando uma lagartixa que se disfarçava no acobreado da superfície lisa, e resolveu esperar que seus pés parassem de doer, o que começara a acontecer quando saíram do entorpecimento pelo frio. Então respirou fundo e falou em pensamento:

"Meu senhor, Isabelita é filha de um pedreiro respeitado e que vem de uma família que há muito tempo se converteu ao catolicismo. O fato de eu tê-lo visto se banhar e depois acender velas em uma noite de sexta-feira não o qualifica como judeu. Era um dia quente de verão e as águas cristalinas do rio eram um convite quase irrecusável. Além disso, todos precisam de luz todas as noites, não só nas de sexta-feira. Sim, eu sei que muitos foram parar na fogueira por terem feito menos do que isso, mas, como o senhor bem entende pelas respostas que há pouco lhe dei, não coaduno com o rigor do tribunal e meus motivos já deixei bem claro. Além do mais, Isabelita é uma mulher livre e eu apenas um frade que jurou uma vida de abstenções e castidade, portanto, mesmo que seus olhos sejam luminosos como um amanhecer em frente ao mar, não há nada a mais que eu possa desejar a não ser a imensa responsabilidade de ser seu confessor. Assim sendo, gostaria que me deixasse caminhar agora até a cidade, onde uma missão muito dura ao meu coração me espera."

"Uma missão?", insistiu o debatedor... mas Alfonso apenas levantou da pedra e retomou a caminhada, sem lhe dar mais atenção. Nas longas jornadas a que estava acostumado, o debatedor era sempre um bom companheiro e o fazia aprofundar assuntos que acabavam por se tornar conhecimentos verdadeiros. Porém, o frade sabia que sua mente havia se acostumado por demais a conversar com ele e isso poderia ser perigoso. Há alguns anos havia visitado a prisão menor de Zaragoza, para onde eram levados os alienados mentais, e a simples lembrança do que vira, ouvira e dos odores que sentira eram suficientes para ter muito medo de ser apanhado conversando com seu amigo debatedor, como havia acostumado a chamá-lo.

Em Segóvia, no final do ano anterior, Jerónimo Alcar, um convertido que conversava com o pai, morto em um auto de fé, também fora condenado à fogueira. Quem o denunciou disse que ele chamava o pai pelo nome e juntos rezavam o *kadish*.[5] Alfonso acabou descobrindo que o denunciante era seu vizinho, que tentava a todo custo comprar a pequena fazenda onde pai e filho produziam queijo, mas sempre ofertava uma quantia infinitamente menor do que ela realmente valia. O pai de Jerónimo era um convertido e comprara aquela fazenda quando ainda era muito jovem, em 1492, na época em que os reis Fernando e Izabel haviam expulsado os judeus da Espanha.[6] As propriedades <u>eram vendidas</u> por preços irrisórios, como uma peça de tecido ou uma

[5] O *kadish* é um hino de louvor a Deus. Por ser tradicionalmente recitado nos enterros e nos serviços comemorativos dos finados, ele é popularmente considerado como uma oração pelos mortos. Entretanto, o *kadish* não faz nenhuma referência à morte ou ao luto. É puramente uma exaltação a Deus e uma súplica por um mundo de paz (Congregação Israelita Paulista – http://www.cip.org.br)

[6] O decreto de Alhambra ou Édito de Granada foram dois decretos promulgados em Alhambra (complexo na cidade de Granada, Andaluzia, sul da Espanha ) a 31 de março de 1492, pelos monarcas que mais tarde seriam chamados Reis Católicos, Fernando II de Aragão e Isabel I de Castela. Com ele os reis expulsavam os judeus dos reinos da Espanha. A data-limite foi estabelecida em 31 de julho de1492, mas, por razões logísticas, o prazo foi prorrogado até 10 de agosto (Perez, Joseph. *Judeus em Espanha*).

sela de montaria, já que, diante da desgraça iminente, os judeus eram obrigados a aceitar o que lhes ofereciam, por mais vil que fosse o pagamento. Pedro Alcar havia pagado pela fazenda com um burro velho, que certamente não conseguiria chegar à Valencia, onde os antigos proprietários pensavam conseguir lugar em algum barco e zarpar para outras terras que lhes oferecessem um mínimo de liberdade.

A instituição da denúncia como forma de se manter inatingível pelo tribunal do santo ofício acabou se transformando numa imensa e sutil teia, de onde quase ninguém se via facilmente livre. Esta teia crescia a cada dia devido ao medo e à esperteza de alguns, como daquele que denunciou Pedro Alcar de celebrar datas da fé judia em segredo, mesmo sendo ele um antigo convertido. Ele foi levado para as celas fétidas e os horrores dos aparelhos de tortura, onde sofreu sem a ninguém entregar, pois tudo o que diziam querer os dominicanos inquisidores eram mais almas errantes para purificarem pelo fogo. Naqueles aparelhos esposas entregavam maridos, mães e pais entregavam filhos ou mesmo pessoas que mal se conheciam de vista, no afã de se livrarem da dor pungente que lhes era infligida. Mas Pedro Alcar não entregou o filho, nem ninguém, porque pesava muito em sua consciência o negócio que fizera com um antigo amigo que não quisera se converter e fora expulso dos reinos da Espanha, pensando que tudo o que sentia era um castigo bem aplicado por Deus devido à sua desonestidade.

Jerónimo foi protegido pelo pai daqueles horrores e nada pôde fazer, sofrendo em silêncio, ciente de sua impotência para lutar com uma força tão maior do que ele. Mas, pela dor ou pela saudade, ou por ambas, passou a conversar ingenuamente com o pai morto, pois já não tinha mais família alguma, como um alívio ao coração, até que foi ouvido por Sebastian de Angustera, o vizinho, que antes já havia denunciado o pai. Em um ano seu corpo queimava e sua alma, segundo os padres, passava por um inferno ligeiro para se livrar do fogo do inferno eterno.

Assim, cada vez que o frade Alfonso se perdia nos seus debates mentais, e por vezes se empolgava a ponto de responder em voz alta, lembrava-se das mortes de Pedro e Jerónimo Alcar, entre outas tantas semelhantes, e sua alma estremecia.

# CAPÍTULO 4

Agustín de Cazalla abraçou frei Alfonso Borges com sincera espontaneidade. Seu rosto magro, largo e de malares salientes sempre foram de revelar rapidamente as emoções. Seus grandes olhos negros, bem desenhados sob sobrancelhas espessas, não conseguiam despistar alegria ou tristeza, rancor ou condescendência com facilidade. Por isso seu sorriso ao encontrar o frade era mesmo o que lhe ia na alma, assim como os cantos dos lábios caídos demonstravam o que sentia quando encontrava alguém que não simpatizava. Este espelho natural de sentimentos, por toda vida, tanto lhe trouxe benefícios quanto dissabores. Pessoas muito abertas, numa época de tantas maquinações, costumavam sempre ser as primeiras vítimas. Porém, mesmo alegre com a presença do amigo, puxou-o pelo braço e o levou para a rua, para fora do prédio, longe de outros padres, para que pudessem conversar mais livremente.

– Gosto da sua presença, frei Alfonso – falou Agustín de Cazalla, enquanto contornavam o edifício para verem as obras da construção da nova catedral, que era ligada à antiga –, porém, gostaria que fosse sincero quanto à necessidade de estar aqui. O que Juan Pardo quer realmente?

– Creio que não seja difícil de entender, meu amigo.

– Mas ele sabe que somos ligados. Ele sabe que pensamos de maneira semelhante, que estudamos juntos em Valladolid e deveremos continuar juntos em Alcalá de Henares. Por que mandaria você para me espionar agora?

– Também não é difícil de entender.

Amor | 25

– Não? Ora, então me explique.

– Ele sabe que continuaremos estudando juntos, agora em Alcalá, então terei que mandar relatórios periódicos. Creio que o conteúdo desse relatório poderá nos colocar numa mesma cela, ou...

– Ou? – insistiu Agustín, diante da relutância do frade.

– Ou apenas o amigo, se eu falar o que ele quer ouvir.

– Mas, se não escrever o que ele quer ouvir, iremos os dois. Ele continua querendo atingir sua família, não é? Foi por isso que o mandou. Um golpe, dois coelhos...

– Estamos cercados, Agustín – falou Alfonso, olhando para os lados para ter certeza de que estavam sozinhos. – Aqueles que nada entendem de fé, agora, são os senhores da fé. Aqueles que nada entendem de liberdade, agora são os senhores da liberdade. Por isso estamos cercados pelos que defendem a fé e a liberdade, porque entendemos mais do que eles sobre isso.

– A não ser que abandonemos nossas ideias, Alfonso, e comecemos a pregar a mesma escuridão que os cerca.

– Creio que não seria o suficiente. Creio que o cardeal Juan Pardo já tem bem definido seus propósitos e as pessoas que precisa destruir para chegar aonde quer. Somos apenas degraus dessa escada e logo seremos pisados...

Agustín olhou com alguma amargura para o frade, que tinha o olhar perdido nas campinas distantes, como se não estivesse ali. O rosto de Alfonso sugeria uma idade maior do que seus trinta e cinco anos, bem mais do que ele, que estava com apenas vinte e três. Era um rosto bonito, com cabelos claros e olhos escuros e profundos, de ângulos bem definidos e uma barba rala espalhada pela pele bronzeada do sol constante da Extremadura e de Castella. Bonito, mas de uma severidade tamanha que lhe sugeria bem mais idade do que realmente tinha. Agustín sempre ficava impressionado com seu discernimento e franqueza, em uma época em que ser franco em demasia poderia levar qualquer um à morte. Sentindo os longos dedos do tribunal da inquisição movendo-se contra ele, sabia que qualquer aliado seria ao mesmo tempo útil e perigoso. Agustín, ainda muito jovem, já contava com a simpatia do rei Carlos I de Espanha, ou imperador Carlos V do Sacro Império Romano Germânico, que chegou a comentar que um dia o chamaria para ser o seu capelão, devido às suas ideias universalistas e erasmistas. Quando o rei falou desta possibilidade, Juan Pardo de Tavera estava junto e a inveja jorrou dos seus olhos como uma cascata. Juan Pardo já havia galgado os altos escalões da hierarquia eclesiástica, sendo nomeado cardeal de Toledo recentemente, mas parecia nunca estar satisfeito com o que tinha. Na verdade, ansiava mais por participar ativamente do governo secular do que conduzir as pobres almas humanas no caminho a Deus, e ser convidado para ser o capelão real era seu objetivo. Ouvir do rei que Agustín de Cazalla poderia ocupar seu lugar lhe causou profunda indignação, pois se sentia muito mais experiente e apto para influenciar o rei.

Como tantos clérigos, Agustín era de uma família de convertidos e, embora mantivesse uma conduta estrita em relação a Cristo, admirava profundamente Erasmo de Roterdã e simpatizava com o proscrito Martinho Lutero e suas ideias libertadoras. Pessoas próximas da sua família fizeram parte de um grupo que foi chamado de *allumbrados*,[7] mas, por temor, cuidaram para que isso ficasse em segredo. Mas o que era mesmo segredo no meio da Igreja e sua imensa rede de franciscanos e dominicanos, colhendo informações por todo o reino? O cardeal Juan Pardo de Tavera, que era um dos diretores do tribunal do santo ofício e que pretendia ocupar o cargo de inquisidor-geral, estava profundamente enciumado da simpatia do rei com um clérigo tão mais jovem do que ele e sabia que havia caminhos muito seguros, através do santo ofício para afastar um oponente.

Enquanto observava Alfonso, que continuava com o olhar perdido no horizonte, como se não estivesse ali, Agustín se perguntava: a quem mais carregarei comigo por ter ideias libertadoras? Ele sabia que a família Borges, de onde vinha Alfonso, tinha antigas disputas de terra com a família Tavera, na região de Toro e Zamora, ao norte, e Juan Pardo não era uma pessoa que esquecesse de qualquer mágoa, justa ou não. Por isso que os aproximara, pensando em remover dois adversários com um só movimento no jogo pelo poder.

---

[7] "Os *allumbrados*" foi um movimento religioso espanhol do século XVI em forma de uma seita mística, que foi perseguida e considerada herética e relacionada ao protestantismo. Originou-se em pequenas cidades da região central de Castela em torno de 1511. (Antonio Márquez, Los alumbrados: Orígenes y filosofia.)

– Terá que encontrar alguma coisa para fazer enquanto estiver me seguindo, meu amigo – falou Agustín, causando um leve estremecimento no jovem frade. – Ficarei mais dois ou três meses em Salamanca, estudando por conta própria, antes de seguir para Alcalá.

– Ah! Sim... Vou hoje mesmo à casa do meu primo e devo peregrinar pela região nos próximos dias, buscando almas sofridas para consolar...

– O senhor André de Alunes e Borges está cada vez mais rico e, talvez mesmo por isso, cada vez mais fiel ao Senhor. Ele demorou além do esperado para assumir a fazenda, mas agora o faz com eficiência, além de colaborar regiamente com a Igreja e nunca faltar à missa de domingo. Ele está contratando pessoas para sua proteção... cavaleiros, soldados... mais almas precisando orientações como as suas, meu amigo. Desde o desaparecimento de dom Camillo, a fazenda nunca esteve tão bem. Creio que André ficará feliz com sua visita. Isabelita também ficará feliz – terminou de falar, já a alguns passos do frade, deixando as palavras no ar para incomodá-lo.

Alfonso nunca falara nada sobre o quanto Isabelita o perturbava, mesmo Agustín sendo seu fiel amigo, mas o peso delicado de suas palavras deixava claro que não havia sabido disfarçar suficientemente as emoções que lhe agitavam a alma. Quando estava a cerca de dez metros, Agustín virou-se para ele e perguntou:

– Incomoda-se se escrevermos juntos o relatório para Juan Pardo?

– Eu ia mesmo pedir sua ajuda – respondeu Alfonso, com um sorriso discreto, enquanto o amigo acenava a mão em uma benção e voltava a se afastar.

O frade ficou ainda alguns minutos olhando para a grande catedral de pedra dourada, que parecia eternamente em construção e reforma. Quando o debatedor repentinamente perguntou se Agustín era mesmo confiável, ele apenas chacoalhou a cabeça, como se achasse ridícula aquela dúvida, e tomou caminho da casa do primo, André de Alunes e Borges, que há mais de ano não via.

Alfonso desceu a colina da catedral na direção do rio Tormes e cruzou a antiga ponte romana quando o sol começava a dourar mais vivamente a cidade de pedra, com suas igrejas e sua universidade, na qual tantas vezes passara dias inteiros mergulhado nos livros da

28 | Mauro Camargo

biblioteca, até partir para continuar seus estudos em Valladolid, onde conheceu Agustín de Cazalla. Uma sutil melancolia o dominava em Salamanca e era impossível não lembrar do barulho dos cascos do seu velho cavalo andaluz ao passar por aquela mesma ponte, há tantos anos, quando seu pai o trouxe para ser educado pela igreja, depois de uma longa cavalgada desde Zamora, ao norte. Dom Antônio de Alunes e Borges era um homem bom, mas bastante severo, por isso, ao entregar seu quinto filho ao velho padre Rodrigo, muito próximo de onde estava sendo construído o convento de San Steban, apenas disse, sem afetar maior emoção na voz:

– Seja um bom aluno e honre o nome da nossa família.

Alfonso tinha apenas doze anos e padre Rodrigo foi seu segundo pai e responsável principal por Alfonso descobrir os mistérios da vida, que pairam muito acima dos desejos mundanos dos homens, a ponto de optar pela vida na igreja com verdadeira vocação, ingressando mais tarde na ordem dos dominicanos e tentando honrar sempre o nome Borges, como lhe pedira secamente o pai, sem nenhum carinho em seus cabelos, muito menos um abraço de despedida. Padre Rodrigo morrera há um ano, data de sua última visita à Salamanca, desde que ganhara o mundo como pregador.

O irmão mais novo do seu pai, dom Camillo de Alunes e Borges, que havia conquistado junto ao imperador Carlos V o título de cavaleiro por ser um exemplar soldado de seu exército, nunca teve uma relação amistosa com Antônio. Devido a isso, mantinha-se o mais afastado que podia, não aceitando fixar residência na grande propriedade dos Borges em Zamora, mesmo quando se afastou do exército real, após sofrer um grave ferimento ao proteger o infante Felipe em uma caçada. Preferiu assumir o comando de uma propriedade menor, embora igualmente rica, guardadas as devidas proporções de tamanho, às margens do Tormes, muito próxima de Salamanca. A fazenda de Sant'Ana era um bom pedaço de terra que se estendia pela margem sul do rio por muitos quilômetros, onde as pastagens eram fortes e as cabras produziam muito leite, queijos, lã e carne, e era a principal fonte de renda das terras, convenientemente dividida entre muitos arrendatários.

A sede da fazenda fora comprada em 1492, quando a família do médico judeu Isaac Hakim precisou vender tudo às pressas porque fora expulsa do reino pelo decreto de Alhambra, promulgado por Isabel I de Castela e Fernando II de Aragão. O decreto ordenava que todos os judeus que não se convertessem ao catolicismo seriam expulsos da Espanha no prazo de três meses. Havia seis meses que Isaac Hakim comprara aquelas terras, porque vira nelas um bom local para se esconder da perseguição que sua família vinha sofrendo em Sevilha, onde o tribunal da inquisição fazia questão de esticar os dedos longos para quem tinha mais posses. Desta forma, para a família de Isaac e Elianna Hakim, com suas duas filhas de quinze e treze anos e mais o pequenino Abel, de dois anos, o decreto de Alhambra foi uma sentença ainda mais pesada, pois haviam gastado uma grande soma para comprar as terras e sabiam que jamais conseguiriam um preço minimamente digno por elas naquelas condições.

Além de dom Camillo, outros compradores estavam interessados nas terras, mas, obviamente, os valores que ofereciam eram muito baixos, ou mesmo vergonhosos. Dom Camillo de Alunes e Borges não ofereceu uma soma melhor do que seus concorrentes, mas propôs que soldados de sua confiança formariam um escolta para que a família do médico pudesse chegar em segurança até a divisa com Portugal, para onde haviam optado partir. Algum tempo depois, correu um boato, nunca confirmado, de que um dos soldados havia matado Isaac Hakim e sua família, roubando o que lhes restava de fortuna. Nunca foi confirmado, mas conhecendo-se o jovem e impetuoso Juan Carillo, o soldado, não se podia duvidar do ocorrido. Depois de ter ficado muitos anos sumido e, segundo alguns, dissipando o que roubara dos Hakim, ele agora morava próximo à sede da fazenda na casa de seu irmão, Tiago Carillo, pedreiro e um bom homem, o oposto de Juan, que ganhara o apelido de "*El tenebroso*".

O pedreiro Tiago Carillo era pai de Isabel Carillo, a Isabelita, a linda Isabelita, que trabalhava na casa principal da fazenda como dama de companhia da família Borges, tratada quase como uma filha por Tereza de Almada e Borges, a muito devota viúva do tio de Alfonso. Dona Tereza era quase uma beata, mas essencialmente por sua reclusão desde que o marido supostamente morrera. Ele foi preso pelo tribunal e depois de dois anos foi solto, porém, nunca chegou em casa. Isso acontecera cerca de vinte anos antes, então todos entendiam que estava morto e a chamavam de viúva. Devido a isso ela levava uma vida reclusa, sempre usando roupas escuras e passando muitas horas orando na capela da fazenda. Ainda assim, dona Tereza foi como uma segunda mãe para Alfonso, que chegou em Salamanca com apenas doze anos de idade, dois anos depois do desaparecimento de dom Camillo. A ligação constante com Deus e a vocação religiosa do sobrinho só fizeram aumentar o afeto da tia, que gostava de conversar com ele sobre os verdadeiros mistérios da fé. No entanto, este afeto entre os dois tantas vezes trouxera transtornos com o primo, André de Alunes e Borges, mesmo este sendo mais velho do que ele, e que demorou bastante tempo para assumir o controle da fazenda, alegando inconformismo com o desaparecimento do pai, mas nunca deixando de frequentar as tabernas da região, em intermináveis noitadas.

A família dos Alunes e Borges era rica em clérigos influentes. Francisco Jiménez de Cisneros, o cardeal Cisneros, que havia sido inquisidor-geral e que chegara a ser regente de Castela depois da morte de Isabel, era primo de Antônio e Camillo. A devoção de sua tia pela verdadeira fé a fizera se aproximar de outro parente mais distante do marido antes do seu desparecimento, o também dominicano Diogo Martínez, que chegou a morar na fazenda por algum tempo, quando dom Camillo fora acusado de frequentar, em suas próprias terras, cerimônias promovidas por judeus convertidos, que nunca haviam abandonado verdadeiramente a antiga religião. Para desespero de todos, dom Camillo foi levado preso pelo tribunal do santo ofício, onde permaneceu encarcerado por mais de dois anos, sem que houvesse um julgamento ou mesmo que fossem permitidas visitas.

Dona Tereza sabia que as acusações eram falsas e chegou a falar pessoalmente com o cardeal Cisneros, primo do marido, sobre o absurdo da acusação, o que, muito provavelmente, o livrou de um julgamento e, pior, das máquinas de tortura. Havia ouvido falar que o próprio cardeal, em visita a Salamanca, viera visitar dona Tereza para informar, dois anos depois, que finalmente conseguira a libertação do primo e que em breve ele voltaria para casa. Porém, após ser libertado, dom Camillo de Alunes e Borges desapareceu, sem nunca mais ser visto.

Algumas almas maldosas chegaram a sussurrar pelos cantos que o culpado de tudo era o frade Diogo Martínez, sobrinho distante do marido, que se apaixonara pela mulher do tio e fizera as acusações em segredo para que este fosse preso. Também diziam à boca miúda, que fora ele quem sumira com o tio quando este saiu da prisão, para que nunca mais encontrasse a esposa, mas, obviamente, ninguém tinha nenhuma prova disso. Além do mais, levantar uma suspeita como esta contra um dominicano era garantir um caminho muito curto para se chegar às máquinas de tortura do tribunal do santo ofício.

André, o primo de Alfonso, somente depois de ter casado com Maria del Mar e Toledo começou a tentar trocar as rodas de trovadores das tabernas de Salamanca por uma vida mais pacata e responsável. Eles tinham agora uma filha e um filho ainda crianças, que também adoravam o frade dominicano, o que causava um pouco mais de rancor ao orgulhoso primo. André tinha dezoito anos quando o pai foi levado preso e somente aos vinte e oito casou e alegou ter sossegado, passando a cuidar efetivamente das terras da família. Porém, isso só aconteceu no começo do casamento. Não demorou para que começasse a alegar a necessidade de viajar para fazer negócios com os produtos produzidos. Então seu filho e filha, com nove e sete anos cada um, ficavam muito mais tempo próximos da mãe, enquanto o pai trabalhava fora da cidade. Mesmo assim, ninguém podia dizer que a fazenda Sant'Ana não era bastante lucrativa.

"Será mesmo que sua tia teve um caso com Diogo Martínez?" Perguntou repentinamente o debatedor, causando até um breve tremor em Alfonso, como se tivesse se assustado com a pergunta. Diogo Martínez era seu primo, embora mais distante, e também dominicano, porém mais velho, quase da mesma idade de dom Camillo e dona Tereza. Quando aconteceu o drama, dom Camilo tinha trinta e nove anos e dona Tereza, mais nova, estava próxima dos trinta anos. Alfonso já ouvira falar muitas vezes da suposta paixão de Diogo por Tereza no passado, justamente quando dom Camillo fora surpreendido por uma acusação de judaísmo pelo tribunal do santo ofício, mas se negava a acreditar no fato. Ele chegou em Salamanca, ainda criança, somente alguns anos após o drama ter acontecido.

"Dizem que foi Diogo quem denunciou dom Camillo" – insistiu o debatedor, para incômodo de Alfonso, que não acreditava que a tia, sempre correta em tudo e tão ligada à religião, fosse permitir que o sobrinho se aproximasse a esse ponto. Porém, não havia como negar a estranheza da situação, principalmente quando o tio desapareceu assim que foi libertado. Tudo era muito estranho e ainda existiam outras histórias de condenações de inocentes pelo dominicano Diogo Martínez, mas que ele nunca conseguira saber se era verdade.

Essa ausência de provas, fazendo com que os assuntos fossem tratados como especulações ou boatos, deixavam Alfonso cansado, pois sua mente parecia se debater contra as paredes de um quarto fechado, onde nenhuma brecha levava a qualquer informação confiável. Por isso, tentando não deixar que o debatedor fizesse mais considerações repentinas, apertou o passo na direção da fazenda Sant'Ana, como se estivesse atrasado para algum compromisso.

# CAPÍTULO 5

O sol do final da tarde dava às águas do rio Tormes um reflexo acobreado e o frade Alfonso, logo que entrou pelo portão principal da fazenda, muito próximo à sede, resolveu acompanhar o muro baixo de pedra que corria acompanhando o rio e ele sabia que terminava em um riacho, que logo desaguava no rio maior. Era um lugar tranquilo onde ele e o primo, nos momentos em que podiam desfrutar de algum tempo sem animosidades, pescavam trutas, sempre com a competição, por parte de primo, para ver quem era mais hábil em fisgar os peixes. A vegetação rala e ressequida pelo frio não conferia ao local a mesma aura de tranquilidade e beleza que tinha na primavera ou no verão, quando nadavam escorregando pelas pedras lisas e algas até chegarem no Tormes. Mesmo assim era um local tranquilo e Alfonso buscava um lugar onde pudesse rezar sossegadamente antes de enfrentar o ambiente sempre turbulento da casa de André. Havia uma pedra alta, muito rente à água, e uma pedra menor e chata encostada a ela, que juntas formavam um banco natural e propício para sentar e meditar, ou orar.

Alfonso ficou cerca de meia hora em orações e, quando pensava em partir, depois de o sol ter se posto e a noite começar a ocultar as formas mais distantes, ouviu que alguém se aproximava por trás da pedra que o protegia para não ser visto. Não teve tempo para se mover e logo uma conversa começou, com palavras iniciais que o fizeram ficar ainda mais em silêncio:

— Se isso acontecer novamente, vou matá-la, Isabelita.

— Mas o que eu fiz para que esteja assim furioso, senhor?

– Há cinco dias estou esperando que venha...

– Bem sabe que não é fácil sair sem ser vista.

– Mas antes era. Antes de ele chegar você vinha sem medo...

– Ele? Ele quem? O que está insinuando, senhor André? – falou Isabelita, com indisfarçável exaspero na voz, não obtendo resposta imediata.

Alfonso estava atônito. Desde a primeira frase já havia identificado a voz de trovão do primo e rapidamente entendera que havia um relacionamento entre eles. Bem sabia que os senhores, de todos os escalões da nobreza, costumavam ter suas amantes, mas saber que a linda Isabelita havia cedido aos impulsos do primo causava-lhe intenso mal-estar. Era seu confessor e nunca identificara nela qualquer rastro de leviandade que pudesse levar a isso.

– Sabe de quem estou falando. Muitas vezes a vi conversando com Beltrán...

– Então não posso mais conversar com ninguém? Foi o senhor que o aceitou como arrendatário de uma parte de terra, não eu. Ele procurou meu pai para aumentar a casa onde vai morar com um tio muito idoso na área que arrendou, por isso o conheci e me apiedei desse tio que é bastante doente, não mais. Não sou uma pessoa sem educação, senhor André, e, além do mais, o senhor Beltrán quase tem idade para ser meu pai...

– Se for por isso eu também tenho idade para ser seu pai, então não é motivo para não se dar ao respeito... afinal...

– Perdi o respeito por mim mesma desde que me entreguei ao senhor e bem sabe o motivo. Nunca faria isso por vontade própria e nunca mais fui a mesma... porém, mesmo que eu não me sinta mais uma mulher digna, jamais serei vulgar a esse ponto.

– Ah! A recatada Isabelita Carillo! Como se eu não tivesse sentido todo seu furor em uma cama...

O estalar que Alfonso ouviu não deixou dúvidas de que o primo recebera um forte bofetão no rosto, mas os sons que se seguiram foram muito difíceis de serem suportados. Houve um novo estalo, agora mais abafado, e o som de um corpo caindo ao chão, seguido de um grito de dor, também abafado. Alfonso ainda recuou um pouco, pois no seu lado direito apareceu caída a moça, enquanto André se jogava sobre ela e a sufocava com uma infinidade de beijos e pedidos de perdão, enquanto ela tentava, inutilmente, se desvencilhar dos seus braços fortes. Por fim, André prendeu as mãos de Isabelita sobre sua cabeça usando uma das mãos, enquanto que, com a outra, levantava seu vestido. Os gritos abafados e os gemidos do primo foram sons que transpuseram qualquer capacidade de Alfonso em suportar o que via e ouvia. Em total silêncio, contornou a pedra pelo lado oposto de onde estavam e afastou-se, com o coração sofrendo o aperto de uma tenaz impiedosa. Sua alma estava em desespero e pranto, embora nenhuma lágrima vertesse de seus olhos.

Alfonso acompanhou o rio enquanto pôde, depois precisou desviar uma área de charco e virou à esquerda, seguindo o caminho que passava pelas casas de camponeses que arrendavam as terras da família Alunes e Borges. A noite já havia tomado conta dos seus passos e não havia lua, o que a tornava ainda mais escura. A sensação de escuridão fazia bem a Alfonso, que se sentia assim mergulhado na mesma escuridão que tomara conta de sua alma. Havia luzes de velas e candeeiros nas casas, e conversas, mas ele não queria contatos humanos naquele momento, por isso passou por elas e tomou a direção do celeiro principal, onde pensava que poderia passar a noite sem ser notado. Um pouco antes do celeiro passou pela casa de Tiago Carillo, o pedreiro pai de Isabelita, e teve medo de encontrá-la no caminho. A lembrança dela era revestida de pureza, que sempre cuidara em não macular. Seus cabelos pretos e seus lábios muito vermelhos, seus olhos castanhos-claros e seu rosto fino, delicado, seus braços leves, seu corpo esguio. Como poderia olhá-la agora? Que pessoa veria? O que diria para ela? Quem estava ali naquele momento? O padre que deveria entender os defeitos do ser humano ou o homem que repentinamente se descobrira muito mais apaixonado do que jamais imaginara ser possível? Não, não podia encontrá-la assim, sem saber quem era.

Quando viu que não havia ninguém por perto, passou rapidamente pela frente da casa e contornou os fundos do celeiro, por onde sabia haver uma porta que ficava trancada apenas por uma trava simples de madeira, por onde entrou sorrateiro e logo subiu para o grande *entresuelo*[8] onde ficavam depositados couros e arreios, além de ferramentas e outras quinquilharias. Alfonso achou um canto para onde levou algumas peles de carneiro e enrolou-se, porque o frio estava

---

[8] *Entresuelo* – mezanino (nota do autor).

intenso, pensando em ficar ali quieto até que seu coração sossegasse e sua alma parasse de tremer, pois era essa a sensação que tinha. O debatedor estava por demais agitado em sua mente para dar a ele qualquer conversa, e era tamanha a aflição de Alfonso que até o próprio debatedor percebeu que não era um bom momento para debater.

Ao longe ouvia conversas e barulhos de panelas, e já algumas pessoas falando mais alto, talvez porque o vinho para aquecer seus corpos aquecia também suas vontades. Os sons eram misturados com os leves balidos do rebanho de cabras que haviam recolhido no celeiro principal onde estava. Tudo o que ele queria era silêncio para poder buscar na prece algum conforto. Não queria dar voz ao debatedor naquele momento, mas não tinha como não se fazer perguntas. Lembrava que já tinha percebido como o primo olhava para Isabelita e sabia que isso não o constrangia, pelo contrário. O primo gostava de mostrar sua virilidade e, a não ser na frente da esposa, comportava-se invariavelmente como um animal, sempre prestes a cruzar com qualquer fêmea. Porém, jamais pensou que sua cândida amiga se deixaria levar pelos arroubos de André, principalmente por estar tão próxima da família. Imaginava que, se dona Tereza, a mãe de Andre, ou Maria del Mar, a esposa, desconfiassem de o mínimo que fosse, seus sangues castelhanos fariam dilacerar aquela família, porém, muito provavelmente o lado mais fraco desta corda do destino ficaria na ponta onde Isabelita estava pendurada. Sem dúvida caberia a ela, e sua família, caírem no abismo.

A noite já ia alta e o sono começava a pesar nos olhos de Alfonso quando ele ouviu um som distinto daquele das cabras do celeiro. Um ranger sutil de dobradiças o despertou. Já não havia mais sons humanos no ambiente há algum tempo e mais nenhuma réstia de luz varava a noite. Se alguém abrira a porta dos fundos, por onde havia entrado, não trazendo nenhuma lamparina, demonstrava que não queria ser visto. Ao menos foi o que o debatedor rapidamente soprou em seu ouvido, como uma conclusão lógica e não uma pergunta. "Ladrão?", perguntou o debatedor, feliz por perceber que os fortes espasmos de dor que vinham do coração não mais abalavam tanto a mente. "Não, ladrão não. Estamos muito perto da casa principal e das casas dos empregados. Nem um ladrão seria tão tolo. Mas vamos ouvir, sem fazer barulho". Não demorou para que Alfonso e seu debatedor entendessem o motivo das precauções de quem estava ali. Logo o frade ouviu mais uma vez, embora quase que um sussurro, a voz de Isabelita:

— Beltrán! Onde está?

Alfonso não ouviu resposta, mas os sons abafados que ouvia não lhe deixavam dúvidas de que duas pessoas haviam se encontrado. Houve uma pequena agitação do rebanho e Alfonso se aproveitou para chegar na borda do *entresuelo*, de onde poderia ver sem ser visto. As horas mergulhado na escuridão fizeram com que seus olhos pudessem divisar facilmente dois corpos em pé, mas que pareciam quase um, próximos à parede dos fundos do celeiro, que era feito de grandes pedras amarelas, o que facilitava a visão, mesmo estando tão escuro. "Então há mesmo um Beltrán!", falou o debatedor, mas Alfonso não respondeu, mais uma vez com o coração sufocado. La estava sua Isabelita, agora em um abraço onde a paixão era evidentemente mútua, e ele já não sabia o que lhe causava mais dor. Sempre conseguira se manter longe dos encantos femininos, entendendo que sua vida deveria ser dedicada ao conhecimento, à pregação da palavra do Cristo e à castidade. Porém, sempre parecia deixar uma pequena brecha neste conceito por onde Isabelita pudesse se esgueirar e passar. Nem ele imaginava que a paixão pela moça pudesse ser tão intensa quanto estava sentindo.

— Eu vi uma mancha vermelha no seu rosto quando cruzamos pelo caminho — falou Beltran. — Foi ele, não foi? Ele esteve com você novamente... Me disse que não permitiria mais...

— Oh! Beltrán, Beltrán! Sim, foi ele, mas juro, nada aconteceu. Se tivesse acontecido, porque ele me agrediria?

— Mesmo assim eu vou matá-lo.

— Desgraçará nossas vidas se fizer isso. Acredita que pode matar um nobre e escapar impune? Apenas vai demonstrar que não me ama de verdade se fizer isso...

— Qualquer pessoa que a agrida pode morrer em minhas mãos, Isabelita. Será muito fácil matar esse canalha.

— E será enforcado em poucos dias e eu ficarei só. É isso que quer?

— E que chance temos? Seu pai não vai permitir que um convertido case com você jamais. Ele odeia os judeus...

— Não, Beltran, não. Esquece que descendemos de judeus? Ele é um homem bom e apenas se cala quando meu tio fala suas besteiras sobre os judeus. Somos todos descendentes de convertidos, não temos diferenças. Falar mal dos judeus, nos tempos em que vivemos, pode ser uma boa maneira de se defender.

– Mas ele não permitirá que um desconhecido como eu se junte à sua família.

– Vamos esperar mais, eu sei que posso dobrá-lo. Só dê-me mais um tempo. Se não conseguirmos, desapareceremos daqui no começo da noite e, ao amanhecer, estaremos muito longe.

Não houve mais palavras. Apenas o som da paixão, e Alfonso não podia suportar mais nada. Voltou para seu canto escuro e puxou sobre o corpo mais algumas peles. Não queria ouvir mais nada que lhe causasse tamanha dor. Uma dor que jamais imaginava ser possível sentir.

Padre Godoy voltou a sentar-se em sua cadeira quando Javier Herrera parou de falar. Não conseguia ficar muito tempo sentado sem sentir as dores que o afligiam, por isso ouvira boa parte da história andando lentamente ao redor da mesa. A tarde já ia a meio e ele não havia almoçado, porém, não sentia fome. Muito além do inusitado do encontro, sua curiosidade estava aguçada de uma maneira que não era comum. Godoy estava impressionado, não com o fenômeno, que já lhe era até habitual, mas sim com o magnetismo que aquela história estava exercendo sobre ele, que pensava já não conseguir mais se impressionar com quase nada. De certa forma, ouvir o que aquele homem dizia era como lembrar do passado. Nunca tivera um encontro tão demorado com alguém de outro plano, que agora dobrava-se sobre o corpo e deitava o rosto sobre a mesa, soltando-se, como se estivesse exausto. Aos olhos de Godoy ele era como qualquer pessoa do plano físico e tinha a impressão de que se alguém entrasse naquele escritório veria Javier Herrera, assim como ele via. Porém, perto do meio dia, o padre Simão, que o auxiliava na paróquia, apareceu para perguntar se almoçariam juntos e agiu com se não houvesse mais ninguém ali, obviamente.

Depois de ficar alguns minutos deitado sobre a mesa, Javier Herrera endireitou o corpo, suspirou profundamente e perguntou ao padre:

– Está entendendo o que estou lhe contando?

– Sim... e não. A história está clara como o dia e o senhor a conta muito bem. No entanto, por que a está contando para mim? – perguntou Godoy, percebendo que o espírito estava bem mais sereno.

– O senhor saberá, padre, com o tempo. Eu voltarei outras vezes, por que a história é longa e preciso contá-la. Mas quero lhe dizer que não a comecei pelo começo, mas sim pela época que julguei ser mais interessante para atrair sua curiosidade, dada sua maior vinculação com ela. Da próxima vez, voltaremos um pouco mais no tempo, para o ano de 1492, quarenta e um anos antes do que acabo de lhe contar. Vamos para o começo deste drama, se existe algum começo ou fim nos dramas humanos. O ano de 1492 foi, sem dúvidas, muito marcante para a humanidade, mas também muito importante para a história que estou lhe contando. Então iremos para ele, o ano em que Colombo cruzou o Atlântico e deparou com as terras da América. O ano em que Fernando e Isabel reconquistaram Granada, mas também o ano em que expulsaram os judeus dos reinos da Espanha, de maneira tão injusta.

Eu voltarei padre, em breve.

Javier Herrera terminou de falar já em pé, levantou o chapéu e abaixou levemente a cabeça, em despedida, depois saiu pela porta do escritório, da mesma maneira que havia entrado.

# CAPÍTULO 6

*Extremadura, próximo à fronteira com o reino de Portugal, julho de 1492, quarenta e um anos antes.*

Oscar Terenzuella segurou as rédeas da égua de sua amada Consuelo e colocou os dedos nos lábios pedindo silêncio. As primeiras claridades do dia jogavam manchas coloridas de dourado e azul no leste e o casal, que não havia parado durante a noite por achar que isso seria mais seguro enquanto fugia, estava exausto. Há dez dias haviam saído de Barcelona e pararam apenas durante o dia, onde encontravam algum refúgio do calor escaldante do verão, mas jamais dormiam por muito tempo, mantendo constante vigília. Há um dia haviam passado por Cáceres e agora contornavam as encostas da Sierra de San Pedro à procura de um caminho seguro para chegar em Portugal.

Oscar empertigou-se na sela e Consuelo ficou assustada, pois tanto soldados do rei quanto ladrões e bandoleiros poderiam estar à espreita em qualquer curva do caminho. Oscar era de uma família de convertidos antigos e ela pertencia à nobreza, mas nenhuma das situações era motivo para lhes garantir alguma segurança, muito pelo contrário. Em fuga, aproveitavam-se da partida dos judeus para também fugirem daqueles que se opunham à felicidade deles. Estavam nos últimos dias do prazo dado pelos reis Isabel e Fernando para que todos os judeus que não se convertessem ao catolicismo partissem da Espanha, e eles sabiam que aquela rota estava sendo usada por muitos para chegarem a Portugal, onde o rei dom João II estava recebendo os judeus vindos da Espanha, embora tivessem que pagar uma alta soma por isso, e por um período de apenas seis meses. Mas usar aquele caminho era só mais um argumento caso fossem interceptados, e Oscar sabia muito bem que haveria bandos de bandidos tentando saquear o que restara de riquezas ao povo banido. Queriam apenas um lugar onde pudessem se amar, sem soldados do rei ou ladrões para importuná-los, e o mais distante possível de Barcelona.

A leve e dourada claridade do amanhecer disfarçava a palidez do rosto de Consuelo e Oscar apanhou-se repentinamente fascinado pela beleza de sua amada, mesmo que nos olhos dela estivesse denunciado um profundo cansaço. Ela tinha cabelos muito negros e olhos grandes, castanhos muito escuros, e tanto os cabelos quanto os olhos contrastavam com a tez pálida do seu rosto afilado. O nariz também era fino e delicado, sobre os lábios bem definidos e sempre levemente entreabertos, o que lhe conferia uma sensualidade que fazia todos os olhares terem dificuldades de se desviar.

Oscar precisou chacoalhar levemente a cabeça para se desvencilhar do fascínio que Consuelo eternamente exercia sobre ele, desde a infância, para voltar sua atenção ao som muito discreto que havia ouvido, mesmo com o barulho dos cascos no chão de cascalho daquela encosta de colina por onde passavam. Ele achou que seus ouvidos haviam captado o choro de uma criança. A trilha descia para um vale, onde pensavam encontrar algum bom lugar, suficientemente escondido, para passarem o dia. Um lugar onde tivesse árvores mais altas e frondosas para protegê-los do escaldante calor da Extremadura.

– O que foi? – perguntou Consuelo, quase que em um sussurro, mas, ao invés de responder, Oscar pulou do cavalo e entregou a rédea a ela, pedindo com um gesto que o esperasse. Então ele desembainhou lentamente a espada e sumiu na próxima curva abrupta do caminho, cerca de vinte metros abaixo.

A aflição fez com que ela perdesse a noção do tempo. Parecia que Oscar havia sumido há bem mais tempo do que a prudência permitia, por isso, e com medo, fez sua égua continuar descendo lentamente pela trilha. Porém, não precisou ir muito longe. Logo que começou a contornar a curva mais acentuada, encontrou Oscar voltando e, para sua surpresa, ou mesmo incredulidade, ele trazia uma criança no colo. Um menino de não mais de dois anos que tinha os olhos muito abertos, mas sua expressão era de pânico, para não dizer de terror, além de ter todo o corpo coberto por manchas escurecidas de sangue.

Com uma rapidez e força que ignoravam qualquer cansaço, Consuelo pulou da sela e correu para apanhar a criança do braço forte de Oscar, a qual não esboçou qualquer reação, como se estivesse entorpecida, embora com os olhos cobertos de lágrimas. Ao segurar a criança contra o peito, Consuelo percebeu que todo seu pequeno corpo tremia, enquanto que se abraçava com mais força a um livro que trazia junto ao peito.

– Meu Deus, Oscar! Este é Abel Hakim. Por favor, o que houve?

– Apenas cuide dele um pouco... Assim que eu voltar posso contar o que aconteceu.

– Mas...

– Não temos muito tempo, mas não posso deixar de dar uma sepultura a Isaac, Elianna e suas filhas. Não posso deixá-los como estão. Por favor, minha querida, desça pelo caminho comigo, mas, quando eu virar à esquerda, siga reto até encontrar o riacho. Não quero que veja o que eu vi. Não se preocupe, já olhei a região e parece seguro, mas fique muito atenta mesmo assim.

Consuelo encontrou um riacho de águas rasas e cristalinas que emergia de uma mata densa, espalhada pela montanha que se erguia à sua frente. Com muito cuidado tirou das mãos do menino o livro de capa de couro e coberto de sangue, e conseguiu banhá-lo nas águas frescas. Abel não emitia nenhum som, mas era obediente, e Consuelo colocou-o nu sobre uma capa estendida na gramínea ao lado do rio, já que o dia estava muito quente, sem deixar nunca de manter a atenção na trilha que a trouxera até ali. Cerca de uma hora mais tarde Oscar a encontrou à sombra de um grande sobreiro com Abel em sono profundo em seu colo, enrolado em um manto e com suas roupas estendidas ao redor para secarem. Consuelo lia o livro que Abel trazia, na verdade um caderno de anotações diárias do médico Isaac Hakim, que há cerca de oito anos havia tratado seu pai em Sevilha, sem poder salvá-lo. Apesar da morte de seu pai, Isaac, pela sua indiscutível capacidade, continuou sendo chamado para tratar as pessoas da família de dom Enrique, duque de Medina-Sidonia e tio de Consuelo, até que, subitamente, mudou-se para Salamanca, por evidente medo do tribunal da inquisição.

Antes de se mudar com toda a família, há menos de um ano, despediu-se da família do duque, que tinha cuidado com tanto desvelo por muitos anos, sendo que a jovem Consuelo, também naquela ocasião, fez o ainda mais pequeno Abel adormecer em seus braços. No livro que agora ela lia havia anotações antigas e até sua saga em tentar salvar a vida do seu pai, mas também havia anotações muito recentes, como a desconfiança que Isaac tinha dos guardas que deveriam conduzi-los em segurança até a fronteira de Portugal.

"...embora Juan Carillo ainda seja muito jovem, eles o chamam de *el tenobroso*, e com razão. Há uma fúria incontida em seus olhos, que transparecem constantemente sua cobiça. Temo por Elianna e minhas filhas, mas não apenas pelo que pode fazer com elas, mas também por suas vidas. Temo pela vida de todos..."

Quando Oscar parou na sua frente, viu que ela tinha os olhos banhados de lágrimas ao fechar a capa de couro do livro.

– Creio que consigo imaginar o que aconteceu com a família de Isaac – falou Consuelo.

– Não devemos ficar com ele – falou Oscar.

– O quê? – perguntou Consuelo, rapidamente tomada de indignação ao pensar que Oscar se referia à criança. Ao perceber o olhar de desafio da amada, entendeu que não tinha sido explícito e se apressou em corrigir.

– Com o livro. Não podemos ficar com ele...

– Por que não? É uma relíquia – reclamou Consuelo, embora aliviada.

– O símbolo da capa – apontou mais uma vez Oscar.

– É o Menorah...[9] É apenas um símbolo.

– Se formos apanhados com ele, podemos parar na fogueira e nem o duque, se um dia nos perdoar, conseguirá nos salvar. Perdoe-me...

---

[9] *Menorah*, também mencionado como *menora*, é um candelabro multirramificado, usado nos rituais religiosos do judaísmo, que tem sido um símbolo importante de Israel antigo e moderno. O *menorah* é mencionado pela primeira vez no livro bíblico de Êxodo (25,31-40), segundo o qual o projeto da lâmpada foi revelado a Moisés por Deus no monte Sinai. O candelabro deveria ser forjado de um único pedaço de ouro e deveria ter seis ramos, "três de um lado e três do outro" (Êxodo 25,31). A taça sobre o eixo central, que é um pouco elevada para significar o sábado, estava flanqueada por três luzes em cada lado. (fonte: www.britannica.com)

# CAPÍTULO 7

*Ciudad Rodrigo, junho de 1509.*
*Dezessete anos após encontrarem Abel.*

Próximo à Ciudad Rodrigo, uma fazenda sempre fora muito próspera, embora a região ser tão agreste. Produzia queijo e lã de suas ovelhas; cortiça dos seus sobreiros, frutas dos seus pomares, além de cereais, como trigo, centeio e aveia. O proprietário, dom Osório de Cuellar, depois que dona Maria de Alunes e Borges, sua esposa, morrera há cerca de dois anos, preferia morar perto dos netos dentro das muralhas da cidade, onde o filho ocupava a função de alcaide.[10] Dom Osório era filho de uma família antiga da região que mudara para Valladolid, mas viera a Ciudad Rodrigo a pedido de Henrique IV, rei de Castela e Leão, no ano de 1472 para avaliar a necessidade de se construir mais um muro ao redor da cidade murada. Já maduro, nos seus trinta e cinco anos, era homem de confiança do rei e gostou tanto das margens do rio Agueda que resolveu ficar. Estava cansado da corte daquele rei reconhecidamente fraco e confuso e, além disso, a possibilidade de afastar a jovem esposa das turbulências da família Alunes e Borges lhe agradava. A família da esposa era proprietária de extensas propriedades na região de Zamora e Toro, próximas a Valladolid, e influentes tanto na corte quanto no clero, onde tinha muitos membros influentes. Porém,

---

[10] Alcaide – governador de uma cidade ou vila acastelada ou fortificada, durante a Idade Média, na península Ibérica. A denominação derivou do árabe ('*cadi*', 'juiz'), pois, durante a presença muçulmana na península, os alcaides eram os governadores de províncias ou de praças. (Nota do autor)

o excesso de riqueza produzia uma infinidade de disputas entre os irmãos e isso causava muitas aflições na irmã mais nova, Maria, por quem Osório era desesperadamente apaixonado. Afastar-se da família Alunes e Borges também era uma maneira de afirmar sua honra, diante das suspeitas levantadas de que ele se interessava mais pela riqueza da mesma do que pelos olhos ternos da irmã mais nova.

Mesmo com a ausência de dom Osório, ainda assim a fazenda não perdera a capacidade de produzir, até mesmo porque dom Osório não era o responsável principal pelo bom andamento dela. Quem há muito tempo cuidava de tudo era Antônio Sandoval e seu filho mais velho, Ramon, no auge do vigor dos seus dezenove anos. Ambos contavam com a ajuda e tutela preciosa de Pilar Sandoval, esposa e mãe, assim como de Maria Ana, a filha mais nova, a bela Maria Ana, a indomável menina de dezesseis anos, que era a alegria da família e de quase toda a fazenda.

As asas do tempo se abriram generosamente sobre Antônio e Pilar Sandoval, e as da sorte também, quando ainda se chamavam Oscar Terenzuella e Consuelo Urraco de Guzmán. Dezessete anos se passaram desde quando tentaram cruzar a fronteira de Portugal, em Salvaterra do Extremo, logo depois de terem encontrado o pequeno Abel. Antes de entrar na cidade com a mulher e a criança, Oscar quis certificar-se de que não havia perigo, por isso misturou-se aos judeus que passariam a fronteira e vistoriou as ruas. Não demorou para identificar guardas do duque de Medina-Sidonia, dom Enrique Perez de Guzmán, Senhor de Sevilha, que, além de ser um dos homens mais ricos dos reinos da Espanha, era também tio de Consuelo e a amava como a uma filha.

Um dos guardas trazia um retrato de Consuelo e o mostrava para as pessoas, perguntando se a haviam visto. Oscar se arriscou chegando muito perto para ver o retrato e descobriu que era uma cópia, provavelmente feita às pressas, do quadro que ficara famoso em Sevilha. Um artista local fora chamado pelo duque para retratá-la para que a imagem pudesse suprir um pouco a falta da sobrinha, a quem ele tanto se afeiçoara, quando ela não mais estivesse ali, depois do casamento. O artista fora genial e pintara Consuelo usando um vestido branco e carregando um grande maço de flores do campo nos braços. O jovem pintor foi contratado para pintar toda a família e seguia o séquito que ia à Barcelona para o casamento, então Antônio imaginou que aquele retrato que um dos guardas carregava também era obra sua e o pintara de memória, já que havia tão pouco que terminara o quadro principal.

Oscar fora guarda pessoal do duque, substituindo o pai na função. Conhecia a família de dom Enrique desde que passou a ter alguma memória e, consequentemente, a sua sobrinha, que viera para Sevilha com apenas um ano de vida, quando ele tinha apenas oito anos. No início, devido ao fato de a mãe de Oscar ser dama de companhia tia de Consuelo, dona Leonor, esposa do duque, ele agia como se fosse seu fiel protetor e assim foi durante a juventude. Os pai de Consuelo, Pedro Urraco de Guzmán, irmão de Juan Urraco, senhor de Lepe y Redondela, na Andaluzia, era meio-irmão do duque de Medina-Sidonia, dom Enrique. Pedro Urraco sofria de problemas de saúde desde a infância e partira para Sevilha em busca de médicos que pudessem tratá-lo, levando com ele a esposa e a pequenina Consuelo. A tragédia parecia rondar a família Urraco de Guzmán: a mãe de Consuelo morrera ao dar à luz a um menino quando ela tinha sete anos. Dois anos depois, o pai dela, sempre doente, teve seu estado agravado, permanecendo acamado por vários meses sofrendo de febres frequentes. Muitos médicos renomados foram chamados para tratá-lo, inclusive Isaac Hakim, o jovem médico judeu que era famoso pelas curas quase milagrosas que conseguia. Não tiveram sucesso, e Consuelo e Tomas, seu irmão de apenas dois anos, ficaram sob a tutela dos tios, que, diante de tanto infortúnio, os criaram como filhos.

Toda a situação fez com que os laços entre os dois só aumentassem e os tios da menina viam com bons olhos o filho do comandante da guarda sempre a protegendo. Porém, os mesmo bons olhos dos avós jamais veriam Oscar em outra função e, quando Consuelo despertou a atenção de pretendentes, ela foi prometida em casamento a um nobre distante para que a riqueza e o poder da família não corresse nenhum risco. A pequena Consuelo havia se tornado uma linda mulher, embora ainda tivesse apenas dezesseis anos. O casamento aconteceria em Barcelona, um pedido especial do noivo, que por lá tinha uma imensa família, e, como era de se esperar, Oscar fora designado a comandar a guarda da família do duque na viagem para o casamento.

Durante a viagem, e devido talvez à iminente separação, a paixão mútua se revelou, para espanto de Oscar, que sofria, mas jamais teria coragem de falar sobre seu sentimento. No primeiro dia em Barcelona, antes mesmo de Consuelo conhecer o noivo, eles fugiram, no começo de uma noite chuvosa, pelos perigosos caminhos que ligavam Barcelona a Zaragoza, repletos de bandidos. Oscar, mesmo sendo um comandante jovem, já conhecia quase toda a península Ibérica devido às viagens acompanhando o duque, e, então, levando sua amada montada em uma égua velha e as poucas roupas e bagagens que tinham em um burro, que comprou às pressas, tornou-se um fugitivo. Consuelo, por sua vez, não se arrependia nem um momento por seguir o que seu coração pedia, mas lamentava ter que abandonar o irmão, Tomas, que sempre fora tão ligado a ela. Sabia que o que estava fazendo cavaria um abismo ainda mais profundo entre o irmão e Oscar, que nunca tiveram muita afinidade, principalmente pelo imenso ciúme do primeiro. Mas, quem poderia dizer que ainda veria o irmão um dia?

Em Salvaterra do Extremo, Oscar reconheceu rapidamente alguns de seus antigos comandados e, antes que a guarda do duque identificasse o comandante procurado, partiu para o norte. Antes disso, ele pensava alcançar Lisboa e, de lá, conseguir lugar em algum navio que partisse para qualquer lugar distante. Fizera o caminho mais longo, evitando os portos de Barcelona e Valência, porque sabia que seriam muito mais fiscalizados, já que a família do noivo ofendido tinha estreitas ligações com o mar. Acreditava que não pensariam que ele tomaria o caminho dos judeus que partiam, mas descobriu que estava enganado e que o poderoso duque já estava à sua frente.

Depois de alguns dias de fuga, encontrou uma casa abandonada à beira do rio Agueda. A casa era de pedra e estava em boas condições, no fundo de um vale onde não havia marcas da passagem de pessoas, por mais que Oscar procurasse. Então resolveu que Consuelo e o pequeno Abel, que ainda não pronunciara uma palavra, precisavam descansar. E descansaram uma semana, duas semanas, três, um mês. Oscar era um ótimo caçador e pescador, e o rio Agueda era rico em trutas em suas águas cristalinas, além de animais e pássaros em suas margens. Também havia cevada e aveia pelo campo, que cresceram apesar do abandono. Depois do primeiro mês, sentindo que ali havia alguma segurança, Oscar descobriu que a vila mais perto era Ciudad Rodrigo, onde não foi incomodado com perguntas por ninguém. Com o que lhe restava

## 48 | Mauro Camargo

de dinheiro, comprou mais sementes e alguns animais, como porcos e cabras. Depois de algumas idas à cidade, conversando com Ramiro, um dos padre da catedral, descobriu que aquela casa estava abandonada por causa de uma maldição, o que o próprio padre achava uma tolice. Todos os últimos moradores haviam morrido de maneira um tanto inusitada, o que fizera dom Osório de Cuellar desistir de aproveitar aquele pedaço de terra que fazia parte de sua imensa fazenda, por que ninguém queria nem passar perto da região. Próximos à casa existiam paredes com desenhos feitos pelos povos antigos[11] e as pessoas mais supersticiosas acreditavam que a região fora ocupada por bruxas e feiticeiros no passado, o que justificava as tantas mortes dos que insistiam em morar no local. Ficava em um extremo distante da casa grande, por isso Antônio pôde gozar de tranquilidade por tanto tempo.

– A terra faz parte da fazenda Esperança e, se você está morando lá, seria bom avisar dom Osório, um bom homem que só cobrará uma parte do que produzir, como é seu costume – falou o padre, entendendo o motivo das perguntas.

– Tenho medo que se irrite... Estou lá há quase um ano.

– E vem de onde, senhor Sandoval? Estou tentando lembrar de onde o conheço... Tenho certeza de que não me é estranho – perguntou o padre, que era magro, alto e um pouco encurvado. Seu rosto era alongado e com os ossos da face salientes, mas seu sorriso gentil dava a ele um aspecto confiável.

– Perdi toda minha família na guerra de Granada, meu bom padre – respondeu Oscar, que não contara ao padre seu nome verdadeiro, querendo cortar o raciocínio deste, temeroso de que ele conhecesse a história da 'filha' do duque que fugira com um dos seus guardas. – Os mouros acenavam com armistícios ao mesmo tempo em que devastavam as fazendas da região para que o exército real não tivesse mantimentos. Por isso parti de Granada querendo recomeçar a vida, pensando em chegar a Évora, onde tenho parentes distantes, mas me perdi no caminho. Pensei que ficaria naquela casa apenas um ou dois dias para descansar minha esposa e meu filho, mas eles gostaram tanto do lugar que acabamos ficando.

---

[11] Refere-se ao sítio arqueológico de Siega Verde, distante quinze quilômetros de Ciudad Rodrigo, às margens do rio Agueda. (Nota do autor).

– E o senhor é um convertido? – perguntou o padre, mas sem colocar qualquer desafio naquela pergunta.

– Sou de família católica tradicional, senhor. Que eu saiba nunca houve algum convertido nas gerações passadas – respondeu Oscar, escondendo a verdade, supondo que a probabilidade de o padre ser contra os judeus era, indubitavelmente, a maior. Sua família era de convertidos, embora a grande maioria das famílias dos reinos da Espanha tinha alguma ligação com mouros ou judeus na sua linhagem.

– O senhor parece ser uma boa pessoa e a região está muito carente disso. Com a partida dos judeus, muitas cidades estão carentes de serviços. Eu mesmo vou conversar com dom Osório a seu respeito.

Alguns dias depois, logo ao amanhecer, um grupo de cavaleiros apareceu no caminho que descia para a casa onde morava Oscar e Consuelo. Eram três homens bem armados que acompanhavam dom Osório de Cuellar, mas o temor do casal logo se dissipou diante do largo e cativante sorriso que este trazia no rosto.

– Não acredito que conseguiu fazer tudo isso sozinho! – falou dom Osório, abrindo os braços quando apeou do cavalo e girando o corpo para ver toda a região, que estava revigorada com os bons cuidados da família de Oscar. Osório de Cuellar era alto e encorpado. Sua barriga um pouco saliente mostrava que era apreciador da boa mesa e suas bochechas rosadas faziam crer que acabara de tomar uma boa garrafa de vinho.

– Devo pedir perdão, senhor. Não pedi autorização para estar aqui.

– Então a tem desde agora, senhor... senhor?

– Antônio Sandoval, e esta é minha esposa Pilar Sandoval, e meu filho, Ramon.

Mesmo que Oscar, agora Antônio, e no passado seu pai, fossem da guarda do duque de Medina-Sidonia, a família era de pessoas do campo. Tios e primos viviam no campo como fazendeiros e Oscar sabia bem lidar com a terra e seus frutos, por isso a casa de Antônio Sandoval, naquele vale na beira do Agueda, antes improdutiva, rapidamente se tornou uma das mais ricas do senhor Osório. Por vários anos ele tentou com que Antônio mudasse para mais perto da sede da fazenda, para um lugar melhor, com mais pessoas e mais alegria, mas ele e a nova senhora Pilar Sandoval estavam felizes ali, além do

50 | MAURO CAMARGO

imenso medo que tinham de serem descobertos. No começo do segundo ano na casa de pedra, como a batizaram, nasceu Maria Ana Sandoval e a família não cabia em si de felicidade, depois de tudo que passaram. Até Abel, agora Ramon, começou a sorrir.

Enquanto o tempo passava, Ramon crescia e se tornava um menino forte e inteligente, desde o primeiro dia apaixonado por Maria Ana, sua irmã. Por muito tempo não foi mais falado sobre sua família, para poupar o pequenino, e, como ele parecia não lembrar mais do que acontecera, Antônio e Pilar acharam melhor nunca mais comentar o assunto. Seria tratado como o filho mais velho e, se jamais perguntasse nada, o passado estaria morto, enterrado, como seus verdadeiros pais e irmãs. Então Ramon passou a ser filho legítimo do casal e não um adotado que fora batizado como católico. O padre Ramiro, que passou a ser muito amigo do casal e que tinha sérias reservas aos métodos do tribunal do santo ofício, sabia da origem do pequenino Abel. Foi ele quem o batizou como Ramon Sandoval, passando por cima de detalhes que poderiam ser constrangedores. Embora a confiança que tinham no padre, por extremo de cautela nunca revelaram a ele quem eram realmente, e o padre, apesar de algumas perguntas sobre o passado, não se preocupava muito com o assunto.

Assim cresceu Ramon Sandoval, aparentemente esquecendo que era um judeu, aparentemente esquecendo que seus pais foram assassinados, amando dia a dia seu novo pai e sua nova mãe, e Maria Ana. Um véu parecia cobrir em sua memória o que vira acontecer com a família, como se sua mente quisesse protegê-lo de tamanha dor. Mais que um véu, uma sombra que a tudo obscurecia, como se sua mente quisesse protegê-lo da mágoa, do rancor. Quando a memória se aproximava dessa sombra, mesmo que contra sua vontade, via no meio dela o rosto de um homem que o amedrontava. Ele tinha grossas sobrancelhas cobrindo seus olhos negros e assustadores, além de uma cicatriz ao lado do olho esquerdo que deformava sua fisionomia. Sempre que via esse rosto, ele tinha medo e fugia para o presente, para os seus dias de paz e sua família. Ele se sentia católico, como eram católicos seus pais. Na fazenda, conhecera famílias de judeus convertidos e tinha amigos entre eles, mas não entendia bem o que queria dizer ser uma coisa ou outra. Ouvia falar das tenebrosas ações dos padres inquisidores contra os judeus ou contra qualquer outra ideia religiosa, mas era como se ele nada tivesse a ver com aquilo. Por ouvir as conversas em voz muito baixa do pai com o padre Ramiro, sabia que as tramas e acusações, prisões e torturas eram aviltantes e seguiam regras que nada tinham a ver com a vontade de Deus.

– Um dia ele vai descobrir – falava o padre Ramiro a Antônio. – Um dia ele vai entender que é circuncidado e deverá fazer perguntas.

– Não tenho porque adiantar aflições, meu bom padre. Deixe o futuro para o futuro – respondia o pai de Ramon. Porém, apesar de falar assim, Antônio era precavido. Quando o padre lhe contou que um judeu fora descoberto tentando se fazer passar por católico, fez questão de que o filho, que ouvia a conversa, soubesse o motivo.

– Ele era circuncidado, o coitado. Fora visto acendendo velas na sexta-feira, assim que o sol se pôs, e um vizinho o denunciou. Foi interrogado, mas negou ser judeu, porém, pouco tempo durou sua mentira. Depois de preso para ser interrogado, não foi preciso chegar à roda[12] para que descobrissem que era circuncidado. Como mudou a versão e disse que era um convertido, acabou sendo levado à roda mesmo assim. Confessou tudo. Não chegara nem a partir quando todos foram exilados e vivera clandestinamente por muito tempo, até ser apanhado. Confessou tudo, e muito mais. Ser circuncidado pode ser um perigo – falou o padre, olhando para as próprias mãos, mas com a atenção toda em Ramon.

Mas Ramon nada perguntou, como se aquilo mais uma vez nada tivesse a ver com ele. Porém, depois disso, não foi difícil para Antônio perceber que o filho, então com doze anos, cuidava-se muito mais e não se expunha quando estava com outras pessoas, o que era comum nas lidas do campo. O menino era inteligente e, embora nunca perguntasse sobre o passado, Antônio sabia que o filho não havia esquecido de tudo completamente, embora fizesse o possível para demonstrar que esquecera.

---

[12] Encontrei descrições diferentes para a roda da tortura, todas aterradoras. As duas principais são: 1. o condenado era preso na parte circular externa da roda, que ficava na vertical e, quando esta era girada, passava, ou por brasas, ou pontas de ferro; 2. o condenado era colocado sobre os raios de madeira da roda, na horizontal, e seu corpo era batido com bastão ou martelo para quebrar os ossos. Vale ressaltar que existiam dezenas de aparelhos para a tortura, todos eles de uma crueldade terrível, que procurei intencionalmente evitar de descrever. (Nota do autor)

Ramon se transformou em uma criança obediente e um jovem valoroso, um trabalhador incansável. Antônio o ensinava tanto a lidar com terra quanto com a espada, e outras armas, muitas armas, a pastorear e a cavalgar, o que era uma maneira também de Antônio se manter bem treinado. Antônio e Pilar esperavam que o pequeno Abel tivesse esquecido do trauma pelo qual passara, assim como eles faziam de tudo para esquecer que eram Oscar e Consuelo. Desta maneira a família viveu uma felicidade possível por muitos anos e, em uma época em que o medo produzia amarras tão pesadas à liberdade, eles conseguiam viver livres. O menino Ramon tornou-se um bom agricultor, pastor, queijeiro, pedreiro, carpinteiro, caçador, pescador e espadachim. Antônio o ensinou a lutar assim como havia aprendido com o pai, e Ramon, embora não tão alto quanto seu professor, era dotado de uma força e uma agilidade impressionante, principalmente com um bastão, sua arma preferida.

O ano era o de 1509 e as notícias da descoberta de novas terras chegaram também em Ciudad Rodrigo. Primeiro foi o genovês Cristóvão Colombo, financiado pelos reis da Espanha, depois Cabral, o português. Ambos abriram novos horizontes para fugitivos de todos os tipos e os rumores de novas colônias em terras paradisíacas de certa forma incomodavam a serenidade da vida dos Sandoval. Por mais que o tempo tivesse passado, Antônio nunca conseguia ficar totalmente tranquilo e a sensação de ser descoberto não o abandonava.

Há cerca de dois anos, a família Sandoval havia mudado da casa de pedra, com relutância, depois de muita insistência de dom Osório, que alegava a necessidade de Antônio, agora seu homem de confiança, ficar mais perto da sede da fazenda Esperança, já que ele pretendia ficar mais na cidade, onde Steban, seu filho, que sempre lhe dera muitos problemas, fora designado alcaide, depois de uma grande articulação do bispo Francisco Ruiz. A boa casa do seu antigo capataz estava vazia e não havia mais desculpas que o patrão aceitasse, por isso mudaram. Porém, dois anos de trabalho parece que foram o suficiente para que o inquieto Steban se cansasse do cargo e começasse a dizer que queria voltar para a fazenda.

O filho de dom Osório, que nunca fora dos mais simpáticos, dizia-se cansado dos problemas da cidade e queria voltar para o campo, o que causou alguma estranheza a todos, já que tantas vezes havia deixado claro que não gostava das lidas na terra quando lá estava, sempre fugindo de qualquer obrigação que seu pai lhe passava. Era o único filho de Osório, e a mãe, dona Maria, adoecera quando este nasceu, nunca mais recuperando plenamente a saúde e, depois de passar a vida muito tempo acamada, veio a falecer havia quatro anos. O fato de a mãe estar quase que constantemente acamada fez com que o pai ficasse ainda mais apegado à criança, numa tentativa de suprir sua ausência. Mas o filho, talvez agravado pelo excesso de cuidados, não retribuía ao pai o mesmo apego. Sempre fora arisco e um criador de problemas entre crianças de sua idade. Vários padres se responsabilizaram por sua educação, com pouco sucesso. Embora todas as dificuldades, Steban era dotado de uma inteligência brilhante, o que o deixava ainda mais arrogante e muitas vezes perverso com quem não acompanhava seu raciocínio. Dom Osório via nele a mesma soberba dos irmãos da esposa, da rica família Alunes e Borges.

Na tentativa de equilibrar o filho de um dos principais doadores da igreja da região, o bispo articulou para que Steban, fosse nomeado alcaide da cidade, o que gerou muita controvérsia entre os senhores mais antigos. Não fosse o poder de persuasão natural dos homens da igreja, ele não seria conduzido ao posto. A atuação do bispo a seu favor, por sinal, fizera aumentar os boatos de que este havia seduzido a esposa de dom Osório e era ele o pai de Steban. Boatos, mas que muito incomodavam o generoso dom Osório de Cuellar.

A responsabilidade como alcaide freou um pouco o caráter impulsivo e encrenqueiro de Steban, porém, o sossego durou pouco e agora ele, alegando cansaço, queria voltar. Pensar em ter o jovem arrogante por perto novamente não era um alento, porém a presença mais constante da família Cuellar na fazenda tornara a vida por lá mais animada, e foi assim que Antônio ouviu falar das novas terras de além-mar.

Foi pensando nesses rumores que ouvira do sempre bom conversador dom Osório, que Antônio entrou pela catedral de Santa Maria, naquela tarde ensolarada de começo de verão, procurando por seu amigo, o padre Ramiro, que agora era secretário do bispo Francisco Ruiz. Encontrou a porta de sua sala entreaberta e, depois de bater discretamente na madeira para não assustar o padre, o saudou:

54 | MAURO CAMARGO

– *¡Buenas tardes, mi buen padre!*

– *¡Buenas tardes, señor! ¿Em que puedo ayudar?* – perguntou um padre bem mais jovem que Ramiro, e que Antônio não conhecia, mas que lhe causou rapidamente arrepios devido ao seu hábito de dominicano.

– Ah! Perdoe-me, senhor, eu estava à procura do padre Ramiro.

– Pela chegada parece ser bastante amigo dele – comentou o dominicano, sempre sorrindo, mas deixando Antônio ainda mais tenso.

– Mais do que amigos, senhor. Padre Ramiro é meu confessor, por isso...

– Ele acompanhou o bispo a Salamanca. Talvez demore alguns dias, mas estou aqui para substituí-lo, caso seja necessário. Meu nome é Diogo Martínez, senhor...?

– Antônio Sandoval...

– Ah! O capataz da fazenda Esperança! Meu tio, dom Osório, falou muito bem a seu respeito, embora eu saiba que, por vezes, falte à missa dos domingos – falou o dominicano, dando as costas para Antônio e voltando ao seu lugar, atrás da mesa que servia de escrivaninha para o padre Ramiro, e que ele agora ocupava. – Por sinal, já faz um mês que padre Ramiro não está mais na cidade...

Ouvir de um dominicano, mesmo sendo sobrinho do patrão, a mais breve admoestação, não era nada bom. Já tinha ouvido falar do sobrinho de dom Osório que era frade dominicano, mas, aparentemente, o patrão não tinha muita afinidade com este lado da família e era fácil entender o motivo: aquele jovem frade não era nem um pouco simpático, por mais que mantivesse um leve sorriso sempre no canto dos lábios. Antônio pensou em virar as costas e sair dali imediatamente, fugir, mas sabia que não podia fazer isso. Diogo Martínez, agora sentado e com as mãos unidas sobre a mesa, olhava para ele como se esperasse uma resposta. Tinha o rosto liso e de aparência jovial, o que dificultava precisar sua idade. Seus cabelos eram muito negros e a pele levemente bronzeada. O rosto imberbe dava a ele uma aparência juvenil que contrastava com seus severos olhos negros, que pareciam nunca hesitar. Em nenhum momento desviava os olhos de Antônio, como se quisesse enfrentá-lo, medi-lo ou mesmo subjugá-lo.

– Os trabalhos na terra muitas vezes não me permitem vir à cidade, senhor, principalmente o pastoreio. Mas não tenha dúvida de que,

AMOR | 55

quando não podemos vir à cidade, fazemos nossas orações na capela da fazenda. Seu tio pode confirmar isso.

– E oram em voz alta ou em silêncio? – perguntou Diogo, com um leve arquear dos cantos dos lábios, que mais parecia um sorriso cínico, como se estivesse se divertindo do evidente temor expresso nas palavras de Antônio.

– Eu, minha mulher e meus filhos oramos em voz alta, senhor padre, nas poucas vezes que não conseguimos assistir à missa na cidade – respondeu Antônio, tentando dar a maior naturalidade possível às palavras. Atrás daquela pergunta, aparentemente tão singela, havia uma armadilha perigosa, e ele sabia disso. Pouco conhecia sobre os mistérios da fé, mas já tinha ouvido falar que considerar que a oração em pensamento tem a mesma valia que a falada poderia ser uma heresia e isso estava causando cisões dentro da igreja. Fora o padre Ramiro quem lhe falara sobre isso, mas, na época, Antônio deu pouca importância ao fato.

– Não tenho dúvidas de que são fiéis à santa madre Igreja e tementes a Deus, senhor Antônio. Não pense que estou fazendo alguma recriminação, muito pelo contrário. Não quero ser visto com maus olhos pela comunidade enquanto padre Ramiro estiver fora, principalmente porque é possível que ele demore.

Antônio não gostou de saber que seu amigo demoraria e que em seu lugar ficaria um dominicano que parecia ter facas no olhar. Ficou curioso sobre o motivo da viagem prolongada de Ramiro, mas não ousaria perguntar a Diogo, mesmo porque, tudo o que queria era sair logo dali, por isso apenas abaixou a cabeça em concordância e falou:

– Espero que tenha uma boa estadia em nossa cidade. Ficaremos felizes se for visitar a fazenda de dom Osório.

– Ah! Amanhã mesmo! Irei com meu tio conhecer as terras mais férteis da região e que são tão bem cuidadas por Antônio Sandoval, sua esposa Pilar e seus filhos Ramon, o guerreiro, e Maria Ana, a moça mais linda de toda a região – falou Diogo, ficando em pé e abençoando Antônio com o sinal da cruz, sinalizando que não tinha mais tempo para ele, mas também deixando claro que já estava inteirado de muitos assuntos, a ponto de mencionar o nome e detalhes de cada membro de sua família.

Era tarde da noite e uma chuva fina caía sobre a Restinga há vários dias, deixando melancólico aquele começo de agosto de 2014. O inverno estava sendo severo no sul do Brasil, com geadas constantes e neve na serra, mas o pior fora a geada negra que afetava profundamente a agricultura. As pessoas procuravam padre Godoy com a alma coberta de preocupações e a cada uma ele tentava mostrar que as agruras da vida tinham a finalidade de nos deixar mais fortes. Bastava olhar para o padre para entender isso, mas as pessoas, que sempre tiveram mais facilidade em olhar para si mesmas e ainda assim não se conhecerem, como iriam aprender alguma coisa olhando para os outros?

Javier Herrera estava sentado em uma cadeira de frente para a pequena lareira do padre e ficara pensativo depois do que acabara de contar. Ficou uma semana sem aparecer, até que bateu à porta da cozinha da casa do padre no começo da noite e Godoy o recolheu, como se fosse uma visita habitual.

– Está cansado, Javier? – perguntou o padre.

– Não, mas creio que o senhor esteja. Sei que teve um dia cansativo, atendeu muitas pessoas.

– Isso não me cansa tanto quanto saber que muitas delas só vêm conversar comigo para que eu concorde com suas ideias.

– Mas às vezes parece que o senhor concorda, padre. Mesmo com coisas que não podem estar certas...

– Se eu não fizer assim, elas simplesmente não voltarão mais e logo encontrarão outras pessoas que concordem com seu egoísmo. Nem sempre confrontar as pessoas com a verdade que não enxergam é ajudá-las, Herrera. Precisamos ter paciência porque cada um tem seu tempo. Aos poucos tento conduzi-las ao que acho mais sensato em relação às suas aflições, mas quem sou eu para ter certeza de que estou certo? Então, a mesma paciência que tenho com os outros preciso que tenham comigo também. A vida é uma troca constante.

– Creio que ainda tenho muito a aprender sobre paciência, padre. Teve um tempo em que eu não impunha a verdade a quem não queria vê-la ou ouvi-la, simplesmente as matava...

– Acredito que tenha mudado, então.

– Ao menos não matei ninguém na última vida, mas tive vontade.

– E qual foi sua última vida? Sei tão pouco sobre o senhor...

– Logo ficará sabendo, padre, logo. Não posso colocar os cavalos na frente da carroça...

– E o que o está deixando triste? Por que é tristeza que sinto vindo do senhor, hoje... bem diferente da ansiedade do nosso primeiro encontro.

– Tem mesmo uma sensibilidade muito grande, senhor. Eu estou profundamente envolvido com o drama que cerca o menino Bruno e sinto-me culpado por tudo que está passando. Ele está internado...

– Culpado? – interrompeu o padre. – Poderia explicar melhor?

– Eu já o abandonei um dia. Bruno nunca foi uma pessoa fácil, desde tempos remotos que minha memória alcança, jamais quis ver a verdade. Creio que me colocaram como pai dele no passado para que não o matasse, como fazia com as outras pessoas. Agora, do outro lado da vida, eu deveria ajudá-lo a se entender com o pai... Ah! Como foram pedir isso para mim? Logo para mim!

– Vou saber de tudo com a história que está me contando?

– Sim, vai saber. E vai saber também o motivo de eu estar lhe contando, o que é o essencial... mas meu tempo está acabando. Antes de partir gostaria que me falasse da mãe de Bruno, a Emília. Soube que ela veio conversar com o senhor hoje, a pedido de Maria do Carmo.

– Vejo que fala delas com bastante intimidade – falou padre Godoy, e Javier Herrera apenas sorriu, condescendente. – Emília ama muito o filho, Herrera. Talvez não tenha sabido usar esse amor na medida certa, mas não tenho dúvidas de que amor é sempre melhor que sobre do que falte. Sem ele não se curam as dores da alma. Tentei acalmá-la apenas, e fazer com que não se esqueça de Deus.

– Ela não vai esquecer, padre. Andou meio contrariada com Ele, talvez até mesmo por minha causa, mas não vai esquecer. Só posso lhe agradecer pela ajuda...

Godoy ficou olhando para Javier Herrera sem saber o que dizer. Estava vivendo uma situação por demais inusitada e faltava-lhe muitas peças deste grande quebra-cabeças que o espírito estava montando.

– Ao que parece faço parte desse passado, não é mesmo, Herrera?

– Sem dúvida! O senhor e muitos outros do seu meio. Lívia Pazzianoto, sua sobrinha; Jaime e Henrique Brandão, seu falecido amigo Jacinto Dorval,[13] entre tantas outras... pessoas muito próximas ao senhor, padre.

– O senhor sabe muito bem atiçar a curiosidade, como todo bom contador de histórias. A minha vontade é de lhe fazer muitas perguntas, mas...

– ... mas é preciso ter paciência, meu amigo. Tudo a seu tempo – interrompeu Herrera, com um sorriso irônico nos lábios. – Agora preciso ir, mas logo voltarei para continuarmos a desvendar o passado. Agora o senhor poderia abrir a porta? Um dia, no passado, já tive que viver igual a um fantasma, mas nunca aprendi a atravessar paredes.

---

[13] Personagens do livro *Perdão*. (Nota do autor)

# CAPÍTULO 8

Antônio e Ramon saíram muito cedo para o campo e o dia de verão seria de muito calor, por isso Pilar abriu toda sua casa para que a brisa ainda fresca da manhã a arejasse. A casa de madeira e pedras era espaçosa, localizada em uma colina que subia do rio Agueda, onde a vegetação luxuriante contrastava com os cenários mais áridos dos pastos que se estendiam para além do quintal, sofridos com o calor do verão, muito seco para aquele ano. Ao longe podia-se ouvir o balido das ovelhas e os gritos de Antônio e Ramon, que, montados em seus belos cavalos, as conduziam para pastos melhores e mais distantes. Enquanto as vozes familiares iam ficando quase inaudíveis, Pilar abriu a porta dos fundos da casa e sorriu com a imagem telúrica de Maria Ana, toda vestida de branco, subindo pelo caminho que vinha do rio e com um grande maço de flores nos braços. O sol ainda baixo no horizonte não permitia ver a delicadeza de seus traços, mas a destacava no meio da luz como se fosse um anjo.

Pilar voltou feliz para a frente da casa, pensando em ir até a horta buscar legumes para o almoço, mas, ao passar pela porta da frente, encontrou um padre parado bem no meio do pátio. Não foi difícil entender quem era, depois do que Antônio lhe contara. Usava o hábito dos dominicanos, já desbotado pelo tempo, com um capuz claro e outro escuro sobrepostos, caídos para trás da cabeça, e a olhava fixamente, como se esperasse dela não apenas um bom-dia. Não era alto, nem forte, mas sua presença a assustava.

– Bom-dia! Senhora Sandoval, parece que a assustei – falou Diogo Martínez, com sua voz bem pausada, depois de um breve instante onde a tensão ficou explícita. Ele já estava acostumado. Causar alguma apreensão fazia parte da sua personalidade e, desde que passara a vestir o hábito dominicano, tinha cada vez mais prazer ao perceber a sensação que facilmente causava.

– Bom-dia, senhor. Creio que seja o frade Diogo Martínez, o sobrinho de dom Osório.

– Oh! Vejo que o senhor Antônio avisou que eu vinha – falou o padre, com um breve sorriso, enquanto Pilar fazia uma genuflexão e pedia-lhe a bênção.

– Não o esperávamos tão cedo... Infelizmente Antônio não está em casa...

– Ah! Sim, eu estava na varanda da casa do meu tio quando o vi saindo com Ramon.

– Então o senhor está acordado desde muito cedo e talvez esteja com fome, se ninguém da casa lhe proveu algum alimento, não é? – perguntou Pilar, tentando sorrir e relaxar, afinal, a princípio não havia motivos para ter medo de Diogo, por mais assustador que pudesse parecer e mesmo com ele falando de sua família com tanta intimidade, como se fosse um velho conhecido. Porém, logo percebeu que o padre não estava mais prestando atenção ao que ela dizia. Seus olhos estavam fixos agora em alguma coisa que vira às suas costas.

Pilar sentiu um arrepio. Sentiu um rápido mal-estar. Era como se Diogo estivesse em transe e ela sabia o motivo. Maria Ana havia aparecido na porta da casa, alguns degraus acima do pátio onde estavam. Sem olhar para trás, Pilar a imaginou como o anjo que há pouco vira, com seu vestido branco e as flores colhidas próximas ao rio em seus braços. Não foi preciso virar-se para saber o que Diogo estava vendo e ele, após alguns segundos de óbvia estupefação, respirou profundamente e pareceu retornar à realidade.

– Não há dúvida alguma de que seja Maria Ana – falou o frade. – A fama de sua beleza é injusta, senhora Pilar. Ela é muito mais linda do que todos falam....

Pilar Sandoval ficou estarrecida. Aquelas não eram palavras que um homem da igreja poderia falar com tanta facilidade, mas ele as falara como se fosse um homem comum, ou mesmo um pretendente de sua filha. Ondas de arrepios eriçaram a pele de Pilar, como se uma rajada de ar gelado tivesse varado o calor da manhã, que aumentava rapidamente com o sol que se erguia.

Diogo Martínez passou por Pilar e foi até Maria Ana sem tirar seus olhos dos dela, como se estivesse magnetizado. Maria Ana era a imagem da mãe quando mais nova, quando ainda era Consuelo Urraco de Guzmán, e ela lembrava da reação que causava nos homens quando a viam. Lembrava que alguns a deixavam lisonjeada com o olhar de espanto diante da sua beleza, mas outros a deixavam perturbadas, porque pareciam que poderiam arrebatá-la e levá-la para longe a qualquer momento. E era isso que Maria Ana Sandoval sentia quando aquele padre de tez levemente morena e olhar afiado parou na sua frente, como se estivesse encantado. Ele estendeu a mão de maneira um tanto instintiva e ela, sem saber ao certo o que fazer, abaixou-se para beijá-la, e o leve tremor que a pele do frade sentiu o fez sorrir intimamente.

– A bênção, senhor.

– Deus já a abençoou, minha jovem. Que mais lhe eu poderia dar em Seu nome?

Maria Ana não falou mais nada. Não sabia o que falar. Pilar chegara ao seu lado e o momento de silêncio pareceu ser longo, mas não foram mais do que alguns segundos. Ambientes e situações tensas agradavam sobremaneira a Diogo, então, até mesmo por perceber isso, ele respirou fundo e balançou quase que imperceptivelmente a cabeça, como se tentasse se livrar de uma visão, e falou:

– Aceito seu convite, Senhora. Mas apenas um pedaço de pão e um pouco de água me será suficiente. Deus já nos deu a beleza para nutrir a alma, o que mais podemos querer?

Não foi preciso que Pilar falasse nada para a filha e bastou que o frade entrasse junto com a mãe para que ela desaparecesse, com o coração ainda aos saltos. Pilar serviu ao padre o pão e a água, e este recusou comer qualquer outra coisa que a mulher lhe ofertasse, ficando mais silencioso e pensativo depois de ter visto Maria Ana. Como o ambiente insistia em permanecer tenso, Pilar tentou puxar algum assunto:

– Há alguns dias não vejo dom Osório. Devem ter chegado com a noite avançada ontem, pois não vimos nem ouvimos nenhuma movimentação dos empregados da casa. Steban também veio com os senhores?

– Ah! Meu primo Steban! O impetuoso Steban! Não, ele não veio. Meu tio tampouco veio. Na verdade, eu cheguei hoje e sozinho. Gosto de caminhar quando o dia está amanhecendo; isso ajuda a clarear as ideias.

– Então a família deve estar a caminho...

– Creio que meu tio não virá por algum tempo, senhora. No momento em que eu saía para vir até aqui, ele partia para Salamanca, onde irá encontrar o padre Ramiro. Steban, por sua vez, deverá vir ainda hoje, já que pretende assumir a fazenda no lugar do pai.

Pilar estremeceu mais uma vez. Por que dom Osório ficaria um tempo longe de Ciudad Rodrigo? Por que, repentinamente, Steban resolvera gostar do campo? Ela e Antônio já haviam falado do inconveniente que seria tê-lo como patrão, já que era bem mais rude do que o bom e generoso dom Osório.

– Algum problema que ainda não sabemos com dom Osório, para ele precisar viajar assim, às pressas?

– Não tão às pressas, senhora, não tão às pressas... – falou o frade, quase que para si mesmo, repetindo as palavras. – Mas não convém a mim falar sobre o assunto, já que é um problema bastante particular – completou, ficando em pé e dirigindo-se para a porta da frente. Atitudes bruscas causavam alguma surpresa, e Diogo Martínez era uma surpresa constante. Ao chegar à porta parou e virou-se para Pilar, que o seguia, sem saber o que dizer.

– Vou aproveitar o silêncio da casa de meu tio para descansar antes que meu primo chegue. Ele virá com muitas pessoas que está contratando e isso será barulhento. Trará uma nova equipe de cavaleiros para aumentar sua guarda, porque sente-se inseguro no campo, onde pensa que sempre haverá um ataque de bandoleiros. Ontem mesmo conheci o novo comandante desta guarda, Juan Carillo, e sei que, quando ele chegar, com sua voz que faz a terra tremer, ninguém mais conseguirá descansar.

– Então aproveite, senhor, enquanto o dia ainda não está tão quente também – falou a lívida Pilar, que tinha até dificuldade em respirar depois de ouvir aquele nome, que ficara guardado em sua memória desde que lera o livro de anotações de Isaac Hakim, há tanto tempo. Jamais esqueceria do nome de Juan Carillo, aquele a que chamavam de "El tenebroso.

– Ah! Sim. Preciso muito de descanso – continuou o frade, agora de lado e com um forçado sorriso cínico nos lábios. – Estou sem descansar desde que saí de Sevilha há mais de uma semana. Fui chamado para os ofícios fúnebres de dona Leonor, a viúva de dom Enrique Perez de Guzmán. Seu neto, Enrique de Guzmán, que herdou o nome e o temperamento do avô e é o atual duque, estava desconsolado, assim como seu sobrinho predileto, Tomas Urraco de Guzmán. Foram dias intensos e parti de Sevilha sem descansar, porque tinha muitos problemas para resolver em Ciudad Rodrigo. Por isso, tenha um bom dia, senhora Pilar Sandoval.

Quando o frade já estava a mais de cem metros do pátio da casa, Pilar sentiu que as pernas não resistiriam ao peso. Como podia, em tão pouco tempo, ter notícias tão ruins a ponto de devastarem sua vida e de sua família? Mesmo que estivesse distante por tanto tempo, guardara memórias carinhosas dos tios. O casal era rude e severo com todos, menos com ela e o irmão. Eles eram mais rudes com o filho mais velho, Juan Alonso, primo dela e pai do atual duque, do que com ela, a quem tratavam como uma filha. Ela sabia que dom Enrique morrera pouco depois que ela fugira e isso lhe causava muita tristeza. Saber que a tia também morrera lhe causava uma dor profunda, mas tinha agora problemas bem maiores para se preocupar. Em poucas horas chegaria à fazenda o homem que assassinou os pais e irmãs do pequeno Abel Hakim, e isso, que a princípio já era horrível, ainda não era o pior. Agora ela entendia mais o fascínio do frade por Maria Ana. Entendia como ele parecia estar tendo uma visão. Sim, uma visão, uma lembrança. Maria Ana era a cópia da mãe quando mais jovem e, justamente naquela manhã, usava um vestido branco e carregava flores do campo. Aquele homem havia visto o quadro com ela na mesma idade da filha agora. Aquele homem sabia quem eles eram.

# CAPÍTULO 9

— Se alguma desgraça acontecer com nossa família, quero que você e sua irmã se protejam – falou Antônio, rompendo o silêncio que pai e filho se encontravam, à sombra de um grande olmeiro, com as ovelhas ao redor.

— Desgraça? Por que aconteceria uma desgraça? Estamos correndo algum perigo? – perguntou Ramon, que estava achando estranho o silêncio do pai durante o dia.

— A vida é um perigo constante, Ramon. Já falamos muito sobre isso.

— Mas nunca me falou em desgraça...

— ... mas estou falando agora – interrompeu Antônio, com alguma rispidez, o que deixou Ramon espantado. – Quero que se protejam. Eu o treinei para ser um guerreiro e não apenas um pastor. Quero que proteja sua irmã; a beleza dela é um grande perigo no mundo em que vivemos.

— Não precisa me pedir isso; sabe que a protegerei sempre.

— No fundo do nosso estábulo, sob o monte grande de feno, tem a ponta de uma corda. Na outra ponta desta corda tem uma sacola de couro com o que pude guardar. Tem também algumas... lembranças de família... Tem...

Antônio interrompeu o que ia falar e ficou com o olhar perdido na distância, como se olhasse para o nada. Ramon esperou que o pai continuasse, mas ele não falou mais nenhuma palavra. Pensou em perguntar o que eram as lembranças de família, mas não estava gostando daquele assunto. Pensar em não ter mais a vida que tinha, o pai, a mãe, a irmã, causava-lhe um grande medo e a memória, mesmo que contra sua vontade, chegava mais perto daquela sombra que ficara no passado e daquele rosto que nela morava, embora ele estivesse cada vez mais apagado. A palavra desgraça que ouvira do pai fazia com que tivesse a impressão de que a sombra ganhava mais força, a ponto de poder se alastrar e cobrir todos os seus dias, e todos a quem amava, sem que ele pudesse fazer nada para evitar. Nos porões mais fechados de sua memória, escondia-se uma desgraça na qual ele nada pôde fazer para evitar, e isso o apavorava. O medo recorrente e sorrateiro, que sempre o acompanhou, dia a dia, fez com que tivesse vontade de chorar, mas jamais poderia demonstrar tamanha fraqueza na frente do pai. Então levantou da pedra onde estava sentado e desceu na direção do rio, deixando seu pai ainda imerso em absoluto silêncio, encostado ao tronco do olmeiro.

No meio da tarde, Antônio voltou sozinho para casa e deixou Ramon pastoreando as ovelhas, com a orientação de que não retornasse antes que ele viesse buscá-lo, o que deveria acontecer em quatro ou cinco dias. O filho aos poucos levaria os animais para uma campina distante e fazê-los caminhar em demasia seria improdutivo, por isso ficariam no campo, e Ramon tinha mantimentos para mais de uma semana. Embora a distância da mãe e da irmã, Ramon gostava da vida de pastoreio, onde a única preocupação era cuidar de ovelhas desgarradas e lobos mais ousados. As noites a céu aberto no verão da Extremadura eram repletas de estrelas e frescor, o que lhe fazia tanto bem à alma. Antônio, por sua vez, ficava feliz por manter seu filho adotado longe daquele frade dominicano que aparecera em suas vidas.

Ao chegar próximo à sede da fazenda, quando começava a anoitecer, Antônio assustou-se com a movimentação ao redor da casa grande, com cavaleiros galopando seus animais de um lado para outro, como se estivessem em treinamento, o que lhe trazia memórias antigas dos seus tempos de comandante da guarda de um duque. Quando apeou do cavalo para passar pelo último portão que chegava em sua casa, um cavaleiro o viu e imediatamente disparou em sua direção. O cavalo inteiro negro se aproximou muito rapidamente e o cavaleiro fez questão de mostrar sua habilidade freando-o muito próximo de Antônio, fazendo com que torrões de terra voassem na sua direção.

– Quem é você? – gritou o cavaleiro, desembainhando a espada, provavelmente querendo mostrar serviço aos seus superiores. – Identifique-se.

Antônio apoiou-se no seu cajado de pastor feito de freixo e ficou olhando para aquele jovem voluntarioso e arrogante. Não tinha mais do que vinte anos e era forte, com o rosto quadrado e traços bem definidos, de olhos miúdos e traiçoeiros, rápidos, como se encarasse no pastor um perigoso inimigo. Já tinha visto isso outras vezes quando comandava homens e sabia que longe de inimigos verdadeiros os mais jovens eram capazes de atitudes heroicas para tentar aparecer.

Mesmo que não soubesse o que estava acontecendo na casa de dom Osório de Cuellar, Antônio riu da situação, afinal, até aquela manhã, era ele quem protegia e dava ordens na fazenda. O riso espontâneo do pastor provocou uma ira instantânea no cavaleiro prepotente, que jogou seu cavalo na direção de Antônio pensando em derrubá-lo para que entendesse com quem estava falando. Foi tudo muito rápido, tão rápido que o jovem cavaleiro não conseguiu entender como é que, em instantes, estava no chão e aquele pastor, que para ele era um velho, pressionava o forcado do cajado contra o seu pescoço e chutava sua mão que empunhava a espada, fazendo-a voar para longe. Os olhos ligeiros do jovem agora estavam parados e aterrorizados, olhando fixamente para Antônio, ciente de que, se aquele cajado fosse torcido, sua vida acabaria naquele instante.

Outros seis cavaleiros, que haviam parado de galopar quando viram um dos seus interceptar o homem, ao verem o que estava acontecendo e também surpresos, partiram para atacar aquele pastor atrevido. Ao perceber o que estava acontecendo Antônio levantou o cajado e libertou o cavaleiro, que ainda demorou a conseguir ficar em pé. Os cavaleiros, entendendo o gesto do pastor, não o atacaram, mas o cercaram com seus cavalos.

– Quem é você? – perguntou um deles, que parecia ser o mais velho.

– Meu nome é Antônio Sandoval e, como capataz desta fazenda, sou eu que devo perguntar quem são vocês e o que fazem aqui?

– Somos da guarda do senhor Steban. Fomos contratados para fazer a segurança dele enquanto estiver morando aqui...

– E como um guarda pode atacar um simples pastor como se fosse um inimigo? Não sabem que estão em uma fazenda? Quem está no comando de vocês? – perguntou com segurança o antigo comandante da guarda do duque de Medina-Sidonia, causando algum constrangimento no cavaleiro que o abordava.

O cavaleiro mais velho não respondeu, porque outro cavaleiro estava chegando até eles, montado em um grande alazão. Ao vê-lo se aproximando, todos abriram caminho para sua passagem.

– O que está acontecendo aqui? – perguntou o homem, com uma voz de trovão que chegou a impressionar até mesmo Antônio. Era alto e forte, se destacando sobre a sela do cavalo. A barba negra cerrada e o largo chapéu de couro, com penas espalhafatosas, não permitiam definir os detalhes do seu rosto. Trazia um ameaçador arcabuz[14] atravessado no ombro, a arma que, embora difícil e demorada de ser recarregada, costumava gerar muito medo.

– O que está acontecendo, senhor Carillo, é que seus homens talvez não sirvam para este trabalho – falou o frei Diogo Martínez, que surgiu como um fantasma, vindo do portão por onde Antônio havia acabado de passar. – Como podem atacar um pastor que não conhecem e, pior ainda, como pode um deles ser abatido por um pastor como se este fosse um grande guerreiro ou mesmo um grande comandante de guarda.

As últimas palavras do frade impressionaram Antônio. Havia cinismo no ricto labial e nos olhos do frade, que o olhava como se esperasse alguma reação. Todos ficaram quietos com sua aparição, enquanto que o cavaleiro que havia sofrido o revés com o pastor apanhava sua espada, com o rosto demonstrando uma raiva incontida. Carillo, o último cavaleiro que chegara, colocou a mão no punho da espada, mas logo a retirou, entendendo a grande besteira que estava cometendo. Nada naquele tempo poderia ser pior que atacar um homem da igreja, por mais arrogante que este fosse. Porém, sua ira com o frade e mesmo com aquele pastor atrevido precisava ser extravasada. Ele fora afrontado na frente dos seus subordinados e sentia vontade de usar aquela espada, mas sabia que não podia. Então ele

---

[14] O arcabuz foi inventado por volta de 1440 no Sacro Império Romano-Germânico, apesar disso desconfia-se que já existia algum tipo de arma de fogo portátil precursora do arcabuz nas guerras Hussitas, que datam de 1420 ou 1430. Seu nome provém de uma palavra holandesa que significa "canhão de gancho". (Fonte: curionautas.com.br)

## 68 | MAURO CAMARGO

esporeou seu alazão, que em um salto alcançou o cavaleiro derrotado por Antônio, novamente jogando-o espalhafatosamente ao chão.

– Monte seu cavalo e suma daqui, Joaquim. Estou cansado das suas palermices. Suma da minha frente, não quero mais vê-lo hoje. Suma... E vocês, seus imbecis, voltem a treinar, antes que eu arrebente um a um.

Quando todos os cavaleiros haviam partido, Antônio se virou para o frade e falou:

– Obrigado, senhor. Livrou-me de ter que dar muitas explicações, mas o que está acontecendo?

– Eu o aguardava para levá-lo de encontro ao senhor Steban, mas creio que cochilei e não o vi passando. Foi o jovem e arrogante Joaquim quem me acordou com seus gritos, felizmente a tempo de impedir que um simples incidente se transformasse numa tragédia para estes soldados, tão mal treinados quanto estúpidos. O senhor usa muito bem seu cajado, a ponto de me fazer pensar que nem sempre foi um pastor ou agricultor, não é mesmo?

– Já fui um soldado, senhor Diogo, e participei de algumas batalhas na juventude. Participei da tomada de Granada, onde perdi boa parte da família, o que me fez partir. Queria chegar a Évora, onde tenho parentes, mas encontrei abrigo nas terras do senhor Osório e acabei ficando – respondeu Antônio, medindo cada palavra. Mas o senhor não me disse o motivo dessa movimentação toda.

– O motivo? – perguntou o frade sem olhar para ele, mas com seu conhecido sorriso cínico nos lábios. – O motivo das movimentações humanas são sempre o mesmo, senhor Sandoval: a paixão.

O frade falou enquanto caminhava na direção da casa grande, fazendo sinal para que Antônio o seguisse. A explicação que dera era generalista e nada revelava, mas, mesmo assim, causou um grande mal-estar no pastor.

– Paixão? – insistiu Antônio.

– A paixão pelo campo do meu primo, senhor Steban. Aconteceu de repente. Ele, que sempre disse ter aversão às lidas na terra e que preferia o burburinho da cidade, de repente apaixonou-se pela paz e pelo silêncio que os campos verdes das terras do pai podem proporcionar. É por isso que ele está aqui com mulher e filhos, pela paixão, e é por isso que vou levá-lo para conversar com seu novo patrão, já que dom Osório viajou para Salamanca e talvez demore a retornar.

– Não sabia que dom Osório viajaria – falou Antônio. – Ele não me falou nada sobre isso.

– Os últimos dias foram um pouco tumultuados para meu tio, mas, por favor, não me pergunte mais nada. Não tenho autorização para falar deste assunto.

Steban de Cuellar e seu filho Murilo, o mais velho, de vinte anos, estavam sentados nos degraus da varanda da casa-grande quando o frade chegou com Antônio. Foi preciso cruzarem o pátio onde estavam os cavaleiros da guarda e Antônio pôde ver e sentir os olhares cheios de desprezo que aqueles homens lhe dirigiam, principalmente Joaquim, que, desmontado do seu cavalo negro, brandia a espada no ar em evidente desafio.

Steban não era alto e forte como o pai. Tinha a pele clara e as bochechas rosadas podiam até lembrar dom Osório, mas seu rosto redondo emendava-se com as papadas que caíam por sobre a gola do casaco. O corpo atarracado era roliço e a barriga proeminente para sua idade denunciava uma vida sedentária, ou mesmo relaxada de qualquer atividade física. Para as pessoas do campo, sempre tão acostumadas à lida física diária para se sustentar, não era um exemplo a ser seguido. Por sua vez, seu filho Murilo herdara a compleição do avô, embora fosse prepotente como o pai. Ele nasceu quando Steban tinha apenas dezessete anos.

– *Buenas tardes*, senhor Sandoval! – Saudou Steban, muito mais simpático do que lhe era habitual. – Como vai a família?

– Muito bem, senhor, e espero que a sua também. Soube que dom Osório precisou viajar para Salamanca. Espero que não seja nenhum problema maior.

– Ah! Com certeza não será nada que tenhamos que nos preocupar. Por lá encontrará seu amigo, o padre Ramiro, e creio que, juntos, não tardarão a estar de volta. Por isso, quero que meu pai encontre esta fazenda melhor do que quando partiu. Sabemos que o senhor cuida muito bem das nossas terras...

– Como se fossem minhas, senhor. Dou a minha vida por elas – falou Antônio, depois que Steban deixou as últimas palavras no ar.

– Sem dúvida, sem dúvida! Não temos nada a reclamar, porém, os tempos mudam, a família cresce, e sempre precisamos aumentar a produtividade. Por isso estou aqui e serei eu o novo administrador. Espero sua compreensão e ajuda para podermos fazer esta terra ser ainda mais produtiva. Continuará fazendo seu serviço rotineiro, porém serei eu quem cuidará dos arrendatários. Alguns deles parecem estar um tanto preguiçosos e isso faz a produção cair.

– São todos boas pessoas, senhor. São famílias valorosas, que amam a terra e o trabalho.

– E ganham muito bem para isso. Meu pai sempre foi um pouco mais generoso do que deveria, e isso faz com que alguns ganhem dele o que muitas vezes não merecem. Sabemos bem que a riqueza, para quem não tem boa formação, pode afrouxar o ímpeto pelo trabalho. Parece que é o que está acontecendo, caro senhor Antônio. Mas não se preocupe, não o estou recriminando por talvez ter sido um pouco leniente com os arrendatários. Eu sei muito bem que os laço de amizade podem corromper a disciplina sem que haja nenhuma maldade nisso. A única coisa que quero é trabalhar com mais rigor. Creio que o frade Diogo pode estar certo quando diz que há muitas famílias de convertidos na fazenda. Todos sabemos que eles sempre dão valor desmedido ao dinheiro, mesmo com o compromisso assumido à fé cristã. Talvez até algumas delas não sejam assim tão católicas como deveriam ser...

Antônio ficou tomado rapidamente pela indignação. Steban nunca fora simpático e sempre se recusara a permanecer na fazenda, tampouco trabalhar como deveria, e agora queria lhe ensinar como lidar com a terra e as pessoas do campo. Que disparate! Como ele poderia querer exigir mais daquelas famílias? Em poucas fazendas havia mais pessoas dedicadas ao trabalho como na fazenda Esperança, tampouco paz e respeito entre todos. As famílias de convertidos trabalhavam igual a todas as outras e jamais foram vistas praticando ritos da antiga religião, mas aquela ameaça de Steban, assessorado por um dominicano, não poderia ser negligenciada e todas essas famílias corriam perigo. A vontade de Antônio era dizer para aquele arrogante que estava colocando a perder anos e anos de bondade e respeito, com os quais dom Osório de Cuellar fizera daquela terra a mais produtiva da região, sempre assolada pelo inverno rigoroso e o verão causticante. Mas Antônio também sabia que sua posição não lhe permitia dizer nada. Era um empregado da família, apenas. Sempre fora tratado como um amigo pelo pai de Steban, mas este o via apenas como mais um serviçal, por isso calou-se. Precisava preservar o bem-estar de Pilar, Ramon e Maria Ana, então silenciou sua indignação e apenas assentiu levemente com a cabeça, para depois dizer.

– A família Cuellar sempre foi generosa, senhor. Por isso, tenho certeza de que saberá conduzir bem esta fazenda. Estou à sua disposição para o que for necessário.

– Ah! Que bom! Não tinha dúvidas de que poderia contar com o melhor capataz que meu pai conheceu, segundo o que ele diz. A produção vai aumentar e poderemos formar um contingente armado ainda maior. Nos tempos em que vivemos, sempre é bom estarmos protegidos. Com meus filhos e minha esposa aqui, prefiro me precaver. Por falar nisso, meu caro Antônio, a senhora Eugênia precisará de uma boa dama de companhia e não vejo ninguém melhor para isso do que sua filha, Maria Ana. Será muito bom para ela, tenho certeza, pois aprenderá muito com minha esposa. Foi o próprio frade Diogo, meu primo, quem sugeriu o nome dela.

A alma de Antônio pareceu se retorcer. Queriam Maria Ana, sua doce e linda menina, que por tanto tempo conseguira manter isolada da maldade humana, vivendo feliz perto da família. A sensação de mal-estar que o acometera desde que o frade Diogo lhe dissera da súbita paixão de Steban pela fazenda, agora parecia cavar um buraco ao redor dos seus pés. Toda a paz que construíra ao longo dos anos rapidamente se esvaía naquele buraco. O olhar de ironia e soberba de Steban, que o encarava como se estivesse surpreso por ele não lhe agradecer pelo convite, o fazia ter vontade de usar seu cajado mais uma vez. Porém, Antônio, que já vivera muito próximo da corte, e de uma corte muito mais valorosa do que aquela de Ciudad Rodrigo, a corte de um duque, sabia que o convite para dama de companhia deveria ser sempre recebido como uma grande honra. Sua vontade era de chamar Steban de estúpido e arrogante, porém conteve-se. Podia sentir o peso do olhar de Diogo Martínez, que examinava atentamente todas as suas reações e sentia-se preso por amarras invisíveis, que na verdade não o prendiam, mas que seu bom senso não podia ignorar. Por isso, mais uma vez apenas assentiu com a cabeça e falou:

– Comunicarei a senhora Pilar do convite e prepararemos nossa filha, senhor.

– Ah! Então está tudo resolvido. Amanhã começa uma nova vida na fazenda Esperança e tenho certeza de que o senhor e sua família serão ainda mais felizes aqui – falou Steban, já em pé. Seu filho também se levantara e Antônio pôde perceber que ele também sorria, como se tivesse presenciado uma competição onde seu pai saíra vitorioso. O filho herdara a mesma arrogância e antipatia do pai. Sem se despedirem, viraram-se e entraram pela porta da frente da casa, com o frade Diogo os seguindo muito de perto, também sem olhar para trás.

# CAPÍTULO 10

O dia amanhecia como o anterior, com o sol rompendo a leve bruma que subia das margens luxuriantes de vegetação do rio Agueda e se espalhando pelos pastos e campos cultivados. O balir das ovelhas que outros pastores conduziam podia fazer parecer que era apenas mais um dia de paz na fazenda Esperança, mas o coração de Pilar sabia que não seria mais assim, enquanto ajudava sua linda Maria Ana a se vestir. Ela e Antônio levariam a filha para a casa-grande, onde passaria a ser uma das damas de companhia da senhora Eugênia. Para muitas famílias seria um motivo de imenso orgulho, mas o pesar estava estampado na face de Pilar e não era por ela saber que, de origem, quem deveria ser sua dama de companhia era Eugênia. Ela sabia que havia optado por esta vida anônima em relação à sua nobreza e não lamentava por isso. O que ela lamentava era ver a filha ser introduzida em um lar onde qualquer sentido de ética estava longe de ser um exemplo.

Olhando pela janela do quarto da filha, ela via a casa-grande iluminada pelo sol oblíquo do amanhecer e já muitos cavaleiros espalhados pelos pátios ao redor, mal o dia começava. A casa era enorme, com seus dois pavimentos de pedras, tijolos e madeira aparentando quase um palácio em tons de areia mais clara ou mais escura, dependendo da incidência do sol em cada parede. Ficava no alto da colina mais proeminente da região e uma grande varanda se abria da porta de entrada, de onde podia se enxergar longe as terras da família, e agora muitas criadas se espalhavam por lá, sempre correndo para suprir as exigências, muitas vezes estúpidas, da senhora da casa. Eugênia era pequena e agitada, mas de uma passividade impressionante com o marido e os filhos, embora impertinente com os subordinados. Com apenas quinze anos ficara grávida e o caso fora um escândalo, contornado com um casamento às pressas. O segundo filho nascera somente dez anos depois, quando todos pensavam que ela havia perdido a capacidade de ser mãe novamente. Os casos do marido eram motivo de diversão nas línguas mais afiadas da região, por onde enfileirava amantes, em casas pobres ou prostíbulos, mas Eugênia jamais protestava.

Assim que Antônio chegou em casa no dia anterior, marido e mulher conversaram sobre o que havia acontecido com cada um e seus temores apenas aumentaram.

– Precisamos partir – falou Pilar. – Não podemos mais ficar aqui, ele sabe quem somos. Se já não sabia antes, ao ver Maria Ana descobriu tudo e não podemos confiar nele, você sabe disso.

– Sim, eu sei. É a última pessoa em quem podemos confiar. Mas creio que temos algum tempo para nos prepararmos. Se ele sabe quem somos, também deve saber que talvez pensemos em partir e pode ter avisado a guarda de Steban dessa possibilidade. Tenho certeza de que colocará algum vigia cuidando da nossa casa durante a noite.

– Quanto tempo então? – perguntou a aflita Pilar.

– Um mensageiro muito rápido chegaria a Sevilha em quatro dias e seu irmão conseguiria chegar até aqui em cerca de duas semanas. Podemos dizer que temos três semanas para nos prepararmos. Mas sempre há o perigo deste frade nos denunciar para as autoridades locais, ou mesmo que ele tenha vindo para cá já sabendo quem somos.

– A maior autoridade local é Steban. Ele é o alcaide e, mesmo que nunca tenha sido simpático, não tem motivos para nos perseguir.

– E quem consegue entender os motivos de Steban? Eu ficaria mais tranquilo se o pai estivesse aqui. Ao menos Ramon ficará alguns dias longe. Não quero que este frade o confronte, parece que ele consegue olhar além dos nossos olhos, como se estivesse sempre tentando desvendar algum segredo.

– E tem esse homem chamado Carillo...

– Ele não tem a mínima ideia de que sabemos do seu crime, Pilar. Creio que não devemos nos preocupar com ele – respondeu Antônio, tentando acalmar a esposa, embora ele, depois de conhecer *El tene-*

*broso*, não se sentisse nem um pouco à vontade com sua presença na fazenda.

Pilar terminou de ajudar Maria Ana a se vestir e secou as lágrimas que escorriam pela face da filha. Mesmo entendendo que partiriam logo, saber que sua menina ficaria longe de sua proteção a desesperava, quanto mais com as companhias que teria. Antônio carregou a sacola de couro com as melhores roupas da filha, enquanto esta subiu todo o caminho que levava até a casa-grande abraçada com a mãe. Todos os cavaleiros da guarda de Steban se reuniram na porta do grande estábulo ao verem o grupo chegando. Antônio sabia que o ódio que sentiam dele só poderia ter aumentado depois de uma noite de conversas ao redor do fogo, onde planos de vingança deveriam ter sido traçados. Pilar tentava disfarçar o pavor de ter que encarar o cavaleiro Carillo, mas Maria Ana percebeu que a mãe tremia ainda mais ao passarem por aqueles homens de semblantes hostis. Foi quando ele apareceu. Somente Antônio o tinha visto no dia anterior, mas de imediato Pilar o reconheceu, e Maria Ana também tremeu, mesmo sem saber ao certo o motivo.

Carillo desceu a escada da varanda e veio na direção deles. Não tinha mais do que quarenta anos e estava vestido como um soldado, com um gibão de couro bem encerado moldando seu tórax e cobrindo uma camisa branca, além do chapéu largo e espalhafatoso na cabeça. Usava botas com canos muito longos e o punho da espada pendurada na cintura reluzia as pedras cravejadas no sol da manhã. Tinha uma barba negra e mal aparada cobrindo o rosto largo, onde mal aparecia a boca, e uma cicatriz deformava a órbita esquerda. Mas seus olhos eram claros e salientes. Quando estava muito próximo ao grupo, parou e fez uma larga reverência às duas mulheres, mas Pilar não parou para cumprimentá-lo, e como ele não havia se dirigido a Antônio, este também não o cumprimentou, continuando a caminhar na direção da casa. Em nenhum momento Carillo tirou os olhos de Maria Ana, mas isso já não impressionava mais seus pais, habituados aos efeitos da beleza da filha. Antônio, enquanto ainda era Oscar Terenzuella, também lembrava do fascínio que Consuelo causava nos homens, e nele mesmo. Pilar ainda era uma mulher muito bonita, mas suas vestes mais simples e o cabelo preso, coberto por um pano, escondiam sua beleza. Ao passarem pelo novo comandante da guarda de Steban, quase que o ignorando, ouviram o que poderia ser um rosnado, um esgar, mas não se deram ao trabalho de virar novamente para ele.

Todos acharam melhor o fato de Steban não estar em casa. Havia saído muito cedo para caminhar, a convite do frade Diogo. Não era uma atitude normal para ele, mas, diante de tantas coisas inusitadas, aquela era apenas mais uma. Por isso entregaram Maria Ana aos cuidados da senhora Eugênia, que tratou a todos com sua frieza habitual, logo começando a passar à menina suas funções como dama de companhia, ou mais uma dama, já que ela possuía ainda outras três. Entre elas estava a senhora Olívia Barenzena, que acompanhava Eugênia desde antes do seu casamento com Steban. Olívia, pelo que todas as outras criadas diziam, era um ponto de luz em torno da escuridão daquele coração rude da nova senhora de Cuellar, e foi quem abraçou com carinho a jovem Maria Ana, para depois puxar Pilar pela mão e dizer, em voz baixa:

– Somos amigas há muito tempo, senhora Pilar, por isso serei seus olhos junto à Maria Ana e farei de tudo para que ela possa se sentir bem.

Mesmo com as palavras amigas de Olívia, pai e mãe voltaram para casa com os corações opressos. Sabiam que somente dom Osório poderia impor valores morais na casa do filho, mas não sabiam quando este voltaria. Obviamente temiam a proximidade de homens sem uma moral bem embasada, já que a filha sempre chamara a atenção pela beleza. Steban era um reconhecido devasso; seu filho um jovem sem bons exemplos para seguir; Carillo estava mais para bandoleiro do que para soldado, afora a história de horror que envolvia o pequeno Abel, e o frade Diogo era, por enquanto, um desconhecido, mas a reação que tivera ao ver Maria Ana não podia ser desconsiderada.

O primeiro dia passou lentamente pela percepção dos pais e a casa da família, agora sem o encanto da filha, estava mais vazia do que podiam suportar. Em pouco tempo a vontade de partir tomara proporções incontidas e tudo o que era felicidade do passado apenas implorava pela manutenção da liberdade tão arduamente conquistada. Ramon continuaria distante até seu pai ir ao seu encontro, como haviam combinado, e isso deixava Antônio um pouco mais sossegado. Sua ideia era tentar levar a vida com a maior naturalidade possível por três ou quatro dias, e partirem durante a madrugada. Para isso seria necessário que a filha viesse dormir uma noite com eles sem levantar suspeitas. Também precisaria espionar toda noite para saber se não estava sendo vigiado e, se estivesse, encontrar uma maneira de despistar esta vigília.

Os dois primeiros dias passaram sem maiores incidentes, embora Joaquim, o cavaleiro derrotado por Antônio, o seguisse constantemente, como se o vigiasse, mas sem que se pudesse ter certeza se estava cumprindo ordens ou esperando uma oportunidade para se vingar. À noite foi fácil para Antônio descobrir que havia um homem vigiando a casa, enfiado em um jardim que o senhor Osório havia mandado construir junto a uma fonte natural, com suas palmeiras e moitas de azaleias, não muito distante da casa do capataz. Mas os dois vigias que vira passavam a maior parte da noite dormindo, por isso sabia que poderiam fugir, desde que fossem cuidadosos.

No final do terceiro dia o frade Diogo encontrou Antônio quando este retornava para casa e, depois de saudá-lo, falou:

– Acredito que verei sua família na missa amanhã, senhor Sandoval. O domingo promete ser mais um belo dia de sol.

– Estaremos lá, senhor, com a graça de Deus.

– Ramon também estará?

– Não creio, senhor. Ramon está pastoreando por algum lugar distante. Está com o maior rebanho do senhor Osório e com muitas ovelhas prenhas, prestes a procriar, por isso precisam de pastos que não encontramos próximos da sede.

– Ah! É uma pena! Preparei um sermão excelente para amanhã e seria bom que todos os jovens ouvissem. Falarei sobre honra e respeito, liberdade e traição... é mesmo uma pena.

– São assuntos que servem para todos senhor. Estaremos lá e será um prazer ouvi-lo – falou Antônio, já com o frade a alguns passos de distância.

"Liberdade e traição", pensou Antônio. Não tinha mais dúvida de que o padre sabia do passado de Oscar e Consuelo e o estava testando, talvez esperando encontrar em qualquer mínimo gesto uma delação. Talvez estivesse querendo ter certeza antes de mandar um aviso a Tomas, irmão de Pilar, ou mesmo a Enrique, o novo duque de Medina-Sidonia, ou para entregá-lo à justiça de Ciudad Rodrigo como sequestrador da filha de um duque. Não podiam mais esperar. Partiriam na noite de domingo para segunda-feira e encontrariam Ramon, que não sabia de nada, na campina onde pastoreava. Levariam o mínimo possível, além de cinco ótimos cavalos, para que pudessem trocar as montarias sem perder muito tempo para descansar. Ramon já estava com seu cavalo. Os animais eram todos de Antônio, que sempre fora apaixonado por eles e os mantinha em seu estábulo e curral particular. Empenhara neles uma boa soma em dinheiro e dom Osório permitia que vendesse as crias, a custo de uma parcela justa para ele. Teria que deixar para trás muitos animais, mas, quando o dia amanhecesse, esperava estar longe da fronteira de Portugal na direção da vila de Aveiro, onde pensava chegar no meio da madrugada seguinte para conseguir um barco logo pela manhã. Poderia ir até a cidade do Porto, onde teria mais facilidade em encontrar um barco, mas preferia ir por um caminho menos provável. Sabia que estaria sendo seguido, porque aqueles cavaleiros contratados por Steban ficariam muito felizes em capturá-lo, mas acreditava que a dianteira que teria seria o suficiente. Até encontrarem seu rastro, já estaria bem distante. Guardado no estábulo, sob o grande monte de feno, tinha moedas suficientes para começarem uma nova vida em qualquer lugar onde fosse mais difícil encontrá-los.

Ele e Pilar, sem que ninguém percebesse, preparavam o que podiam para a jornada e pensavam em passar boa parte do domingo fora de casa, na cidade ou visitando famílias amigas. Seria uma boa maneira de não levantarem suspeitas, mas também uma forma de se despedirem de pessoas muito queridas, que fizeram parte de suas vidas desde que chegaram à fazenda. Tudo corria bem e sem maiores sustos até o jantar da noite de sábado, quando Maria Ana chegou correndo e assustada em casa, com o rosto molhado de lágrimas. Ao abraçar a mãe, que mal tivera tempo de se levantar da cadeira junto à mesa onde fazia a refeição com Antônio, não conseguiu mais controlar o pranto e demorou para que seus pais, ainda mais aflitos, pudessem saber o que estava acontecendo.

– Ele me quer mamãe – foi a primeira coisa que a menina falou e, de pronto, Pilar percebeu o furor que explodia no rosto do marido, fazendo com que ela estendesse a mão e segurasse seu braço, antes que ele se precipitasse ao encontro de Steban sem saber ao certo o que estava acontecendo.

A mãe puxou novamente a cabeça da filha para seu ombro e apenas acariciou seus cabelos, enquanto esperava que a menina pudesse falar novamente. Depois de muitos minutos, e já com Antônio sentado novamente na cadeira que puxou para perto da filha, foi que ela conseguiu falar:

– A senhora Eugênia me chamou para ajudá-la depois do jantar, mas, quando entrei no quarto, ela não estava, mas sim o senhor Steban. Ele queria que eu o ajudasse a se despir e a se banhar. Eu sabia que as criadas haviam enchido a banheira do quarto antes, mas pensava que era para a senhora Eugênia... Eu fugi, mamãe, eu fugi...

Pilar precisou aconchegar mais uma vez a cabeça da menina, agora em seu colo, já que ela tinha dificuldade em controlar o choro. Seu olhar duro para o marido era uma tentativa de segurá-lo em casa, mas logo percebeu que ele exigia de si mesmo que mantivesse também a calma. Havia muita coisa a perder, mesmo que sua vontade fosse a de quebrar o pescoço daquele verme que era agora seu patrão.

– Nós vamos resolver isso, minha filha – falou Pilar. – Conversaremos com eles para que você possa ficar mais segura na casa, até que dom Osório possa voltar...

– Ele não voltará, mamãe... Nunca mais voltará...

– O quê? – perguntou Antônio, ficando em pé, mas logo sentando, a pedido de Pilar, tentando não espantar ainda mais Maria Ana.

– Ele foi preso pelo tribunal do santo ofício... ele e o padre Ramiro... Foi a senhora Olívia quem me contou. Eu pensava em vir contar quando a senhora Eugênia mandou me chamar.

– Pelo tribunal do santo ofício? Como pode? Do que o estão acusando, afinal? – voltou a perguntar Antônio, tomado de indignação.

– Ela disse que não podia ter certeza, mas me contou que foi o próprio filho quem denunciou os dois. Ela acha que Steban enlouqueceu depois de ter me visto, numa das poucas vezes que veio à fazenda. Dom Osório parece ter descoberto o interesse do filho em mim e o ameaçou de cortar todas as suas rendas familiares caso tentasse alguma coisa. O clima entre eles já andava bastante abalado por vários motivos e foi por isso que Steban planejou o afastamento do pai. Ela disse que eu sou a culpada, mesmo sem querer, pela prisão dos dois. Acusaram eles de defenderem ideias hereges e protegerem judeus que ainda praticam rituais da antiga religião aqui na fazenda. Acusaram dom Osório de participar dos rituais e, ao padre, de acobertá-los. Por favor, mamãe...

– Calma, minha filha, calma. Sabemos que a acusação é falsa, mas sabemos também que Steban poderia mesmo fazer isso.

– De que adianta eu ser tão bela como dizem se esta beleza só traz desgraça? – perguntou Maria Ana, afastando-se da mãe e aparentando ter recuperado o controle.

– Sempre lhe avisamos desse perigo, minha filha, e sempre tentamos protegê-la, mas sabíamos que chegaria um momento em que precisaria saber se defender sozinha. Este dia chegou minha filha. Ainda estaremos ao seu lado, mas...

– Aquele homem também me abordou – falou Maria Ana, agora com os olhos vidrados e vermelhos, mas sem chorar mais.

– Qual homem? – perguntou Antônio, que olhava pela janela, tentando recuperar a calma, mas voltando para perto da filha e sentando-se na cadeira.

– O que chamam *El tenebroso*. É fácil entender o motivo de o chamarem assim. Ele apareceu do nada quando eu estava na beira do poço e disse que me protegeria de tudo. Eu me assustei e tentei fugir dali, mas ele segurou meu braço e falou que jamais deixaria que algum mal me acontecesse, que logo me levaria embora com ele.

Foi preciso Pilar ficar em pé e abraçar com força seu marido. Ela mesma continha os soluços que explodiam em seu peito. Maria Ana não sabia quem era Juan Carillo, por isso seria melhor que não entendesse o perigo real que corria. A respiração de Antônio estava pesada. Ele sabia que a afronta de Steban não tinha como ser enfrentada, mas nada o impedia de enfrentar Carillo, e Pilar temia tanto uma quanto a outra situação.

– Só mais um dia, meu amado. Só mais um dia – falou ela ao seu ouvido. – Vamos para longe e a paz voltará. Infelizmente nada podemos fazer para salvar nossos amigos que estão presos. O tribunal é implacável e jamais poderemos esperar que seja justo. Tudo isso só me faz acreditar ainda mais que Diogo sabe quem somos.

O telefone tocou e Javier Herrera, que parecia se preparar para continuar contando sua história, olhou um pouco incomodado para padre Godoy. Desta vez se apresentara no começo da tarde e o padre o levou para o escritório do primeiro encontro, onde teriam mais privacidade, já que Maria do Carmo havia trazido uma faxineira e prometia virar a casa de cabeça para baixo. Depois de muitos dias de chuva e frio cortante, a temperatura amainara e o sol fazia reflorescer a disposição nas pessoas. Maria do Carmo chegou a ir ver se estava tudo bem com o amigo Godoy e estranhou vê-lo em pé, em silêncio, apoiando a mão na borda da mesa.

– Está tudo bem, padre?

– Sim, minha amiga, não se preocupe. Deus não exige posição para meditarmos ou orarmos – falou o padre, sabendo que a amiga conhecia sua luta com as dores constantes no corpo, principalmente na coluna.

Godoy percebeu que ela não ficou totalmente convencida com a explicação, mas deixou-o sozinho para continuar a ouvir a história de Herrera, que cada vez mais o deixava curioso.

A extensão do telefone que ficava no escritório parou de tocar sem que Godoy o atendesse. Se Maria do Carmo ainda estivesse na casa, atenderia e anotaria o que fosse importante, por isso o padre não se preocupou.

– Chego a estar com medo do que ainda virá – falou o padre ao espírito.

– Já veio, e já foi, padre. Já aconteceu, não tem mais como mudar, infelizmente. Vou tentar amenizar as cenas mais pesadas, lhe garanto, mas...

– Era uma época ainda mais dura para o ser humano, entendo. Fico grato se não for tão detalhista naquilo que imagino estar por vir.

– Então posso continuar? – perguntou Javier, e o padre ia responder que sim, quando o telefone tocou novamente.

Provavelmente Maria do Carmo havia ido embora sem querer incomodá-lo e, se alguém repetia a ligação, é porque poderia ser algo importante, ou algum *telemarketing* inoportuno, pensou o padre. Então atendeu, e ficou em silêncio ouvindo o que falavam, de olhos fechados. Depois que desligou o telefone, olhou para o espírito e demorou ainda alguns segundos, pensativo, antes de falar:

– O senhor tem algum compromisso em ajudar o Bruno?

– Eu pedi que me deixassem ficar por perto, na esperança de ajudar. Faz parte do meu programa de... o que aconteceu com ele? – perguntou, repentinamente assustado.

– Ele tentou se matar, caro Javier. Os enfermeiros descobriram a tempo, mas ele ainda corre risco de morrer. Foi Maria do Carmo quem me ligou. Ela saiu sem se despedir porque a chamaram pelo celular.

– Por Deus! Então ele tentou mesmo! – falou Herrera. – Por mais que racionalmente saiba que precisa do tratamento, se deixa levar por antigos companheiros e afunda na depressão. Os médicos conseguem interferir com medicamentos, mas a ação desses remédios, pelo que me contaram, é paliativa. Nos estados depressivos, e dando ouvidos a pessoas que não o querem bem, deixa-se levar pelo vitimismo e acusa os pais de o terem abandonado. Os amigos já estavam com medo de ele atentar contra a própria vida, por isso pedi para ajudar mais de perto, embora tão pouco tenha para oferecer neste campo. Eu trabalhava muito mais como um vigia...

– O senhor falou em antigos companheiros? Obsessores, como dizem os livros?

– Ah! Sim, é assim que são chamados. Soube que Bruno teve uma sequência de vidas desviadas do equilíbrio e nelas contraiu muitos inimigos, que hoje, por não perdoarem, ainda o perseguem em busca de desforra. Além daqueles que, através dele, tentam atingir os pais e parentes.

– Espíritos que querem vingança?

– Sim, padre. O rancor é um peso enorme para a alma. O quanto eu sei como o desejo de vingança é lesivo para o espírito... o quanto eu sei! Há um deles, no entanto, que é o pior. Um espírito tão rude quanto forte em sua determinação de se vingar. Tem querelas com todo o grupo familiar e sabe que, ferindo Bruno, atingirá a todos nós.

– Essas coisas são um pouco estranhas para mim, senhor. Mesmo que eu tenha lido alguns livros em segredo, não estou habituado a esse tipo de pensamento sobre a vida além do corpo.

– Pensamento? – perguntou Javier, franzindo a testa. – Ah! Entendo... eu também demorei a me acostumar. Primeiro a gente tem que descobrir que aqui dificilmente percebemos que já morremos, porque tudo é igual como antes. Depois temos que entender que tudo aqui é diferente, a partir do momento em que não existem escudos ou faz de conta para o que somos de verdade. Quando aprendemos isso, começamos a nos tornar aptos a usufruir de uma vida muito mais interessante e avançada do que a que temos quando vivos... ou melhor, na matéria, como querem que eu fale, porque vivo sempre estamos.

– Bem, como eu ainda estou na matéria, me dou o direito de ter mais dificuldade em entender. Mas, mesmo sem entender muito, creio que existem mais espíritos tentando ajudar Bruno, não é?

– Oh! Sim... vários. Logo descobri que nossa família espiritual é imensa.

– E o que eles dizem a respeito da situação? Qual a esperança para ele?

Javier Herrera ficou um tempo olhando para Godoy, tamborilando os dedos da mão direita sobre as costas da mão esquerda, ambas apoiadas na borda da mesa, como se precisasse procurar melhor as palavras para expressar suas ideias. Depois de uma respiração mais longa, olhando para o lado, falou:

– Se não houvesse esperança, estaria tudo perdido, não é? Sempre há uma esperança, meu amigo, para que a vida prossiga. Mas, por tudo o que vi e ouvi desde que deixei o corpo, temos dificuldades em entender que uma vida na matéria é apenas uma etapa, e muitos problemas precisam de várias delas para serem resolvidos.

– Entendo – falou Godoy, com um sorriso discreto. – Entendo que, assim como o senhor sabe bem contar uma história, também sabe fazer de conta que responde sem responder.

– Estou aprendendo, padre. Tanto a ter paciência quanto a não mentir, e entender que cada um tem seu tempo – respondeu o espírito, com um sorriso.

– E o que vai fazer em relação a Bruno?

– Tenho pouco a oferecer a ele neste momento, ou a Maria do Carmo e Emília. Tenho certeza de que o menino está sendo bem atendido e minha presença lá seria apenas para ter informações. Então vou esperar um pouco mais. Mas não acredito que conseguirei falar mais sobre o passado hoje, padre. Possivelmente passaria por detalhes importantes. Voltarei em breve, talvez amanhã mesmo, se tudo correr bem.

Padre Godoy se despediu mais uma vez de Herrera e ficou vendo se ele desapareceria no ar enquanto caminhava pelo lado da igreja para ganhar a rua. Não desapareceu e se misturou com as pessoas que passavam na calçada. Às vezes o padre temia por sua sanidade. Não fossem outras pessoas terem estado com eles no mesmo ambiente sem perceber Javier, diria estar mesmo louco. Porém, e se isso tudo fosse apenas da sua cabeça? Se isso fosse apenas alucinações da senilidade? Deveria procurar um médico? Talvez, pensou o padre, mas decidiu antes ter uma conversa com Maria do Carmo, porque uma ideia aflorou em seu pensamento no momento em que o espírito falou no nome dela e da filha com tanta intimidade.

# CAPÍTULO II

Antônio, Pilar e Maria Ana chegaram cedo à catedral de Santa Maria e se colocaram na lateral da grande nave, onde costumavam assistir à missa. A filha não havia voltado para a casa-grande e não sabiam qual seria a reação de Steban e da senhora Eugênia, por isso preferiram chegar cedo para evitarem o contato com a família do patrão. Não tardou, porém, para eles chegarem. O burburinho dos fiéis os alertou para a presença de pessoas influentes chegando, mas, a princípio, Pilar e Antônio sabiam que Steban não era estimado pela população a ponto de causar esta reação. Porém, logo entenderam o que estava acontecendo. Mesmo depois de quase dezoito anos, o casal não deixaria de reconhecer quem estava entrando pela corredor da nave principal. Ao lado de Steban estava Tomas, o irmão de Pilar, com suas mulheres logo atrás deles, e coração dela apertou-se, como se fosse parar.

– Ele veio representando o duque – falou a mulher ao lado de Pilar, esposa de um dos colonos da família e mais inteirada dos assuntos que corriam pela cidade. – O nome dele é Tomas de Urraca de Guzmán e é comandante do exército do duque.

Tomas passou pela fileira em que estavam sem olhar para o lado e foi na direção da área reservada à nobreza na frente da nave maior da catedral. Usava um casaco de veludo azul com as bordas douradas. O ouro de botões, abotoaduras e medalhas reluzia na meia-luz da catedral. Seus cabelos não eram tão escuros quanto os de Pilar e estavam amarrados na nuca. Sua barba era curta e bem aparada e, mesmo de perfil, foi fácil perceber a expressão de orgulho com que seus olhos, um pouco contraídos pela diferença de iluminação do interior da igreja, olhavam para as pessoas da borda do corredor. Os fiéis que ali estavam se agitaram, porque sabiam que aquele homem era da casa de Medina-Sidonia, uma das famílias mais ricas dos reinos que, juntos, formavam a Espanha, e comandante do exército do duque. E tanto Pilar quanto Antônio entenderam que estavam perdidos.

A missa foi longa, mais longa do que o normal. O bispo Francisco Ruiz, o qual Antônio pensava estar em Salamanca, rezou a missa com imensa morosidade enquanto o calor dentro da catedral aumentava com o sol que se erguia lá fora. Na hora do sermão, o bispo, com excessos de elogios, convidou o jovem frade dominicano para fazê-lo, informando a todos que ele era um muito digno representante do tribunal do santo ofício, em passagem missionária pela região, em busca dos inimigos da verdadeira fé. Antônio suspirou mais fundo ao ouvir esta informação e Pilar pressionou levemente seus dedos em torno do braço do marido. Padre Ramiro e o senhor Osório estavam presos em Salamanca por ondem do tribunal do santo ofício, na mesma época em que o frade aparecera na cidade e não havia mais dúvidas das suas intenções. Ao que poderia se supor pelas palavras de Maria Ana, o próprio filho denunciara o pai.

O sermão parecia interminável e as palavras liberdade e traição, que tantas vezes o frade repetia, já não feria mais os ouvidos de Antônio. Ele queria apenas sair logo dali e tentar se proteger. Assim, minutos antes de a cerimônia terminar, ele puxou a esposa e filha pelas mãos e, tentando ser o mais discreto possível, saiu por uma porta lateral, pensando em contornar a catedral pelos fundos até chegar na carroça que os trouxera à cidade. A princípio pensou que nada os impediria, mas, assim que colocou-se nas rédeas da carroça, e quando já era possível ver as pessoas se espalhando pela frente da catedral, um grupo de soldados muito bem uniformizados os cercaram. Todos eles traziam arcabuzes nos ombros, o que demonstrava a riqueza do senhor a quem serviam.

– Solte as rédeas, senhor – falou um dos soldados, se aproximando da parelha de cavalos que conduzia a carroça.

– Posso saber o que está acontecendo? – ainda tentou argumentar Antônio.

– Somente um pedido do senhor Tomas. Ele quer que o senhor espere – falou o jovem soldado, elegante em seu uniforme negro, e sem demonstrar nenhuma agressividade. Porém, eram dez guardas. Por que ser agressivo diante de tamanha superioridade?

Não demorou para que Tomas aparecesse pela lateral da catedral. Vinha somente ele e Diogo Martínez e pararam a poucos passos da carroça. Tomas ficou olhando por um longo tempo para a irmã e sua filha, sem dirigir o olhar para Antônio. Não pronunciou uma palavra, depois olhou para o guarda que segurava os cavalos da carroça pelos arreios e ordenou:

– Cumpra suas ordens, Victor.

Tomas falou, virou as costas e partiu. Victor, o jovem soldado, esperou que ele sumisse pela lateral da catedral para olhar novamente para Antônio e depois dizer.

– Creio que o senhor mesmo pode conduzir a carroça de volta para sua casa. É lá que o senhor duque vai nos encontrar. Talvez o senhor lembre de Orligo Fernandez, foi seu comandado em Sevilha. Ele é meu pai e lhe tem muito apreço, por isso eu, que apenas cumpro ordens, pediria que não oferecesse nenhum tipo de resistência.

Antônio lembrava de Orligo Fernandez. Era um bom soldado e tinha um filho pequeno, que só podia ser aquele que agora o prendia, evidentemente a contragosto. Antônio sabia que não poderia oferecer resistência. O máximo que podia fazer era ser obediente e, talvez, conseguir evitar punições mais severas para Pilar e os filhos. Por isso, pensando apenas em ficar mais bem informado, perguntou:

– Eu lembro de seu pai, Victor. Era um bom homem.

– Ele diz o mesmo de Oscar Terenzuella.

– Posso saber o motivo de tudo isso?

– O senhor não sabe? – perguntou o soldado, encolhendo o ombro, como se a resposta fosse óbvia.

– Mesmo sabendo, gostaria que me dissesse tudo o que pesa contra mim.

– Muitas coisas senhor, infelizmente. A deserção de seu posto, o sequestro de Consuelo Urraco de Guzmán e a proteção de judeus convertidos que ainda praticam a religião antiga.

– Proteção de judeus? – perguntou Antônio, incrédulo. – Quem poderia ter me acusado disso?

– Um padre, senhor. Um padre de Ciudad Rodrigo, que defendia ideias hereges, foi denunciado ao tribunal e preso a pedido dele. Foi o padre que contou sobre quem o senhor era realmente. E contou que seu filho mais velho é adotado e, na verdade, um judeu, que foi batizado mas nunca abandonou a antiga religião. Ele contou muitas coisas sobre o senhor e também sobre dom Osório de Cuellar, que já está preso nas celas dos porões do santo ofício em Salamanca. Creio que o senhor deve saber como o tribunal consegue essas verdades.

Antônio sabia. Quando ainda era Oscar Terenzuella, havia visto famílias inteiras serem dizimadas por calúnias infundadas. Bastava o governo de uma cidade querer deixar de pagar uma dívida com um judeu, e sempre as tinham muitas, para que acusações de heresia, ou mesmo crimes, chegassem aos ouvidos de dominicanos e franciscanos do tribunal do santo ofício. Viu amigos de infância serem levados para as celas insalubres de mosteiros e catedrais e, na roda ou no balcão,[15] confessarem coisas que jamais tinham visto ou ouvido, mas que eram 'verdades' que os religiosos precisavam que fossem confirmadas. Soubera também, pelo próprio padre Ramiro, que, depois da expulsão dos judeus, a mira do tribunal voltou-se para os convertidos que realizavam qualquer gesto que pudesse supor a prática da religião ancestral. Era o que chamavam de criptojudaísmo. Mas Antônio sabia também que não tinham parado por aí. Mesmo pessoas de famílias comprovadamente católicas estavam sendo presas, bastando um mínimo de desconfiança. Pessoas que haviam prestado serviços valiosos para suas comunidades, sendo elas nobres ou não, eram levadas para prisões fétidas e submetidas à torturas inumanas, tão cruéis que faziam maridos delatarem esposas, mães entregarem filhos, filhos entregarem pais. A quantidade de máquinas de dor inventadas pela mente humana assombrava até os mais puritanos.

De certa forma Antônio se julgava imune a esse terror e agora tinha medo, não apenas por ele, mas por Pilar, Maria Ana e Ramon. Todos

---

[15] Consistindo em uma mesa de madeira com cordas fixadas nas áreas superiores e inferiores, o balcão da tortura chegou a ser considerado o mais doloroso método de toda cultura medieval. As cordas se prendiam aos pés e mãos da vítima em uma ponta e a roldanas em outra. Ao torturador, bastava girar as maçanetas para que os membros dos torturados se esticassem em pura agonia. Muitas vezes, os membros chegavam a ser arrancados pelo dispositivo. (Fonte: revistagalileu.globo.com)

poderiam estar comprometidos, assim como ele. Pobre padre Ramiro! Então ele sabia quem eles eram e sempre mantivera absoluta discrição! Pobre padre Ramiro! A que torturas deveria ter sido submetido para que falasse? Que horrores passou para confessar crimes hipotéticos do bom e generoso dom Osório, de quem era tão amigo? O que ouvira Maria Ana contar na noite anterior era assustador a ponto de ele duvidar que fosse verdade, mas agora não havia mais dúvidas.

A carroça já ia longe da cidade, enquanto Antônio pensava nas delações do padre Ramiro. Não trocara uma palavra com Pilar, tampouco com a filha, que quis protestar inicialmente e depois perguntou para ele o que estava acontecendo, mas sua mãe apenas ponderou que era preciso esperar para dar respostas. Toda família Sandoval corria perigo, mas o que mais atormentava Antônio era saber que não poderia mais protegê-la. A princípio achou pueril a ideia de que Steban entregara o próprio pai pensando em ter caminho livre para Maria Ana, principalmente porque sabia que os dois vinham tendo discussões bastante acaloradas. Porém, agora que via seu nome também envolvido, bem que podia imaginar um padre interrogando seu amigo Ramiro com a ideia já preparada do que queria ouvir.

Quando chegaram à fazenda Esperança, Victor pediu para que as mulheres descessem da carroça e fossem para a casa principal, enquanto Antônio seria levado para a casa onde moravam. Embora a ordem do soldado, ambas ficaram esperando pelo que ia dizer Antônio, mas ele já sabia o que isso significava, por isso apenas indicou com a cabeça que elas deveriam obedecer. Ele sabia que estava sendo tratado inicialmente como um soldado desertor, por isso estava sendo separado da família. O que viria depois era impossível prever.

Havia uma trave sobre o portão de entrada da casa da família Sandoval, formando um portal de madeira, onde trepadeiras se enchiam de flores na primavera. Victor, evidentemente mal humorado, arrancou os galhos da trepadeira e passou uma corda pela trave. Quando seus outros soldados trouxeram Antônio, ele apenas limitou-se a dizer:

– Perdoe-me, senhor.

– Cumpra suas ordens, Victor – respondeu Antônio.

Então os outros soldados tiraram a camisa de Antônio e o penduraram pelas mãos na corda passada na trave, mas sem que seus pés deixassem de se apoiar no chão. Ele ficou de costas para a casa-grande e de frente para a sua, enquanto Victor se retirava, deixando dois soldados para vigiá-lo. Não demorou para que Antônio ouvisse um galope e logo imaginou quem era. Joaquim fez seu cavalo pular o muro baixo de pedras e o som das ferraduras ecoaram nas pedras do pátio da frente da casa do capataz. Depois fez seu cavalo chegar muito próximo ao prisioneiro, mas não falou nada. Olhou para ele longamente e Antônio manteve o olhar. Os dois soldados desembainharam suas espadas e ordenaram que Joaquim se afastasse, mas este os ignorou a princípio, depois cuspiu em Antônio e empinou seu cavalo muito próximo a ele, partindo em seguida por onde tinha vindo. Não era preciso palavras. A situação já dizia tudo por si.

# CAPÍTULO 12

Pilar e Maria Ana ficaram um longo tempo paradas em pé na grande sala principal da casa de dom Osório, sem que ninguém aparecesse. Pelas janelas da frente, Pilar podia ver ao longe sua casa, no caminho que descia ao rio, e o pórtico de madeira da entrada, onde Antônio estava preso pelas mãos em uma corda amarrada na trave superior. Seu coração batia descompassado, mas o pensamento cobrava dela alguma tranquilidade, porque precisava ainda proteger Maria Ana, embora não tivesse a mínima ideia do que as esperava. Ainda assim, entendendo que a filha ainda não tinha visto a situação do pai, puxou-a para o lado da sala, de onde não se podia ver ao longe.

– O que está acontecendo, mamãe? – perguntou Maria Ana, com um sussurro, e Pilar teve pena da menina. Como fora brusco o destino! De um dia para o outro despencara sobre ela uma tempestade para a qual não fora preparada e Pilar se arrependia agora por não ter contado toda a verdade. O que Maria Ana sabia era um arremedo de verdade, cheio de invenções e ocultações que pretendiam proteger principalmente, mas que agora poderia deixá-la à deriva da sorte.

– É uma história muito longa para eu contar agora, minha filha, por isso me perdoe. Espero que ainda possa lhe contar com a devida calma.

– Mas quem é esse homem que mandou prender papai?

– Ele se chama Tomas Urraco de Guzmán. É da família dos duques de Medina-Sidonia, senhores de Sevilha, comandante do seu exército... e meu irmão – respondeu Pilar, olhando para baixo, sem conseguir encarar a filha e ver sua reação.

Maria Ana olhou assustada para a mãe e ainda quis balbuciar alguma palavra, mas esta a puxou para perto de si e a abraçou com carinho, enquanto esperava que a emoção permitisse que continuasse falando. Quando sentiu que poderia falar sem que os soluços assustassem ainda mais a filha, respirou fundo e disse:

– Quando isso passar, eu vou lhe contar tudo. É uma linda história da amor minha filha e, como já conversamos muitas vezes, as histórias de amor costumam gerar rancor e indignação em algumas pessoas. É o que está acontecendo, mas, acredite, somos inocentes e tudo vai se resolver.

Depois disso, ficaram em silêncio por mais de uma hora e ela deu graças a Deus quando percebeu que nuvens começavam a diminuir o calor do sol de meio dia, imaginando a situação desesperadora do marido. No andar superior, elas ouviam muitas vozes e barulhos de pratos e talheres continuamente. A cozinha da casa se comunicava tanto com a sala onde estavam, quanto com a sala maior do andar de cima, onde a família Cuellar também recebia convidados. Era evidente que estava acontecendo uma demorada refeição e o volume das vozes aumentava à medida que o estoque de bons vinhos de dom Osório diminuía, como se nada de grave ou dramático os cercassem. O coração de Pilar doía ainda mais ao ouvir a voz do irmão, tão parecida com a do pai, embora a que mais se ouvisse fosse a de Steban, e já notadamente afetada pelo vinho.

Quando estavam há quase duas horas esperando, sem ousarem sentar nas grandes cadeiras forradas de couro ou veludo espalhadas pela grande sala, ouviram a porta que dava para escada que descia para a sala onde estavam se abrir, e foi frei Diogo quem apareceu. Instintivamente Maria Ana voltou para os braços da mãe.

– Ah! Por Deus! Vocês estão em pé e ninguém lhes ofereceu nada? Mas que grande indelicadeza do senhor Steban! Como pode deixar a irmã do representante de um duque nestas condições? Como pode fazer isso com sua tão linda sobrinha?

Mesmo a tez morena de Diogo Martínez não conseguia esconder os efeitos rosados do vinho em suas bochechas. Seus olhos estavam mais brilhantes e sua língua um pouco empastada. Ainda assim, gritou por uma criada, que não demorou a entrar na sala, demonstrando inquietação por saber da situação delicada da senhora Pilar e seu marido. À boca miúda dos criados as notícias corriam de forma vertiginosa, mas a família Sandoval sempre fora querida e respeitada. Os trabalhadores da casa eram oriundos de famílias de colonos da fazenda, e todos se conheciam.

– Anda, menina, traga água para nossas convidadas – gritou o frade, e, tão logo a criada saiu, fez questão de puxar duas cadeiras para mãe e filha sentarem.

– O que acontecerá com Antônio, senhor? – perguntou Pilar.

– Creio que convenci seu irmão de que a acusação do tribunal do santo ofício que pesa sobre ele é mais importante que a de deserção, minha senhora – falou o padre, como se isso pudesse trazer algum consolo para a esposa. Ao contrário, era tudo o que ela não queria para o marido, e não conseguiu disfarçar o pânico que tomou conta do seu rosto.

– Mas que acusação há contra ele? Nós nunca...

– Ah! Minha senhora! Por que se preocupar? Se seu marido não cometeu nada de errado perante a verdadeira fé, nada terá a temer e será facilmente absolvido, não é mesmo? Além do mais, ele estará em companhia de amigos, como dom Osório e o padre Ramiro. Isso não é muito melhor do que voltar para Sevilha onde ninguém mais o conhece e ser julgado por estranhos por ter desertado?

O sorriso cínico do padre por instantes foi substituído por um olhar de comiseração e chegou até a parecer que o frade estava mesmo tentando ajudar Antônio. Momentaneamente Pilar teve a impressão de que nem tudo estava perdido, mas não teve tempo para avaliar melhor as palavras do frade, porque as pessoas que estavam no salão de cima começaram a descer pela escada. Primeiro desceram Eugênia e uma mulher que já estava ao seu lado na igreja, atrás de Steban e Tomas, e Pilar imaginou que era a esposa do seu irmão. Era jovem e bonita e a olhava com simpatia. Depois desceu Tomas, que parou na frente da irmã, enquanto Steban e Murilo, o filho mais velho, ambos embriagados e ficando em pé com alguma dificuldade, procuravam cadeiras para sentar.

– Você voltará para Sevilha comigo – falou Tomas, do alto do seu orgulho.

– Eu sou casada, senhor, e por isso permanecerei ao lado do meu marido.

– Seu marido partirá para Salamanca amanhã e será julgado pelo tribunal do santo ofício. Se acaso for inocente desta acusação, ainda assim será julgado como desertor. A senhora voltará comigo para Sevilha – falou Tomas, com segurança e rancor na voz.

– Eu sou acusada de alguma coisa? Em Sevilha preciso prestar contas com a lei? O que lhe dá o direito de me conduzir contra a minha vontade?

Tomas apenas olhou para frei Diogo, que rapidamente puxou de dentro do manto um envelope um tanto amarrotado de onde retirou um papel amarelado, que desdobrou com cuidado, para depois ler.

"No ano da graça do Nosso Senhor de 1492 a senhora Consuelo Urraco de Guzmán foi acusada pelo senhor duque de Medina-Sidonia, dom Enrique Perez de Guzmán, devido ao desaparecimento de um diadema de família de valor emocional inestimável e imenso valor material".

Diogo, dobrou novamente o papel e olhou com comiseração para Pilar, antes de continuar:

– Assim foi lavrado pelo escrivão do Alcaide de Sevilha, senhora Consuelo. Então, há sim uma denúncia contra sua pessoa que precisa ser defendida. Creio até que seu irmão tem uma ordem de prisão...

Tomas não deixou que o frade continuasse, erguendo a mão e pedindo silêncio. Não precisava mais do que fora dito. Por sua vez, Pilar pegou da mão do frade a carta e este ficou apreensivo, já que o documento era frágil. Logo ela viu que era mesmo uma acusação por escrito contra ela e datava do ano de 1492. Porém, Pilar sabia que nos mosteiros existiam monges habilidosos capazes de criarem documentos e dar a eles a necessária aparência tanto de antiguidade, quanto de validade. Por isso não havia como saber se aquele documento era verdadeiro ou uma invenção de momento para justificar qualquer recriminação dela, o que a deixou ainda mais atônita. O diadema descrito no documento era real e fora dado a ela como presente de despedida pelo avô, mas bem que poderia ter sido usado para recriminá-la, sem que agora pudesse contestar nada em frente ao ardiloso e cínico frade.

– Partiremos amanhã ao amanhecer – voltou a falar Tomas. – A senhora Eugênia foi generosa e permitirá que durma no quarto da sua filha aqui na casa.

– Preciso ir até minha casa apanhar algumas roupas. Não podemos viajar assim, somente com estas roupas.

Tomas olhou para Maria Ana e esta encolheu-se. Não havia dúvida que via nela a imagem da irmã quando nova, mas seus olhos não demonstraram nenhuma emoção, nenhum carinho. Somente balançou ligeiramente a cabeça em negação, depois olhou novamente para Pilar e falou, com a mesma frieza.

– Meu oficial da guarda a acompanhará até sua casa, mas não lhe permitirá conversar com ninguém. Apanhe roupas apenas para a senhora, sua filha não irá conosco.

– O quê? – perguntou Pilar, mas teve a impressão de que sua voz não saiu da garganta. – O que o senhor está me dizendo? Acha que poderei partir sem ela?

– O senhor Steban já me informou que combinou com seu marido que a menina seria dama de companhia da senhora Eugênia. Considerando seu passado, é um convite honroso demais para ser recusado. Foi feito um acordo de palavra e, embora ter sido feito por seu marido, o qual não devia ter a palavra respeitada, quero crer que a família Cuellar, que têm o meu respeito, assegura a veracidade do acordo, que será honrado.

– O senhor deve estar louco! – gritou Pilar, mas Tomas já estava de costas para ela. No fundo, seu orgulhoso irmão já estava se sentindo rebaixado por dar tantas explicações para suas decisões. Diogo Martínez acompanhou Tomas, mas antes olhou para Pilar com alguma cumplicidade, como se quisesse dizer para ela ter calma, deixando-a ainda em dúvida das suas intenções de ajudá-los ou não.

Maria Ana olhou com desespero para a mãe e esta não soube o que fazer, tampouco o que dizer. A aflição estampada em seu rosto permitiu apenas que a abraçasse para chorarem juntas. As pessoas da sala foram saindo, mas Steban e o filho estavam dormindo mal acomodados nas cadeiras, ambos com as cabeças jogadas para trás e a boca aberta, formando um quadro bisonho. Eugênia simplesmente se dirigiu à cozinha, chamando as criadas pelo corredor que até lá conduzia, como se nada demais tivesse acontecido. A esposa de Tomas, por sua vez, olhava para a cunhada com algum pesar. Era jovem, talvez dez anos mais nova que ela. Seus cabelos castanhos-claros cacheados caíam por seus ombros como uma cascata, e seus olhos claros pareciam cintilar alguma luz. Ela se aproximou de Pilar e pousou a mão direita com delicadeza sobre os cabelos de Maria Ana, que continuava abraçada com ela, depois sorriu levemente. Seus olhos estavam umedecidos e parecia que ela iria chorar a qualquer momento.

– Meu nome é Sônia e infelizmente não foi possível sermos apresentadas. Serei sua amiga – falou, em voz muito baixa, depois saiu apressada atrás do marido, como se estivesse com medo de alguma reação deste.

O soldado Victor Fernandez não demorou para se oferecer a Pilar para levá-la até sua casa e esta teve que ser um pouco ríspida com Maria Ana, que, obviamente, não queria ficar sozinha. Mas a mãe não queria que a filha visse Antônio naquela situação.

– O que pensa de mim, mamãe? Eu já vi o que fizeram com papai. Pensa que não tenho olhos? É por isso mesmo que preciso ir até lá... preciso dizer o quanto o amo.

O oficial havia sido orientado para que Pilar não pudesse conversar com Antônio, mas não havia ordem nenhuma em relação a Maria Ana, por isso, enquanto a mãe apanhava algumas roupas, a filha chorava abraçada ao pai. As nuvens que cobriam o sol e diminuíam o intenso calor do verão agora se acumulavam no oeste e o vento anunciava que uma tempestade se aproximava, para desespero ainda maior da filha. Embora os braços de Antônio estivessem suspensos pela corda, seus pés estavam bem apoiados no chão. Talvez a ordem fosse suspendê-lo, mas o oficial Victor, em respeito ao amigo do pai, não a cumpriu por completo, o que permitia algum conforto ao prisioneiro.

Em poucas palavras, Maria Ana informou o pai do que estava acontecendo e este também se desesperou, mas, sabendo que tinha pouco tempo, falou para a filha, se esforçando para ordenar bem pensamentos e palavras:

– Ramon espera que eu vá até ele... Não sei por quanto tempo vai esperar. Você precisa encontrar alguém que vá até ele e conte o que está acontecendo, antes que volte e seja surpreendido. Não hoje, nem amanhã. É preciso que as coisas estejam definidas quando ele voltar, para que não faça nenhuma loucura. Ele precisa se apresentar ao senhor Steban e dizer que pretende continuar trabalhando aqui. Mas ele não pode provocar ou se deixar provocar por nenhum destes cavaleiros. Ele precisa continuar cuidando de você. Mas, tão logo as coisas se acalmem, vocês precisam fugir.

– O quê? Fugir, papai?

– Fui acusado de proteger judeus e quem me condenou contou que Ramon não é nosso filho natural, mas sim adotado. Eles sabem que Ramon é filho de judeus e virão atrás dele, por isso vocês precisam fugir. Se um dia conseguir me libertar, eu os encontrarei.

– Como? Como vai conseguir nos encontrar?

– Ramon sabe o que precisa encontrar no estábulo antes de fugir. Ele também saberá onde me esperar.

Ele mesmo não sentia firmeza nas suas últimas palavras. Uma sensação de tragédia, a qual sempre temera, o absorvia agora. A tragédia que falara a Ramon despencara sobre a família e ele nada podia fazer. Pilar saiu da casa e parou na sua frente, a poucos passos, e Victor mostrou-se incomodado, olhando na direção da casa-grande. Sabendo que não tinha quase tempo algum, Pilar falou ao marido:

– Mantenha-se vivo, por favor. Eu vou encontrá-lo, mesmo que seja no fim do mundo.

– Peça para a senhora Olívia que seja nossos olhos com Maria Ana e Ramon. O marido dela é um dos melhores colonos e Ramon deve se aproximar dele enquanto estiver aqui. E mantenha a calma para que possa me encontrar um dia no fim do mundo.

Os dois sabiam que não havia tempo para muitas palavras. Seus corações pediam palavras de amor, mas a razão ordenava palavras objetivas, porque Victor já vinha na direção deles e, mesmo que estivesse constrangido, cumpriria suas ordens.

Um olhar carregado de lágrimas foi a despedida de Pilar e Antônio. Viveram suas vidas como se estivessem sempre à beira do abismo, mas o tempo havia feito com que se sentissem seguros. Agora o abismo os engolia repentinamente e o que restava a eles era buscar novamente a coragem, que um dia os fez fortes, para enfrentarem o que estava estabelecido. A diferença é que agora havia uma separação e não uma união. Teriam que enfrentar as dificuldades separados. E agora havia os filhos.

# CAPÍTULO 13

Uma severa tempestade desabou sobre Ciudad Rodrigo. O Rio Agueda transbordou e atingiu famílias que moravam fora das muralhas da cidade. Steban de Cuellar estava irritado porque sabia que, no dia seguinte, o alcaide seria muito incomodado com tantos infortúnios. Pilar, por sua vez, sabia que não haviam tirado Antônio do portão da casa. Desertores sofriam castigos incalculáveis e ela sabia disso. Diogo Martínez havia convencido a Tomas que Antônio precisava responder à igreja e não ao seu exército, mas, enquanto o irmão de Pilar estivesse por perto, seria tratado como um desertor. Então cada relâmpago passava antes pelo coração da esposa e da filha, e as lágrimas eram quase tão intensas quanto a chuva que varria insanamente a terra. Pilar temia também por Ramon, mas sabia que o bom dom Osório havia mandado construir cabanas para os pastores, o que não era comum entre outros fazendeiros. Por certo, Ramon havia encontrado uma e, enquanto eles sofriam o desalento de uma família estraçalhada, o filho deveria estar enfiado em uma cabana distante, com todas as ovelhas que pudesse recolher ao seu redor.

Era próximo da meia-noite, quando a tempestade acalmou e, mais de uma hora depois, Maria Ana, que dividia sua cama com a mãe, ao perceber que ela não dormia, acariciou delicadamente seu rosto, depois falou:

– Eu mesma irei avisar Ramon. Qualquer outra pessoa fará com que ele monte seu cavalo e venha em disparada, com o coração aflito. Ao confrontar com a realidade poderá cometer uma loucura.

– É perigoso, minha filha. Ele está a mais de um dia de distância agora, ou ainda mais. Seu pai pediu para que ele levasse o rebanho para o campo das pedras negras, quase além dos limites da fazenda.

– Mas eu sei onde é. Já fui lá com ele e papai. A senhora sabe que cavalgo tão bem quanto eles e que minha égua é rápida e obediente. Não podemos deixar que outra pessoa conte o que está acontecendo a Ramon. Eu vou e o trago, assim teremos tempo bastante para conversar. As ovelhas vão demorar mais de três dias para chegarem aqui.

– Mas o que dirá para a senhora Eugênia por ficar tanto tempo fora?

– E o que ela poderá fazer comigo? Colocar-me de castigo? Deixar-me sem comida? Está bem claro que é o marido dela que me quer por perto e ele não deixará que nada aconteça comigo – falou Maria Ana, sem poder ver direito o rosto da mãe em meio à escuridão, mas sentindo a ansiedade e o medo dela. O coração de Pilar batia tão forte que a filha tinha a impressão de que outras pessoas na casa podiam ouvir.

– Eu sei que você está certa, mas tome muito cuidado, por favor – sussurrou Pilar.

– Mas, mamãe... o que eu digo a ele sobre a senhora ser de uma família de tão alta nobreza?

– Diga que seu pai foi um grande homem do exército do duque de Medina-Sidonia, comandante da sua guarda pessoal e que foi criado muito próximo da sobrinha do duque. Diga que, quando essa sobrinha estava para se casar com um desconhecido, por ela e seu pai estarem apaixonados, fugiram e, depois de muitos descaminhos, acabaram parando na casa de pedra que moramos até há dois anos, antes de mudarmos para perto da sede. Diga que foram anos maravilhosos, mas que fomos descobertos e todas as outras acusações que possam pairar sobre nós são apenas artifícios para nos punir. Não se afronta os poderosos sem sofrer alguma consequência, minha filha.

Maria Ana apertou-se ainda mais nos braços da mãe e tentou conter as lágrimas por algum tempo, até que conseguiu falar:

– É uma linda história de amor, mamãe. Não pode terminar assim.

– Não vai terminar assim, Maria Ana. Deus não permitirá isso.

– E meu irmão, mamãe? Papai falou que ele não é...

– Ele foi adotado, minha filha – interrompeu Pilar. – Quando fugíamos, encontramos uma família de judeus que fugia para Portugal por terem sido expulsos. Era uma família que já morara em Sevilha e por isso a conhecíamos. Mas o que realmente encontramos foi somente Abel, o filho mais novo, de apenas dois anos. Seu pai, sua mãe e suas duas irmãs haviam sido assassinados. Abel foi batizado como Ramon e virou nosso filho.

– Mas ele sabe?

– Nunca mais tocamos nesse assunto. Pensávamos em falar, mas parecia que ele tinha esquecido essa terrível tragédia e também parecia feliz com esse esquecimento – falou Pilar, cuidando para não citar o nome Juan Carillo, o que assustaria a filha desnecessariamente.

– Ele é meu irmão e eu amo a você e a papai ainda mais, se isso é possível – falou Maria Ana, com a voz embargada por soluços. – Mas, se Ramon corre perigo de ser acusado de praticar a antiga religião, então precisa saber a verdade.

– Sim, minha filha, sim, ele precisa saber.

A manhã trouxe um sol majestoso para encher de brumas os arredores do rio, onde os vestígios da enxurrada ainda eram bem marcantes. Lagoas se espalhavam pelos baixios das margens, mas o rio já corria em seu leito, embora ainda rápido pelo volume de água.

Uma carruagem levou Tomas e Sônia, enquanto Pilar foi em uma carroça fechada com um toldo, onde iam também mais duas criadas da esposa do irmão. Os dez homens de sua guarda se espalhavam ao redor, com Victor Fernandez logo à frente. Pilar ainda olhou mais uma vez para sua casa e Antônio não estava mais lá. Maria Ana acompanhou a carroça da mãe até o portão de entrada da fazenda. Sabia que isso pouca diferença faria no que já estava estabelecido, mas não queria que outras pessoas repartissem com ela aquele momento de dor e achou interessante que não se importaram com ela.

Steban precisou voltar para a cidade, devido às suas funções de alcaide, antes mesmo que Tomas partisse, porque um mensageiro já havia vindo atrás dele por duas vezes. Assim a fazenda parecia seguir seu ritmo natural, como se nada tivesse acontecido. Percebendo isso, Maria Ana não voltou pelo caminho principal, mas sim contornou pelos baixios que já haviam começado a secar próximos ao rio e chegou até os fundos de sua casa. Seu coração latejava ao ver o lar solitário, mas ela sabia que não tinha tempo para lamentações. Por isso, entrou no estábulo e rapidamente preparou Soñadora, sua égua branca, com o equipamento leve de montaria, e voltou para perto do rio com ela. Não saiu montada, para não chamar a atenção. A neblina que subia do vale do rio era seu escudo, por isso montou quando estava mais distante e seguiu suas margens até o sol começar a desmanchar a bruma. Então, subiu pelo caminho rochoso que levava aos pastos e se viu sozinha em frente a um campo imenso. Sozinha, com o rosto coberto de lágrimas, e livre. Uma sensação de liberdade a envolveu de tal forma que ela pensou em nunca mais voltar. Galopando Soñadora pela campina, ela era dona do seu destino.

Cuidando para desviar dos campos cultivados e dos rebanhos de outros pastores, Maria Ana chegou na campina das pedras negras no final do dia, sem dar muito descanso ao animal. Havia encontrado fontes de água pelo caminho, e, ao redor delas, algumas amoras, framboesas e uma figueira carregada de frutos maduros. Não se preparara para aquela jornada, nem nunca havia cavalgado tantas horas assim. Mentira para a mãe quando disse que conhecia a região, por isso teve medo de errar o caminho, mas lembrava que o irmão contava das pedras com desenhos de animais feitos pelos povos antigos, além da casa onde havia morado com a família no passado, e ficou feliz quando viu as pedras com as características iguais ao que o irmão contava. Ainda parou por alguns instantes para ver os desenhos na rocha plana, onde seu pai nunca deixava que se aproximasse devido às superstições que envolviam o local, mas sabia que não podia perder tempo. Subiu pelo barranco acidentado do rio e sorriu ao deparar com uma ampla campina espalhada em platôs separados por desníveis em degraus baixos e margeados por blocos de pedras escuras, como se fosse um jardim preparado por gigantes. Sorriu ainda mais quando ouviu o balir de ovelhas e não demorou para ver o irmão montado em Tifón, seu lindo garanhão negro. Ele estava no platô mais alto e rapidamente galopou Tifón de encontro à irmã, espantando ovelhas que se espalhavam pelo caminho. A visão da irmã montada em Soñadora, sozinha no sopé da colina, apenas corroborou as aflições que dominavam o sentimento de Ramon nos últimos dias. Sabia que alguma coisa errada estava acontecendo e a dúvida entre voltar e ficar, obedecendo ao pai, o torturava.

Ramon pulou da sela antes de Tifón parar o galope e no mesmo embalo correu para Maria Ana, que já havia apeado e caminhava na sua direção. O abraço dos dois foi uma explosão de carinho e a irmã teve vontade de não mais sair dali, mas Ramon estava aflito.

– O que aconteceu, minha irmã, por favor, o que aconteceu?

O sol tardava a se por naquela região limítrofe ente os reinos de Espanha e Portugal e Maria Ana teve bastante tempo para contar tudo o que havia acontecido desde que o irmão partira. Tudo, com todos os detalhes. Ramon não fez muitas perguntas, mas a indignação o vergastava sem piedade. Foi com muita dificuldade que Maria Ana conseguiu segurá-lo. Com muito carinho ela contou sobre o perigo que ele corria por ser filho de judeus, mesmo tendo sido batizado, mas Ramon não teve nenhuma reação. Apenas apertou mais a mão de Maria Ana e falou:

– Eu sei que alguma coisa aconteceu quando eu era criança, mas não lembro o que foi, e não tenho vontade de lembrar. O que eu sei é que sou filho de Antônio e Pilar, e seu irmão, e já vi até meu documento que prova que sou filho deles. Creio que foi o padre Ramiro que conseguiu isso. Imagino os horrores por que passou para contar o que sabia.

– Horrores que temos que evitar que você passe, meu irmão.

– Por isso não concordo com papai que devemos esperar até as coisas se acomodarem. O que podemos fazer é fugir, o mais rapidamente possível.

– Eu também pensei isso galopando Soñadora, mas, como vamos fugir? Do que vamos viver? Seremos perseguidos... o senhor Steban moveria o mundo para me encontrar. Faz tempo que o vejo me olhando como se fosse um lobo. Além do mais, o que aconteceu no seu quarto...

Ramon ficou olhando para a irmã um tanto incrédulo. Aos seus olhos ela não passava de uma menina, mas acabara de falar como uma mulher. Ele cortejava algumas jovens, filhas de outros colonos da fazenda, mas nunca se apaixonara por nenhuma. No entanto, sabia que quase todas elas eram apaixonadas por ele, o que o deixava um tanto arrogante em relação ao assunto. Só que seu coração ainda não experimentara a paixão por qualquer mulher, a não ser a que sentia pela irmã. Ele sabia que seu sentimento por Maria Ana ia muito além do que seria normal entre irmãos e, agora, não precisando mais negar, nem para si mesmo, que ela era sua irmã adotiva, seu coração, embora tomado de dor pelos pais, sorria por entender melhor o que sentia. Ele era apaixonado por Maria Ana, sempre fora, e seria capaz de dar a vida por ela, sem pestanejar e agora aquela criança que ele amava, repentinamente se transformava em uma mulher. Era missão sua protegê-la, porque sua beleza já era cantada até ao redor das fogueiras de peões nas noites da fazenda. Ele sorria quando ouvia os comentários, mas seu coração sempre se apertava de ciúmes. No fundo Ramon tentava impor ao seu sentimento a decisão que tomara de se considerar filho legítimo de Antonio e Pilar, e irmão de Maria Ana, enterrando assim, no passado, uma situação aflitiva, que vagava agora em sua mente como um borrão, uma dor quase sem explicação. Desta forma, o que sentia pela irmã era a própria dualidade, porque, ao mesmo tempo em que sabia não ser seu irmão de sangue, impunha à sua consciência um comportamento como assim o fosse.

– Papai me contou que há algum dinheiro no estábulo – falou Ramon, tirando os olhos da irmã e olhando para o fogo. – E deve ter alguma coisa mais, porque ele disse que vai conseguir nos encontrar.

– Eu imaginei que fosse algum dinheiro...

– Embaixo do monte maior de feno, aquele que nunca acaba. Ele disse que tem a ponta de uma corda de couro... não sei quanto tem lá. Mas podemos levar alguns cavalos e vendê-los. São do nosso pai.

– Não podemos chegar lá simplesmente e entrar no estábulo para pegar o dinheiro e os cavalos de papai. Se descobrem que tem dinheiro escondido vão dar um jeito de dizer que é roubado e nos tomam.

– E o que você sugere fazer? Não podemos demorar. Se o tribunal condenar papai tomarão todos os seus bens de qualquer maneira. Além do mais, Steban já deve ter colocado soldados à sua procura.

– Padre Ramiro já havia me falado que os julgamentos costumam ser demorados, infelizmente. Se prenderam papai por vingança, vão querer fazê-lo sofrer. De qualquer maneira, não podemos perder tempo. O frei Diogo virá atrás de você...

– Que eu saiba todos que são presos pelo tribunal sofrem, e sofrem muito – interrompeu Ramon – a ponto de confessarem crimes que não cometeram para se livrar da dor. Acusam pessoas da família ou amigos, porque a roda os enlouquece.

– Oh! Eu sei disso, mas é difícil pensar assim. Coitados...

– Papai, dom Osório, o padre Ramiro... coitados... – concordou Ramon, reticente. – E não podemos fazer nada além de rezar e nos cuidarmos. Prometi a ele que a protegeria...

— Quando? Ele já havia falado sobre isso com você?

— No dia em que trouxemos o rebanho. Ele estava mais calado do que o habitual e me falou sobre o risco de uma tragédia se abater sobre nossa família. Fiquei assustado e não quis ouvir muito. Parecia um medo desnecessário, mas acho que ele já suspeitava de alguma coisa.

— Foi o dominicano, Ramon. Você não o conheceu, mas eu sim e não gostei do que vi. Aquele homem apareceu e tudo se precipitou. Padre Ramiro já nos falou que os dominicanos do tribunal esfacelam vidas...

— ... e, por falar essas coisas, o pobre foi preso e terá a vida esfacelada — falou Ramon, jogando uma pedra no fogo e fazendo com que centelhas luminosas se espalhassem pela noite que começava os abraçar. Tifón e Soñadora se assustaram e foi preciso Ramon acalmar os animais.

A noite veio com um turbilhão de estrelas se espalhando pelo céu de um azul-escuro profundo. Uma brisa leve começou a refrescar a terra, e Maria Ana e Ramon dormiram abraçados ao relento, no meio das ovelhas que o irmão acabara de reunir e próximos do fogo recém alimentado, que era o local mais seguro.

Demoraram muito tempo a dormir, mas não conversaram mais. Apenas ficaram olhando as estrelas e a imensidão, como se soubessem que aquela sensação de liberdade poderia ser a última de suas vidas. Dali para frente viveriam como fugitivos, procurando algum lugar seguro para se esconderem até terem notícias do pai ou da mãe. No fundo preferiam que aquela noite não mais acabasse.

— Quando saberei quem é o senhor, meu amigo espírito? — perguntou Godoy, ao perceber que Herrera não continuaria mais a contar sua história.

— Quando chegar a hora, meu amigo padre... quando chegar a hora. Ainda temos muito passado para revirar.

— O senhor demorou a retornar desta vez. O que tem de novidades para me contar sobre sua vida de espírito?

Ah! Demorei porque o senhor estava viajando, padre. Soube que foi ajudar sua sobrinha Lívia na poda dos parreirais, próximo a Bento Gonçalves, dirigindo seu impecável fusca azul-claro 1972.

– Enquanto eu puder renovar minha carteira de motorista, ele será meu companheiro. Sim, estive com Lívia e também com Jaime, seu marido, os quais o senhor disse que também faziam parte desse passado.

– Lívia e Jaime... Pilar e Antônio... A vida se renova, se repete, e todos crescem. Estou aprendendo, padre, estou aprendendo.

– O que não precisa aprender mais é como atiçar minha curiosidade, Herrera. Então, Lívia...

– Acho que falei mais do que devia, padre – falou o espírito, interrompendo o padre e sorrindo. – Ainda bem que está de volta, para podermos continuar.

– E por que o senhor não foi até o sítio de Lívia? É um lugar calmo, lindo... Não tem GPS no plano espiritual?

– Ah! Vejo que os bons vinhos da serra gaúcha estimularam seu senso de humor. Isso é bom. Eu não fui porque não tenho tanta liberdade ainda para me locomover por conta própria, ou o senhor pensa que todos aqui levitam como fantasminhas?

– É, se o amigo não consegue atravessar paredes... – falou o padre, sorrindo.

– Sou bastante limitado ainda, com certeza. Além do mais, tenho meu compromisso com Bruno, que começa a dar sinais de recuperação. Ficará com uma feia cicatriz nos pulsos, mas isso não é nada comparado à grandeza da vida que tentou tirar. É muito importante que permaneça por mais tempo na jornada física...

– Poderia me explicar melhor sobre isso. Tenho outras mães e pais que passam por situações semelhantes. Mesmo que não possa falar livremente com eles sobre espíritos, é bom saber como tudo acontece – falou o padre, agora com muita seriedade.

– Existem jovens em situações muito piores do que a de Bruno, padre. Jovens que começaram ainda mais precocemente no uso de entorpecentes, cola, maconha, *crack*, cocaína, além de algumas drogas mais novas que estão aparecendo por aí, como esta tal de paco.[16]

---

[16] O paco pode ser conhecido como 'crack americano', é uma droga com alto poder de dependência, cuja fabricação é derivada da produção da cocaína. A pasta é obtida

Todas são horríveis, padre, horríveis. Muitos desses jovens perderam a capacidade cognitiva devido ao uso da droga e dificilmente conseguirão reverter totalmente esse quadro. Daí algumas pessoas podem se perguntar, pensando pelo lado evolutivo: se não têm recuperação, por que continuam vivendo?

Herrera parou de falar e ficou olhando para o padre, como se tivesse feito a pergunta a ele. Na verdade estava tentando ordenar melhor o pensamento. Ficara surpreso consigo mesmo ao perceber que conhecia sobre o assunto o suficiente para ensinar outra pessoa, o que ainda não tinha percebido. Depois de alguns segundos e sem o padre saber o que responder, continuou:

– É necessário que permaneçam na matéria por vários motivos. Hoje entendo que, sem o conhecimento das vidas sucessivas, jamais conseguiríamos explicações sensatas para muitos dos males humanos. Veja bem, caro padre, quantos desses jovens em evidente estado de alienação derivada da droga estão escondidos em seus corpos, enquanto que aqueles espíritos com quem contraíram pesadas dívidas, em muitas encarnações, são encaminhados para novas vidas, rompendo, ao menos temporariamente, vínculos seculares de ação e reação no mal? Mergulhados em seus corpos e separados pelas barreiras naturais entre espírito e matéria, esses antigos companheiros, ou antigos inimigos, veem-se limitados, sem conseguirem dar prosseguimento a antigas rixas ou tramas sinistras. Por que não mudar, então?

Enquanto padre Godoy contraía as sobrancelhas por não conseguir entender plenamente a explicação de Herrera, este se assustava mais uma vez pela complexidade do assunto que abordara, como se fosse um antigo conhecedor.

– Acho que o senhor superestimou minha capacidade, meu amigo – falou o padre. – Mas tenho a impressão de que compreendo o que quis dizer. Eles estão aqui como refugiados esperando que a guerra passe em seus países.

através da maceração das folhas de coca, é misturada com ácidos convencionais e até fibra de vidro moído (lâmpada fluorescente macerada), com ácido bórico, lidocaína, fermento e solventes, como o querosene, a parafina, benzina ou éter, o que reforça o caráter de dependência rápida e, junto ao efeito intenso, apesar da curta duração de cada dose. (Fonte: http://www.denarc.pr.gov.br.)

– Ótima comparação, padre. A guerra que, se eles não provocaram, foram coniventes e participaram, gostavam dela. É uma catástrofe para a família e a sociedade deixarmos a situação chegar a este ponto, mas, considerando-se o potencial evolutivo de cada um, esse estado de alienação a que chegam muitos jovens já constava no quadro de possibilidades individuais para a jornada terrena. Podemos dizer que nossos anjos da guarda já trabalhavam com a ideia de que isso poderia acontecer. Nesse tempo de alienação, as pessoas ao seu redor podem temperar suas almas, aprender com a dor, porque estão todas envolvidas no mesmo drama, do contrário, não estariam juntas. Enquanto pais, irmãos, parentes são testados e se fortalecem, inimigos e antigos comparsas podem ser encaminhados para novos estilos de vida. São as linhas tortas de Deus, padre...

– É o que está acontecendo com Bruno?

– Certamente, em todos os sentidos. A família está amadurecendo, se fortalecendo, deixando de olhar para o próprio umbigo e descobrindo que a vida não é uma festa de vontades pessoais, porque vínculos como ser pai e mãe não podem ser quebrados aleatoriamente. Pode existir ex-marido, ou ex-esposa, porem jamais existirá um ex-filho ou filha. Enquanto isso, os irmãos do lado de cá já conseguiram encaminhar muitos espíritos que conviviam no campo energético dele, por amizade ou rancor, para a recuperação. Alguns são inimigos mais pertinazes, mais antigos, mas creio que também serão ajudados, assim que permitirem.

– Estou assombrado, Herrera. É uma ideia estranha e fantástica, mas coerente, ainda assim. Nunca tinha visto a dependência química por este prisma.

– O senhor sabia que Maria do Carmo está frequentando um centro espírita? – perguntou Herrera, e viu o padre olhar surpreso para ele.

– Maria do Carmo? Mas ela sempre foi tão beata! Ela sabe que eu vejo os mortos, mas...

– Todos falam por aqui, do meu lado, que a dor é um grande atrativo para o conhecimento da realidade espiritual. Ela está sofrendo, assim como a Emília. São as duas pessoas que mais têm possibilidade de ajudar, pela carga de amor que trazem no coração. Só o amor é capaz de ajudar efetivamente nesta situação, padre. Por amor e por dor procuraram um centro, e de lá tem vindo muita ajuda. Estes comparsas de Bruno de que lhe falei têm sido ajudados em trabalhos mediúnicos bem orientados. Não sei a quantos conseguirão ajudar, mas são vidas que começam a mudar. Além disso, o tratamento que os trabalhadores desse centro aplicam no corpo espiritual de Bruno tem sido fundamental para que ele saia desse buraco onde se meteu. Se o pai dele não atrapalhar mais, as esperança aumentam muito.

– O pai dele atrapalhar? No que Ernesto pode atrapalhar?

Herrera ficou olhando para o padre, sem nada falar, e sem expressão decifrável, mas Godoy percebeu que tocara em algum ponto crítico. Sabia que Ernesto era uma pessoa muito educada e de fino trato, doutor em história e professor universitário, que se dizia católico, embora pouco praticasse das virtudes do catolicismo, atendo-se mais ao conhecimento histórico da religião. Ernesto era um ferrenho defensor da igreja e encontrava justificativas até para catástrofes como a inquisição. Sabia que o pai de Bruno tinha suas ortodoxias e pragmatismos, não aceitando nenhuma culpa em relação ao filho, já que, segundo ele, tinha dado do bom e do melhor que podia. No fundo, Godoy sempre entendeu que Ernesto se sentia superior a todos, e não via nenhuma possibilidade em admitir que tivesse agido errado em qualquer situação, quanto mais com o filho, mesmo tendo sido sempre tão apático emocionalmente com ele.

– Ernesto de Amorim é um espírito complexo, padre, e, se o senhor não se incomodar, falaremos sobre ele em outro dia. Agora preciso ir, meu tempo está esgotado. Voltarei em breve.

# CAPÍTULO 14

— *Buenas*, minha amiga! — falou o simpático padre Godoy à Maria do Carmo, tão logo ela entrou pela porta da cozinha, naquele começo de manhã. Algumas mulheres já estavam esperando na varanda para as consultas que teriam com o padre no escritório do salão paroquial, e este ainda não havia terminado seu café.

— Bah! Vejo que acordastes bem disposto, padre! Fico feliz. Tenho até tido a impressão de que nos dias em que o senhor fica 'meditando', ou no escritório, ou em frente à lareira, a disposição aumenta ainda mais.

— Ah! Com certeza a meditação e a oração sempre são úteis. Mas, hoje, apesar da disposição, acordei um pouco estranho. Sinto-me um pouco aflito, como se sentisse espíritos ao meu redor. A senhora se incomodaria em me dar um passe?

A xícara que Maria do Carmo acabara de pegar na cristaleira para se servir de café voou de sua mão e se estilhaçou no ladrilho da cozinha do padre. Mesmo assim ela ficou extática momentaneamente, olhando para o padre sorridente, depois puxou a cadeira e sentou-se à sua frente, do lado oposto da mesa.

— Quem contou para o senhor? — perguntou.

— Contou o quê, minha amiga?

— Não tente me enrolar, padre. O senhor sabe que estou indo em um centro espírita, senão não teria me pedido um passe. Só quero saber quem foi a tagarela que contou.

— Pensa que eu vá lhe recriminar por isso? Eu sempre fui ecumênico, minha amiga, sabe disso. Não sou contra as religiões sérias.

109

– E o senhor acha que espiritismo é uma religião séria?

– Eu já li todas as obras de Kardec, Maria do Carmo, e nada há nelas que se contraponham à ética cristã. Temos diferenças em alguns fundamentos, sem dúvida, mas não vejo motivo para ficarmos debatendo pontos de vistas, o que só leva ao radicalismo. O problema não é se dizer espírita, ou católico, ou evangélico, o problema é não viver as virtudes de cada religião. Problema maior ainda é usar as religiões para proveito próprio.

– Então não vou ser excomungada? – perguntou Maria do Carmo, agora sorridente.

-Ah! Acho que não, mas seria prudente não deixarmos padre Gusmão saber disso, ao menos por enquanto. Ele também não é dos mais radicais, mas...

– O pessoal do centro têm nos ajudado muito com o Bruno, padre. Mas, acima de tudo, eles têm nos ajudado a compreender melhor a situação e nos estimulado a mudar em muitas coisas.

– Então esses espíritas heréticos vivem bem as virtudes de sua religião, amiga. Fico feliz com isso. Soube que Bruno está até namorando, é verdade.

– Sim, uma boa menina. Nos falaram no centro que, ao mesmo tempo em que precisamos ser mais rigorosos, temos que dar mais atenção a ele. É preciso que tenha alguém por perto o maior tempo possível, não somente para ele não fazer asneiras, mas também para se sentir protegido.

– E ele aceita bem essa vigilância?

– Não, claro que não. Reclama o tempo todo que quer mais liberdade, mas liberdade foi o que teve em excesso, além de presença e atenção escassa. Estamos tentando mudar isso. Ele reclama, mas no fundo gosta que estejamos mais próximos, e a namorada é uma boa forma de nos mantermos mais em vigilância, porque ela tem interesse em ajudar.

– Muito bom, minha amiga. Agora, antes de irmos para os atendimentos, gostaria de lhe perguntar uma coisa.

– Sobre espiritismo?

– Ah! Não, não... um assunto mais familiar. A senhora nunca foi de falar muito sobre seu falecido marido. Quando mudou para a região e veio trabalhar comigo, ele não estava mais entre nós há cerca de um ou dois anos, não é?

– É curioso o senhor falar sobre ele exatamente hoje, padre. Se ele estivesse vivo, estaria fazendo oitenta e sete anos. Sabe como é, nestes dias dá uma saudade! Foi no último aniversário dele que passamos juntos é que assistimos a sua missa aqui na Restinga. A gente chegou a conversar um pouco com o senhor, porque queríamos informações sobre a região. Já pensávamos em comprar alguns terrenos por aqui.

– Sim, é verdade. Não lembrava mais disso. Por isso ele perguntou se eu lembrava dele – falou Godoy, quase que para si mesmo.

– Como? – perguntou Maria do Carmo.

– Ah! Nada. Estou virando um velho que fala sozinho. Nunca pensou em casar novamente?

– Nunca! Acho que não teria espaço para outro amor, padre. Daí seria injusto para qualquer pessoa que estivesse comigo. Eu fiquei viúva muito jovem, tinha quarenta e dois anos, mas nunca pensei em casar de novo. Vivi para os filhos ou para ajudar quem eu pudesse. Emiliano era severo, às vezes até rude, porque a lida da terra também era rude. Ganhou muito dinheiro com o gado, mas nunca soube aproveitar direito. Era honesto, trabalhador, e eu o amava muito – falou Maria do Carmo, com os olhos cheios de lágrimas.

– Com que idade ele faleceu? – perguntou o padre, sensibilizado com os olhos marejados da amiga.

– Muito jovem, padre Godoy, mal tinha completado cinquenta e cinco anos. Um enfarto depois de uma briga com o genro. Emília nem tinha casado com Ernesto ainda, mas eles já tinham se desentendido seriamente. Ele queria impor suas verdades e não tinha paciência com os que chamava de almofadinhas da cidade. Morreu muito jovem meu Emiliano.

– A senhora poderia me trazer uma foto dele algum dia?

Maria do Carmo sorriu, depois levantou e foi apanhar a bolsa, tirando de dentro dela um retrato, que estendeu ao padre.

– Nestes dias a gente fica sentimental, não é? Até peguei este retrato e coloquei na bolsa, como se assim ele pudesse ficar mais perto de mim – falou Maria do Carmo, secando as lágrimas. – Foi no ano em que ele morreu que tirou esta foto.

Padre Godoy olhou para o retrato e sorriu. Ali estava um homem usando um terno cinza, com uma blusa de lã de gola alta por baixo e um chapéu de feltro na cabeça. Tinha um olhar severo e perscrutador.

– Era bonitão, não é, minha amiga?

– Bah! Deu trabalho para afugentar as prendas que o rodeavam no Alegrete, padre. Agora temos que trabalhar, meu amigo, porque a varanda já está cheia de mulheres que querem encher seus ouvidos de lamúrias.

Ainda secando os olhos com as mangas da blusa, ela foi para o salão paroquial ver se estava tudo em ordem para o atendimento, deixando o retrato nas mãos do padre. Ao levantar para o trabalho, Godoy virou-se e encontrou com Javier Herrera encostado à porta que ia para a sala, bem às suas costas. Usando ainda seu terno cinza com a blusa de gola alta, além do chapéu de feltro, e com os olhos também tomados de lágrimas.

Quando Steban chegou ao Alcázar,[17] de onde comandava a cidade como alcaide, encontrou o alferes Antônio de Águila postado na porta de entrada principal, rodeado por alguns nobres e pessoas influentes da região. Antônio de Águila havia sido o alcaide antes de Steban e foi tirado do seu posto depois de muitas maquinações do bispo com outros nobres, e nunca aceitou plenamente o fato. Ao vê-lo, Steban já se preparou para receber as recriminações habituais que ouvia do desafeto, porém, ao tentar entrar na fortaleza, o grupo cortou o seu caminho:

– Perdão, senhor Steban, mas o conselho da cidade o destituiu de sua função – falou o alferes.

– Estão loucos? – reagiu Steban, rapidamente tomado de indignação. – Somente o rei pode decidir isso. Quem pensam que são?

– Somos pessoas que amamos esta cidade e a cuidamos, senhor Steban. Embora tenhamos muito apreço por seu pai e estejamos aflitos com o infortúnio dele, não podemos mais permitir que o senhor continue sendo tão displicente com seu cargo. Todos nos mobilizamos durante a noite para atender às pessoas atingidas pela enxurrada,

---

17 Termo de origem muçulmana para designar castelo, que manteve-se na Espanha depois da dominação moura. (Nota do autor)

enquanto o senhor desfrutava de uma boa noite de sono. São colonos, artesães, coureiros, moleiros, que dependem da nossa proteção, assim como precisamos do trabalho deles. Que exemplo o senhor poderia ter dado ao representante do duque de Medina-Sidonia, que se hospedava e sua casa!

– Então vão à rainha e peçam a ela que me substitua – reagiu Steban, tomando de indignação. – Antes disso, continuo sendo o alcaide.

Antônio de Águila virou-se para um jovem que se postava logo atrás dele e o mesmo rapidamente entregou um documento já aberto, que o alferes apanhou e transferiu para as mãos do alcaide. A princípio, Steban apenas passou os olhos pelo documento e sua vontade foi de espedaçá-lo, mas uma frase escrita chamou sua atenção em meio a tantas palavras protocolares:

"Dou ao Conselho de Ciudad Rodrigo a função preventiva de decidir quanto à substituição do alcaide em caso de negligência ao cargo."

O documento estava assinado pela rainha Joana I e agora tremia nas mãos de Steban, parado dois degraus abaixo do alferes e sua comitiva. Não tinha nenhum apreço ao cargo e pensava mesmo em pedir para ser substituído. As rendas da família permitiam que vivesse apenas para seus interesses imediatos, e o mais imediato dos interesses dele ficava na fazenda do pai, sendo que tudo já estava bem encaminhado para que fosse satisfeito. Porém, ser afastado daquela maneira em muito superava sua capacidade, tão pequena, de resignação. O orgulho latejava em seu peito quando jogou o documento nos degraus da escadaria e voltou as costas para o grupo, que formava o conselho da cidade, tendo o alferes à frente.

Steban montou seu cavalo e galopou de maneira frenética para fora da cidade, tomando a direção da fazenda, obrigando os dois cavaleiros de sua guarda que o acompanhavam a correr atrás dele, com dificuldades em segui-lo mais de perto. Essa velocidade não era habitual ao patrão, considerando-se a sua péssima forma física. Em todo o percurso, a mente de Steban viajava por tramas vingativas, pensando de que maneira conseguiria revidar uma afronta tão grande. O bispo da cidade aparecia como o caminho mais seguro para concretizar seus planos. Quem poderia negar que o alferes Antônio de Águila, devolvido ao cargo de alcaide, andava visitando a casa de judeus convertidos e praticando ritos da religião antiga destes? Já não havia afastado o próprio pai do seu caminho, com quem nunca tivera uma relação amistosa, usando o mesmo artifício? Não havia afastado Antônio e Pilar Sandoval? O bispo, que sempre lhe protegera, lhe daria ouvidos. O bispo, que, como ele mesmo já ouvira nas casas menos recomendadas da região, era suspeito de ter seduzido sua própria mãe, podendo ele ser seu pai. A doença estranha da mãe era uma prova de que não eram apenas boatos, mas ele nunca se incomodou com isso, desde que o bispo continuasse lhe protegendo e o pai lhe provendo de dinheiro. Como foi fácil começar a tramar seu destino usando a influência do bispo!

A vinda de Diogo Martínez para a região não foi devido apenas às acusações contra o padre Ramiro, que já era observado há algum tempo pelo tribunal do santo ofício. Steban ficou sabendo da tragédia da família de dom Camillo de Alunes e Borges, seu tio, em Salamanca, e também dos boatos a respeito do frade dominicano ser o possível responsável por tudo, por isso escrevera a ele pedindo conselhos sobre como agir com o pai, que se mostrava um tanto arredio ao bom caminho da verdadeira fé. Mas Steban não imaginava o quanto o dominicano o ajudaria, tampouco quantas surpresas traria, como o uso de pombos correios,[18] que tão rapidamente trouxeram o parente do duque para a cidade quando o frade descobriu que Pilar Sandoval era sua irmã. Foi o frade que o convenceu de que uma acusação de heresia seria muito mais poderosa do que a de deserção contra Antônio, pois acarretaria em condenação certa e a perda dos bens da família, deixando a filha ao desamparo e mais suscetível do seu domínio.

O rancor que Steban carregava só era substituído por breves lampejos de alegria, quando a figura cálida da jovem Maria Ana aparecia em sua mente e quase que de maneira instintiva ele acelerava o passo do cavalo, mesmo já se sentindo tão cansado devido ao galope acelerado. Assim que chegou em casa, Steban encontrou Eugênia na varanda, que veio recebê-lo por achar estranho ele voltar tão rapidamente, mas o marido passou por ela como se a mesma não existisse, sem dar nenhuma explicação. Porém, ao entrar pela imensa sala da casa, Steban entendeu que ele não tinha pressa para nada e que somente o ódio do

---

[18] Há registros do uso de pombos como correio no ano 2800 A.C. (Fonte: meusanimais.com.br.)

orgulho ferido o movia. Precisava extravasar a opressão que latejava em seu peito, mas não tinha como, por isso olhou para a esposa que entrava atrás dele sem saber o que fazer.

– Creio que alguém fez algum mal ao senhor e por certo foram injustos – falou Eugênia, sem nenhuma aparência de cinismo na entonação da voz. Mas Steban sabia que a intenção dela era somente ser cínica e perturbá-lo. Foram tantas vezes que ela ouvira do marido que foram injustos com ele que o assunto virou um tipo de chacota velada. Mas as palavras dela, ao invés de fazerem com que explodisse, por fim, chamaram sua atenção para manter a calma. Por isso virou as costas para ela e respirou fundo. Os pequenos embates com a esposa muitas vezes terminaram em atos covardes de violência por parte dele, mas também o ensinaram a controlar o ímpeto. Sabia que alterar-se só o induzia ao erro. Porém, não o erro ético, mas sim o erro em não saber agir para levar mais constrangimento a quem o atacava.

Precisava controlar-se não apenas para não deixar a esposa vencê-lo no jogo de palavras, mas também para encontrar o melhor caminho para vingar-se da desforra que acabara de sofrer na cidade. Assim que recobrou um pouco do equilíbrio e percebendo que o raciocínio já estava dominado, resolveu começar a vencer. Vencer para ele era a constante busca. Vencer sempre, em tudo, não importando o método, o meio, os artifícios, tanto nos grandes embates como nas coisas mais comezinhas. Era seu vício, sua glória, e perdição. Então respirou fundo e, sem virar-se para a esposa, perguntou, sabendo o quanto o assunto a constrangia:

– Onde está Maria Ana?

Eugênia sentiu de imediato a intenção. Steban impunha com maldade a condição de senhor da casa. Eugênia era de família mais humilde do que a dele e o casamento só acontecera por imposição do pai e do bispo, que muitas vezes o tratava com mais rigor do que o próprio pai. Steban aceitou a situação para evitar um escândalo, mas nunca deu à esposa qualquer condição de igualdade; pelo contrário, impunha a ela constantes situações constrangedoras. Era homem de muitas amantes e pouco se importava se Eugênia soubesse ou não, considerando que, se mantivesse o casamento e a situação econômica saudável dela e dos filhos, já seria o suficiente. Na cidade, havia mantido uma criada em condições semelhantes à que queria impor a Maria Ana, embora soubesse que precisava tomar mais cuidados com a família Sandoval, muito querida por seu pai. Eugênia, por sua vez, não se sentia forte o suficiente para confrontá-lo, preferindo as pequenas vitórias que a guerra de palavras tantas vezes proporcionava, embora as reações violentas que também causavam.

– Ela sumiu, senhor meu marido – respondeu, enquanto arrumava a disposição de pequenas estatuetas de uma mesa de canto, como se o assunto fosse trivial.

– O quê? – reagiu Steban, com indícios de que perderia o controle. – Como sumiu? Como uma menina de dezessete anos pode sumir se tenho tantos homens para vigiar a fazenda.

– Eu não sei, senhor. Creio que seria melhor perguntar isso ao seu cão chamado Carillo e não a mim.

Steban precipitou-se para fora da casa, abrindo os braços maldosamente ao passar pela esposa, empurrando-a de onde estava e derrubando as estatuetas de cima da mesa. Antes mesmo de chegar na varanda, já começou a gritar o nome do comandante da sua guarda. Porém, reparou que tanto Carillo quanto os demais guardas já estavam todos montados em seus cavalos na frente da varanda, como se apenas esperassem por suas ordens. Ficou claro que ouviram sua breve discussão com a esposa. Sentindo-se constrangido, o que apenas o deixava mais raivoso, abriu os braços para o comandante, pedindo uma explicação.

– Está faltando uma égua no estábulo deles, senhor Steban. Pelo que os colonos que perguntamos disseram, ela deve ter ido atrás do irmão, mas ninguém disse ter ideia de onde ele pode estar pastoreando. Estamos prontos para seguir atrás dela bastando que nos diga a direção. Já procuramos ao redor da casa mas não encontramos pistas. Creio que ela fez seu animal andar pelos baixios alagados para não deixar que a seguíssemos.

– E como eu poderia saber onde ele está pastoreando, seus imbecis? Por acaso sou pastor? – explodiu finalmente Steban. – Por acaso levaram rosas aos colonos antes de fazerem as perguntas? Acham que eles vão apenas responder como se fossem amigos de vocês?

Instintivamente Carillo colocou a mão sobre o punho da espada, como era seu hábito, enquanto o patrão espumava pela varanda como um cão raivoso. O salário que Steban combinara com ele fez com que tivesse um momento a mais de paciência, o que não era de sua natureza quando não tinha dinheiro envolvido, mas sua vontade inicial foi silenciar o falastrão rapidamente, como havia feito já tantas vezes na vida. Carillo jamais conseguira servir a alguém ou ficar em alguma região por muito tempo, porque seu temperamento não permitia. No entanto, prometeu a si mesmo que seria a última ofensa que ouviria. Era um contratado, um mercenário, que respondia apenas a si mesmo, ou ao dinheiro que lhe pagavam e, mesmo que ainda não fosse velho, nos seus trinta e oito anos, já tinha acumulado uma boa quantidade de moedas, tanto por serviços recebidos, quanto por conquistados à força.

– Andem – gritou Steban, ao ver que não tomavam nenhuma atitude. – Vão atrás de algum colono e arranquem dele a verdade. Todos devem saber onde está aquele infeliz.

Carillo voltou seu cavalo para seus comandados e, de forma um tanto displicente, falou:

– Dois de vocês vão atrás de Leon. O filho dele é pastor e deve saber por onde anda Ramon.

Joaquim, desafeto de Antônio, foi o primeiro a prontificar-se e não esperou por outro, partindo em seguida na direção da casa de Leon, um dos mais velhos camponeses que usavam as terras da fazenda em partilha. Não demorou para que voltasse trazendo Leon montado em um burro e seu filho Jordi correndo ao seu lado. Leon era alto e magro, e seus pés quase tocavam no solo enquanto cavalgava o pequeno burro. Seu rosto macilento, sempre pouco expressivo, carregava agora um olhar que misturava medo e desprezo ao mesmo tempo.

– Fui arrancado de casa à força, senhor – protestou Leon, tão logo Steban apareceu na varanda.

– Com certeza por um motivo justo – respondeu o patrão. – Tratamos com respeito quem nos tem respeito, apenas isso.

– E em que eu o desrespeitei, senhor?

– A verdade, Leon. A verdade demonstra respeito, e você não falou a verdade. Em que pasto está Ramon?

– Não sabemos, senhor. Faz dias que ele e o pai partiram para o oeste, mas os pastores não costuma ficar parados. Como podemos saber onde está? Quando o senhor Antônio voltou não nos disse nada

## 118 | Mauro Camargo

sobre isso – respondeu Leon, cuidando com as palavras. A notícia sobre a acusação que recaíra sobre a família Sandoval deixava a todos com receio de tropeçar nas próprias palavras.

– E se você tivesse partido para o oeste há vários dias, Jordi, em qual pasto deveria estar agora?

– As terras de seu pai são extensas, senhor Steban – respondeu Jordi, aparentando tranquilidade, apesar da situação. – Ontem cheguei do sul com um grande rebanho e levei quase oito dias no caminho. Não vi Ramon, mas sei que ele gosta de cruzar o rio ir para o norte, para as campinas de sobreiros.

Não foi preciso Steban falar nada, apenas olhou para Carillo e este chamou mais três cavaleiros para acompanhá-lo, sendo um deles um antigo soldado do pai de Steban, chamado Sanchez, que não estava nada feliz com o novo comando, mas que conhecia plenamente toda a região. Os outros dois eram Fernando, um mercenário veterano mais velho do que Carillo, mas fiel a ele, e Joaquim. O comandante não gostava de Joaquim e o levava intencionalmente por isso. Sempre havia a possibilidade de algum trabalho sórdido para fazer.

Tanto Sanchez quanto Leon sabiam que Jordi não contara exatamente a verdade, mas de uma forma que não poderia ser acusado de mentir, evitando assim possíveis retaliações para ele e o pai. Eles sabiam a localização provável de Ramon, mas Sanchez chegou na vau do Agueda que levava para os pastos do norte já com a tarde caminhando para a noite. Existiam muitas campinas de pastoreio na região e os soldados assustaram vários rebanhos pelo caminho. Era também uma região de videiras, pela posição das encostas viradas para o sol da tarde e um colono tinha uma casa para cuidar das cepas preferidas de dom Osório, as *ull de lebre,*[19] assim como uma prensa e uma adega, para que as vinhas não precisassem ser transportadas por uma distância maior até serem prensadas.

– Por acaso Ramon, o filho do capataz, passou pela região nos últimos dias? – perguntou Sanchez ao vinhateiro.

– Há muito tempo não vejo Ramon. Não tem passado por aqui, mas ele gosta...

---

[19] Um dos nomes da uva *tempranillo*, originária do norte da Espanha. Em Portugal é geralmente chamada de aragonez, ou tinta roriz, na região do Douro. (Nota do autor)

Amor | 119

– Gosta? – perguntou Carillo, ao ver que o vinhateiro interrompera o que ia falar, olhando para os mal encarados soldados que acompanhavam Sanches. O homem logo entendeu que uma equipe daquelas não poderia estar atrás de Ramon por um bom motivo, e aquele homem com um arcabuz cruzado nas costas não poderia ser uma boa pessoa.

– Ele gosta de cruzar a vau e costear o rio para as colinas mais altas do norte. Há mais lobos na região, mas também há pastos que em lugar nenhum se encontra.

Carillo não gostou da resposta interrompida de Simon, mas suas palavras agora tinham alguma coisa de confiável, por isso virou seu cavalo e galopou de volta ao rio, acompanhado pelos seus comandados. Antes de partir atrás do grupo, Sanchez fez um breve movimento com a cabeça para o vinhateiro, e este entendeu como um agradecimento pela sua mentira.

Assim o grupo vagou por campos não tão distantes de onde Ramon e Maria Ana se encontravam, mas sem encontrá-los, para alívio de Sanchez. Somente no meio da tarde do dia seguinte passaram pelas campinas das pedras negras e já não havia mais ninguém por lá. A ideia de Sanchez era levar o grupo para outras regiões, porque pensava que poderiam cruzar com Ramon no caminho da volta, mas Carillo estava se sentindo um idiota com aquela perseguição sem resultados, por isso resolveu voltar. Não haviam se preparado devidamente para uma incursão mais longa e todos estavam com fome, e irritados com a procura em vão. A única coisa que Sanchez conseguiu foi levar o grupo por um caminho que provavelmente Ramon não tomaria, cruzando novamente o rio.

O sol estava baixo no horizonte quando pararam na margem do Agueda para os cavalos beberem e os soldados comerem o pouco de pão e carne seca que haviam conseguido com colonos pelo caminho. Assim que haviam montado e se preparavam para continuar, Carillo ergueu a mão e pediu que fizessem silêncio. Ele acabara de ouvir o balir de ovelhas, do outro lado do rio. A margem do outro lado era seguida de um platô elevado de pedregulhos e um barranco alto se erguia além deste, cortado por pedras imensas que separavam o vale do rio dos campos de trigo e aveia logo acima. Sanchez sabia que havia uma estrada larga entre as plantações para que os pastores pudessem levar seus rebanhos e vários caminhos menores cortando as pedras até chegarem ao rio.

Rapidamente Carillo ordenou que se escondessem atrás da vegetação densa das margens do lado em que estavam e fizessem silêncio. Não demorou para que o rebanho chegasse ao platô de pedregulhos, descendo por trás de uma pedra grande e aparecendo subitamente. O platô terminava com um plano inclinado leve até chegar à água e as ovelhas logo se distribuíram na margem para beber. Logo atrás do rebanho apareceram dois cavaleiros e Carillo sorriu, mas foi por pouco tempo, porque aqueles não eram Ramon e sua irmã. Eram dois jovens, quase dois meninos e montavam burros e não cavalos. As sombras do vale confundiram a visão de Carillo por alguns momentos, mas logo ele entendeu que não eram os procurados.

– Qual a profundidade aqui, Sanchez? – perguntou em voz baixa.

– Nunca cruzei o Agueda, aqui, senhor, mas a mansidão das águas pode esconder surpresas. O rio é traiçoeiro.

– Então vamos procurar uma correnteza – falou o comandante, levando seu cavalo por entre os arbustos para longe.

Não demorou a cruzarem o rio, tampouco a alcançarem o rebanho e os dois pastores, que Sanchez sabia quem eram. Mas sabia também que eram jovens demais para tomarem conta de um rebanho tão grande, por isso imaginava que aquelas ovelhas eram as de Ramon.

– Onde está Ramon Sandoval e sua irmã? – perguntou Carillo, sem rodeios.

– Eles nos disseram para cuidarmos das ovelhas que voltariam em um dia, senhor. Ao menos Ramon voltaria. Falou que estava com problemas para resolver em casa mas não nos disse quais eram, depois partiram em direção à sede da fazenda – falou o mais velho, assustado com a presença de soldados que não conhecia ao lado de Sanchez.

– Quando foi isso? – perguntou novamente o comandante.

– Há cerca de duas horas, senhor. Ramon nos disse que aqui os lobos não...

Carillo não ouviu a explicação do jovem pastor. Virou seu cavalo e voltou pelo caminho à galope, fazendo com que os outros tivessem que se apressar para segui-lo. Galoparam por cerca de meia hora até que Carillo freou abruptamente seu animal.

# CAPÍTULO 15

O sol já havia se posto e a claridade de uma fogueira se destacava logo abaixo do caminho, onde um grande amontoado de pedras formava uma parede natural entre a estrada e o rio. Fagulhas subiam por entre as pedras irregulares e Carillo apeou do cavalo fazendo sinal para que os outros o imitassem. Estavam a cerca de duzentos metros da claridade e fizeram o percurso puxando seus cavalos, até amarrá-los em arbustos que circulavam a pedreira natural. Dentro dela havia um largo espaço aberto que chegava até o rio, onde Ramon e Maria Ana se alimentavam do pão e do queijo que haviam conseguido com os pastores com quem deixaram o rebanho. Seus cavalos comiam o capim que Ramon acabara de juntar e eram a preocupação de Carillo, o motivo pelo qual fez com que se aproximassem em silêncio. Ele sabia que os cavalos criados por Antônio Sandoval eram de excelente qualidade e talvez nem mesmo o dele pudesse alcançá-los, se conseguissem montar e fugir.

Como Carillo percebera a ação de Sanches das outras vezes que se aproximaram de alguém, desta vez fez com que ele ficasse mais atrás e Ramon assustou-se ao ver aqueles homens aparecendo pelo meio das pedras. Imediatamente pensou que fossem bandidos e sabia bem que tinham ali dois cavalos de grande valor, além do fato da irmã ser uma mulher que chamava a atenção pela beleza. Por isso ficou em pé com seu cajado atravessado na frente do corpo, com Maria Ana às suas costas.

— Calma, Ramon — pediu Sanchez, que vinha atrás de Carillo. — Só estamos atrás de Maria Ana, que saiu da sede sem avisar.

— Quem são esses homens, senhor Sanchez? — perguntou Ramon.

– São da guarda pessoal do senhor Steban e estão apenas cumprindo ordens. Tenho certeza de que nenhum deles quer confusão.

– Confusão? – perguntou Carillo, olhando com alguma estranheza. Ele tinha a espada desembainhada, assim como seus homens. – Que confusão um pastor desarmado pode arrumar contra três soldados?

– Só quis dizer que não estamos aqui para tratá-los com violência. Eles se assustaram ao vê-los com as espadas nas mãos. Tenho certeza de que isso é desnecessário.

– Eu tenho um trabalho a cumprir, Sanchez, e vou cumprir, só isso – falou Carillo.

– E qual é esse trabalho? – perguntou Ramon, ainda com Maria Ana atrás de si, mas incomodado com o fato daquele homem não conseguir tirar os olhos dela enquanto falava com Sanchez, como se estivesse hipnotizado. Quando perguntou a Sanchez quem eram os soldados, Ramon já imaginava que aquele que vinha na frente era Carillo, porque a irmã havia contado sobre o perigo que corria com ele.

– Levar sua irmã de volta para a casa do senhor Steban, nada mais. – respondeu Carillo, enfatizando a simplicidade da missão.

– E por acaso ela cometeu algum crime vindo atrás do irmão depois de tudo o que aconteceu com nossa família? Ela cumpriu seu papel de filha e irmã, vindo até a mim e eu estou voltando para casa. Não voltamos antes porque não tinha quem cuidasse do rebanho. Por isso, se trabalham para o senhor Steban como eu, sugiro que guardem suas espadas e sentem conosco, ainda temos um pouco de pão e queijo. Antes de clarear continuaremos o caminho.

Em parte Ramon estava mentindo, ou ocultando a verdade. A ideia dele e da irmã, depois de muito conversarem, era a de pegarem alguns pertences de valor e mais dois cavalos, além do dinheiro escondido sob o monte de feno do estábulo, e depois fugirem da fazenda para procurarem pelo pai em Salamanca, ou a mãe em Sevilha. Só não haviam partido logo pela manhã para a sede da fazenda porque nem ele nem Maria Ana admitiam deixar o rebanho à mercê da sorte, pois certamente os pequenos animais seriam dispersados e devorados por lobos, mesmo que soubessem do risco de virem atrás dela.

Planejavam agora descansar um pouco e chegar na casa vazia dos pais antes do amanhecer para poderem buscar o dinheiro deixado pelo

Amor | 123

pai, algumas roupas e os cavalos, para logo fugirem, antes que a fazenda acordasse. Não seria propriamente uma fuga, porque os dois não estavam presos por nenhum contrato, mas diante de tudo o que havia acontecido e da maldade escancarada de Steban, entregando o próprio pai, sabiam que não poderiam agir às claras. Também tinham medo de que já existisse uma ordem de prisão contra Ramon, vinda do tribunal do santo ofício. Mesmo assim, não seria nenhuma vantagem em se desentender com aqueles soldados, porque até aquele momento todos ainda trabalhavam para o mesmo homem. Se ficassem convencidos de que estavam mesmo indo para a fazenda, em pouca coisa mudaria seus planos, apenas esperando mais um dia, ou uma noite.

A argumentação de Ramon, por sua vez, deixou Carillo um pouco confuso, porque este se deu conta de que o jovem tinha razão. A princípio a menina não tinha cometido nada que justificasse por parte deles uma atitude intempestiva, mas, apesar disso, quem era aquele jovem pastor para determinar o que deveria ou não ser feito?

– Creio que quem toma as decisões por aqui sou eu, rapaz, e não é assim que estou pensando. O patrão falou que o rebanho que deixou para trás é o mais precioso da fazenda e não creio que aquelas duas crianças tenham condições de protegê-lo. Por isso você vai voltar ao seu posto de pastor e cumprir sua tarefa, enquanto nós cumprimos a nossa, que é levar sua irmã em segurança até a casa do senhor Steban.

– Eu a estou levando em segurança, senhor, e, quanto ao rebanho...

– Cale a boca, seu idiota – gritou Joaquim, adiantando-se ao grupo com a espada erguida e vindo na direção de Ramon, tomado de impaciência com mais um pastor arrogante. Além do mais, aquele novo pastor arrogante era filho do homem que o havia humilhado na frente dos companheiros, o que já era o bastante para que estivesse muito irritado e pensando em se vingar. Por isso, em voz muito mais alta do que era necessário, perguntou: – Não ouviu o que o comandante ordenou?

– Não se aproxime de minha irmã – gritou também Ramon, cruzando novamente o cajado na frente do corpo, assustado com a agressividade do soldado.

– Ah! Que estúpido! – falou Joaquim, levantando a espada, enquanto Sanchez gritava para que parasse e caminhava em sua direção pensando em segurá-lo. Porém, Carillo bateu com a parte plana da espada no gibão de Sanchez e, com sua potente voz, ordenou que não interferisse. Logo que o comandante falou, o outro soldado também cruzou a espada em seu peito, enquanto Carillo ordenava a Joaquim:

– Traga-a para cá, Joaquim.

No mesmo instante em que ouviu a ordem, Joaquim brandiu a espada de cima para baixo contra o cajado de Ramon, pensando em parti-lo em dois, mas sua espada pesada passou no vazio. Com uma velocidade de reação não esperada, o pastor havia recuado e colocado seu cajado na vertical, segurando-o com as duas mãos e, no movimento seguinte, a ponta da base deste, a que não era bifurcada, girava no ar e batia na cabeça de Joaquim, fazendo-o cair como um fardo pesado. Outra vez o jovem e arrogante cavaleiro era surpreendido por um pastor aparentemente inofensivo, aumentando ainda mais o desprezo que Carillo já sentia por ele. Ficou inerte no chão e poderia até estar morto.

Ramon voltou a cruzar o cajado em frente ao corpo, como se esperasse que os outros cavaleiros o atacassem, mas o que ele não sabia é que Carillo, um soldado experiente, havia mandado Joaquim na intenção de testá-lo. Sabia o que tinha acontecido com Joaquim quando atacou Antônio e imaginava que o pai, agora revelado como um antigo comandante de guarda, deveria ter treinado o filho. Então, ciente da agilidade de Ramon com o bastão, definiu sua estratégia. Olhou para Fernando, seu outro soldado, também experiente, e apenas fez um gesto breve com a cabeça. Não foi preciso mais do que isso. Imediatamente Fernando atacou, mas tomando cuidado para ficar longe do alcance do bastão do opositor. Atacava e recuava com velocidade, usando sua longa espada, com a intenção de fazer Ramon se distanciar de Maria Ana, o que não demorou a acontecer. Bastou um instante para que Carillo, que os circundava, atacasse Ramon pelas costas, não para golpeá-lo, mas para dele sequestrar a irmã. Quando se ouviu o grito de Maria Ana, Carillo havia soltado sua espada e já estava com um braço passado no pescoço dela, além de um punhal próximo ao seu coração.

– Solte o cajado, menino – falou Carillo, no instante de silêncio e paralização que se seguiu ao grito. – Não é preciso terminarmos isso com uma tragédia, afinal, só estou cumprindo minha missão de levar sua irmã para casa em segurança. Mas, se você resistir...

De imediato Ramon soltou o cajado, não pela argumentação verbal de Carillo, mas porque via nos seus olhos que usar aquela faca não lhe causaria nenhuma aflição. Havia frieza e maldade naquele olhar. Frieza e maldade naquele rosto que, de repente, surgiu do passado, como se emergisse da sombra para a luz. Um rosto que o assombrava desde um tempo que não sabia quando começou e suas pernas tremeram, seu coração se apertou. Por instantes o medo que já sentira na infância se repetiu, por mais que não soubesse exatamente porque aquele rosto causava tanto pavor. O assassinato de sua família havia sumido nas brumas da memória, a mesma bruma onde aquele rosto assombrava.

Um tanto atordoado pelo medo, sem saber a razão exata do medo, ficou paralisado quando Carillo olhou para Fernando e assentiu com a cabeça. Ao notar o movimento do soldado, Sanchez, que havia desembainhado sua espada diante da situação tensa, antecipou-se e aparou o golpe que Fernando desferia na direção do pescoço de Ramon. O grito das espadas se chocando acordou Ramon, mas não antes de Carillo agir. Muito rapidamente ele soltou Maria Ana e se arrojou ao chão, apanhando o cajado dos pés de Ramon. Fernando, assustado pela intervenção de Sanchez, virou-se para enfrentá-lo, mas não foi preciso. No mesmo movimento de voltar a ficar em pé, Carillo ganhou impulso e cravou seu longo e fino punhal por baixo do braço erguido para segurar a espada de Sanchez, fazendo seu gume alcançar facilmente o pulmão, para espanto até mesmo de Fernando, embora este já estivesse acostumado com a maneira de agir de seu comandante.

Maria Ana gritou ao ver Sanchez cair banhado em sangue, enquanto Ramon ainda estava paralisado, desarmado e sem saber como agir. A agonia de Sanchez foi curta e, tão logo Carillo certificou-se de que estava morto, apanhou sua espada e entregou-a a Fernando. Depois virou-se para os irmãos e ficou olhando mais uma vez fixamente para Maria Ana, como se fosse impossível tirar os olhos dela. Ficou um longo minuto paralisado e um silêncio pesado tomou conta do reduto de pedras, até que finalmente olhou para Fernando e falou:

– A situação está controlada. Então você vai levar o pastor de volta para seu rebanho, enquanto eu levo a ovelha desgarrada ao seu dono – falou Carillo.

– O senhor tem certeza disso? – perguntou Fernando, estranhando a ordem.

– Aquele rebanho é de muito valor, Fernando. O senhor Steban ficará satisfeito ao saber que estamos cuidando bem do seu patrimônio. Por isso vocês o buscarão e voltarão para a sede. Quando lá chegarem, o jovem e valente Ramon Sandoval será levado para a prisão de Ciudad Rodrigo por ter matado os soldados Sanchez e Joaquim, da fazenda Esperança, na presença de testemunhas.

# CAPÍTULO 16

*Salamanca, convento de San Steban, outubro de 1509.*

No final do corredor das celas havia uma pequena janela no alto da parede por onde entrava a única luz daquele ambiente mórbido. Ficava a mais de três metros do chão e tinha cerca de trinta centímetros de altura, por quarenta centímetros de largura, protegida por uma grossa grade de ferro. Pelo lado de fora essa janela estava junto ao solo e passaria quase despercebida para aqueles que visitassem o convento de San Steban.[20] Se alguém pudesse parar ao seu lado e afinar os ouvidos, ficaria rapidamente constrangido pelos gemidos de dor e desespero que ouviria. Seis celas quadradas e pequenas se dispunham em fila depois do vão onde havia a janela e duas delas estavam ocupadas por dois infelizes prisioneiros. O cheiro das celas só era suportado por quem não tinha outra opção a não ser suportar. Havia uma cama de tábuas sem colchão ou palha e, em um dos cantos, um buraco fundo tampado por pedaços apodrecidos de madeira, e mais nada. No dia anterior eram três prisioneiros, mas, um deles, Herrera, um rico comerciante de tecidos, depois de vários dias sendo interrogado, não suportou a dor.

---

[20] O atual convento dominicano de San Steban, em Salamanca, foi construído a partir do ano de 1525, no mesmo local onde se situava o primitivo convento, que, provavelmente começou a ser construído no ano de 1256, depois que o bispo da cidade entregou aos dominicanos a igreja de San Steban, que era um pequeno templo românico dentro dos muros. Até então os monges viviam na igreja de San Juan Blanco, fora das muralhas, às margens do rio Tormes. Do convento primitivo, atualmente só existem vestígios. (Nota do autor, baseada em informações do sítio oficial do convento, http://www.conventosansteban.es.)

128 | MAURO CAMARGO

Antônio Sandoval conversava com ele durante as longas vigílias de aflição, em voz baixa, muito baixa, porque o carcereiro tinha um ouvido afiado e não gostava de conversas. Descobrira que Herrera era acusado de ser um marrano,[21] o que ele negava.

– Sempre tive mais amor ao dinheiro do que a Deus – reclamava, Herrera. – Talvez por isso estou pagando. Foi-me muito fácil renunciar à antiga religião e ser batizado. Por mais que eu não seja um católico exemplar, não sou mais judeu. Por isso é que eu sempre pergunto por que eu iria arriscar minha vida e minha fortuna por uma causa menor no meu conceito? Por que eles não entendem isso?

– Mas o que eles querem de você? – perguntou o ainda ingênuo Antônio.

– Alguém quer algo de mim e me denunciou injustamente. Só posso pensar nos irmãos Cordellos querendo acabar com a concorrência, se bem que a avó deles é uma devota ensandecida dos padres. O que aqueles malditos vão ganhar com isso não sei... não sei... não sei... e me desespero de tanto explicar.

Esta foi uma das primeiras conversas que Antônio teve com Herrera, mas todas as noites eles conversavam, enquanto este podia falar. Foi Herrera quem contou da morte do padre Ramiro. O próprio cardeal Cisneros,[22] inquisidor-geral, o havia interrogado, mas, para a surpresa de todos, Ramiro morrera subitamente em uma das vezes que fora levado para o interrogatório. O coitado já havia sofrido no balcão, onde chegara a perder o controle dos movimentos de braços e pernas, tendo que ser transportado em uma maca. Cisneros pedia que não infligissem a ele mais do que o necessário para que se sen-

---

[21] Marrano é uma expressão de origem árabe ('moharrama'), que significa 'coisa proibida'. Em função da proibição de judeus e muçulmanos comerem carne de porco, na península Ibérica a palavra tornou-se sinônimo de 'porco', servindo ainda como os adjetivos 'porco', 'sujo' e 'imundo'. Por extensão, posteriormente, a palavra passou a referir pejorativamente aos judeus convertidos ao cristianismo dos reinos cristãos da península Ibérica que 'judaizavam', ou seja, que continuavam a observar clandestinamente seus antigos costumes e sua religião anterior. (Nota do Autor.)

[22] Cardeal Francisco Jiménez de Cisneros, (1436 -1517), prelado, reformador religioso e duas vezes regente de Espanha (1506, 1516-17). Em 1507, ele se tornou cardeal e grande inquisidor da Espanha. Durante a sua vida pública, procurou a conversão forçada dos mouros espanhóis e promoveu cruzadas para conquistar a África do Norte (Fonte: http://www.britanica.com)

tisse estimulado a contar a verdade, mas mesmo assim a dor fora tanta que ele acabou entregando, quase que inconscientemente, muitos dos protegidos de sua cidade. Entre eles, Antônio, cujo segredo guardara discretamente por tanto tempo. Quando Antônio se apresentou a ele logo que chegou na região de Ciudad Rodrigo, padre Ramiro não demorou a descobrir quem era, pois sabia da história da fuga da sobrinha do duque, que era como uma filha para ele, mas guardou silêncio e segredo, como um bom amigo. Toda esta dignidade não foi suficiente para que pudesse manter o pensamento lúcido quando as cordas do balcão ameaçavam remover do corpo seus braços e pernas.

Foi por isso que sua morte causou espanto mais tarde, quando apenas era interrogado sem dor, para confirmar os horrores que havia confessado. É claro que, se afirmasse o contrário do que havia dito, seria recolocado no aparelho de dor.

– Só pode ser um santo – dizia Herrera. – Deus o recolheu para que não sofresse mais.

A princípio Antônio sofreu muito com a morte de Ramiro. Foi mais uma dor a se somar nas tantas suas, misturando a saudade de Pilar e dos filhos com a vontade de se vingar de todas essas pessoas que arruinaram com sua felicidade. Porém, com o passar dos dias e principalmente depois dos seus primeiros interrogatórios, entendeu que o padre Ramiro era realmente um santo e que fora recolhido por Deus antes de sofrer mais.

Herrera não sabia de nada a respeito de dom Osório. Antônio perguntou a quem pode sobre o amigo, mas ele não estava ali para interrogar e sim para ser interrogado. Os inquisidores deixaram isso claro em muito pouco tempo.

Na última noite em que conseguiu conversar com Herrera, o estado do prisioneiro já era deplorável. Antônio não podia ver, porque as celas eram fechadas com pesadas portas de madeira e eles conversavam deitando com a cabeça muito próxima do canto das portas, onde as frestas permitiam que o som passasse. Mas nesta noite não somente se podia ouvir os gemidos do novo amigo, como sua voz delatava dor e estava mais distante, o que demonstrava que não estava conseguindo se mexer e chegar até o canto mais baixo da porta. Não foi difícil para Antônio perceber que, entre os gemidos, Herrera chorava.

– Eu os entreguei – falou, com a voz entrecortada de soluços. – Entreguei a todos...

– Todos?

– Todos os meus quatro filhos... Eu disse que são bestas malignas que se comprazem em adorar o demônio, mas eles não acreditaram nisso... Eles não queriam ouvir isso, que já seria horrível. Entreguei minha falecida esposa...

– O que eles queriam ouvir, meu amigo?

– O que eu disse... por fim eu disse... Eu deveria ter morrido em silêncio... coitados... mas eu não suportei a dor e disse que eles judaízam... que se recolhem no entardecer das sextas-feiras e respeitam o Shabat... Disse que fazem as três orações diárias... Oh! Deus! Por que eu me distanciei tanto de Ti... Me perdoe, meu Deus... Me perdoe pelo que fiz aos meus filhos.

A voz de Herrera estava cada vez mais distante e repentinamente parou de falar. Pararam também os soluços e os gemidos. Antônio ainda o chamou pelo nome, mas não teve resposta. Mais um longo e pesado minuto se passou, e nada.

– Ele morreu – foi o que Antônio ouviu. Era a voz rouca do prisioneiro da frente, que raramente emitia qualquer som e ele não sabia quem era. Nem Herrera o conhecia. Os prisioneiros jamais se viam, apenas se ouviam, mas sempre com os berros do carcereiro quando falavam um pouco mais alto. Podia-se urrar de dor e desespero que o carcereiro não reclamava, mas conversar o irritava.

Ele morreu. Antônio pensou em fazer uma prece, mas, como rezar se o Deus que um dia habitara seu coração havia partido? Então ficou apenas quieto, ouvindo o silêncio da noite, onde o que só se ouvia eram alguns latidos de cachorros distantes, ou não tão distantes, porque até mesmo o som tinha dificuldade de passar pela janela tão pequena do fim do corredor. De repente Antônio teve a impressão de que ouviu um suspirar. Seria possível? Chegou o ouvido o mais perto que podia da fresta da porta e ouviu mais uma vez a respiração. Então Herrera falou, muito baixo.

– Na minha casa... Antônio... eu sei que está me ouvido... no pátio nos fundos da minha casa...

– Não se esforce, meu amigo... Preserve as forças.

– Cale-se e ouça... No pátio tem... uma figueira... entre ela... e o muro... treze pedras... ninguém sabe... nem... meus filhos... a do... a do meio... a do meio...

– O que tem na pedra do meio, Herrera? – perguntou Antônio quando a voz parou. E parou. E não teve mais resposta. E a luz entrou pela pequena janela pela manhã, e não houve mais resposta.

O carcereiro achou estranho que a bandeja que colocara de manhã voltou com o pão e a água, por isso abriu a porta e não demorou para sair, voltando em seguida com mais pessoas para arrastarem o corpo do infeliz Herrera, e tudo voltou a ficar em silêncio. Talvez o silêncio e a sensação de inutilidade de qualquer coisa, qualquer reação, qualquer grito, fosse uma tortura tão grande quanto o interrogatório ou mesmo outro instrumento de tortura física.

# CAPÍTULO 17

Assim que Antônio percebeu que não havia mais claridade passando pelas frestas, ouviu que a porta que dava para o quarto do carcereiro se abriu. O prisioneiro silencioso da cela da frente nunca havia sido interrogado no tempo em que estava ali, por isso sabia que vinham mais uma vez buscá-lo. Seria seu terceiro interrogatório e, pelas suas contas, se ainda não tivesse perdido o sentido de tempo com a claridade que vinha da janela, estava preso há cerca de três meses.

Havia um pequeno prazer em ser interrogado. Por algum tempo ele podia respirar um ar sem os odores fétidos do cárcere, no mais era só uma infinidade de perguntas absurdas. Os dois dominicanos que o interrogavam sabiam coisas de sua vida que parecia que nem ele sabia. Sabiam de todos os colonos da fazenda, seus filhos, filhas e parentes. Porém, as perguntas que mais incomodavam eram sobre dom Osório. Eles começaram discretamente a querer saber do trato deste com amigos e colonos, mas agora parecia que não tinham pudores em querer saber se ele tinha alguma ligação com os judeus que seguiam a antiga religião secretamente. Acontece que não existia a mínima possibilidade desta ligação, mas os dominicanos continuavam insistindo, e repetindo as mesmas perguntas dezenas de vezes.

Os interrogatórios costumavam demorar horas e Antônio já estava preparado para dar as mesmas respostas de sempre, porém, desta vez ele não foi levado para a cadeira de madeira que havia na frente da escrivaninha onde respondia às perguntas. Levaram-no para a sala seguinte e logo ele entendeu o que iria acontecer. Havia mais um car-

Amor | 133

cereiro nesta sala, um homem imenso, de rosto redondo e barba negra que não deixava transparecer nenhuma emoção ou preocupação. Por momentos Antônio pensou em reagir, mas sabia que, depois de tantos dias com uma alimentação de pão e água ou poucas vezes uma sopa rala, estava fraco. Além do mais, encostada na parede ao lado do novo carcereiro havia uma espada que reluzia com a pouca luz que vinha das velas do ambiente. Antônio também tentou apelar para a consciência dos dois dominicanos, mas imediatamente percebeu que seria mais fácil ter lutado contra os dois carcereiros.

Preso no balcão de tortura e com mãos e pés amarrados por grossas cordas, o que pôde fazer foi rezar silenciosamente a Deus, mesmo sem saber se ainda acreditava n'Ele, pedindo forças para não trair a confiança de ninguém. Então Antônio percebeu que havia mais um padre, além dos dois que costumavam interrogá-lo, e este, com um simples assentir de cabeça, transmitiu uma ordem ao gigante de olhos vazios, que começou girar uma manivela e esta, por sua vez, fazia girar rolos de madeira embaixo do seu corpo, onde as cordas iam se retesando, fazendo com que as articulações dos ombros e dos quadris começassem a se esticar e a doer. Com o primeiro gemido mais demorado de Antônio, o frade Altamirez, já seu conhecido, ergueu a mão e fez com que o carrasco parasse, para, logo em seguida, perguntar:

– Dom Osório de Cuellar recebeu a visita de Pedro Ruiz de Alcaraz[23] no outono de 1508, na fazenda Esperança da qual o senhor era capataz?

– Não sei quem é Pedro Ruiz de Alcaraz, senhor – respondeu Antônio.

– Poucos dias depois, dom Osório recebeu a visita de Isabel de la Cruz?

– Também não sei quem é Isabel de la Cruz, senhor.

– Procure lembrar – falou agora o padre mais velho, que Antônio não conhecia. – São pessoas de boa presença e dificilmente passariam despercebidos. Eles se dizem religiosos, mas são judeus convertidos que andam pelas cidades espalhando ideias heréticas.

---

[23] Pedro Ruiz de Alcaraz (1480). Filho de uma família de conversos de Guadalajara, foi um dos primeiros membros e propagadores da chamada seita dos *allumbrados*. Argumentava que a oração mental era suficiente e que a união sexual era a união com Deus. Negou a eficácia da confissão e das indulgências. Foi denunciado à inquisição em 1519 e condenado à prisão perpétua e a ser açoitado nos lugares onde havia pregado (www.biografiasyvidas.com)

Antônio chegou a estranhar a maneira direta daquele padre. Sem rodeios, como das outras vezes, agora ele ia direto ao ponto. O que incomodava ainda mais era que realmente dom Osório havia recebido estas duas pessoas. Ele mesmo havia ido à cidade para trazer o seu amigo, padre Ramiro, para conhecê-los, e, no caminho, o padre havia falado que eram pregadores de uma ideia de religião muito perigosa para aqueles dias de medo do tribunal do santo ofício. Porém, mesmo assim, tanto o padre quanto dom Osório estavam curiosos para conhecer suas teorias. Na época, Antônio não ficou preocupado, por que não imaginava que mais alguém poderia saber desse encontro, porém, agora, deitado no balcão e com o corpo todo esticado, lembrava do podre padre que, enlouquecido de tanto sofrer, contara tantas e tantas coisas.

– Posso considerar a sua demora em responder como um sim às perguntas? – continuou o padre de olhar soturno. Seu rosto era magro e as sobrancelhas compridas saltavam por sobre os olhos fundos e que não demonstravam emoções. Seu nariz era longo e afilado, fazendo-o parecer um falcão, mas seu rosto era bem barbeado e parecia que o canto dos seus lábios estavam paralisados num ricto semelhante a um sorriso.

– Estou vasculhando minha memória, senhor. Muitas pessoas visitavam o dom Osório. Como vou lembrar de todas?

– Ouvi falar que Pilar, sua esposa, que agora se sabe ser parente próxima de um duque, se interessou bastante por esses visitantes...

– Pilar nunca se interessou por nenhum visitante, por que se interessaria por esses? – respondeu Antônio, tomado de rápida aflição e fazendo com que Altamirez, ao lado do padre desconhecido sorrisse, pela primeira vez. Logo em seguida olhou para o carrasco e assentiu levemente com a cabeça.

O interrogatório continuou sem parar por mais de quatro horas e, quando Antônio recobrou a consciência, estava novamente em sua cela com a impressão de que alguém o chamava pelo seu nome. Acordou sem saber o que era sonho ou o que era realidade, porém, as dores no corpo logo o fizeram entender o que havia acontecido. Tentou se mover, mas entendeu que braços e pernas não obedeciam naturalmente ao seu comando, além de a dor aumentar sobremaneira a cada tentativa de movimento. Então Antônio soltou-se novamente no chão frio de pedra e sua resistência, sua dureza, pareceu rachar-se. Uma onda de tristeza e amargura subiu do seu peito como se fosse uma represa que arrebentasse e ele não conseguiu controlar os soluços. Nunca fora uma pessoa propriamente religiosa e, agora, qualquer ligação que havia com Deus dentro de si se rompia. Por que passava por tudo aquilo? O que estava acontecendo com Pilar e os filhos? Por que tanto sofrimento, se sempre fora uma pessoa honesta e justa, ao seu modo? Podia um erro por amor como o que cometera com Pilar merecer tamanho castigo? Onde estava Deus, afinal?

Esticado no chão da cela e com dificuldade de se movimentar, Antônio tentava encontrar uma posição em que as dores diminuíssem, quando ouviu novamente seu nome:

– Antônio Sandoval?

– Sim... quem me chama? – perguntou Antônio, mas logo entendeu que só poderia ser o prisioneiro da cela da frente.

– Eu não tenho mais nome, Antônio Sandoval, nem passado ou futuro, tampouco aquilo que chamam de alma. Tiraram de mim tudo, como estão fazendo com você.

Era difícil ouvir perfeitamente o que o prisioneiro falava. O som vinha baixo, abafado, e Antônio não conseguia se mexer para aproximar mais o ouvido da fresta. Talvez ainda conseguisse ouvir porque estava caído não tão distante da porta, mas imaginou que o carcereiro não demoraria a reclamar.

– E o que quer de mim, senhor sem nome e sem alma? – perguntou Antônio, sentindo que a voz saía um tanto empastada da boca e em espasmos, com esforço, com dor.

– Ainda estou em dúvida se um pobre coitado e condenado como você poderia ter algo para me oferecer, afinal, assim como eu, também não tem mais nada.

– Então também não temos mais nada a conversar – falou Antônio, irritado com o rumo da conversa. Na verdade, não queria conversar com ninguém, somente ficar quieto e esperar passar a dor.

– Acontece que vou sair daqui e preciso de algum objetivo para continuar vivendo. Ouvi o senhor dizendo ao pobre Herrera que tem esposa e filhos...

– Sair daqui? Como pode pensar que vai sair deste inferno? – interrompeu Antônio.

– Talvez o diabo não me queira mais. Estou preso aqui há mais de dois anos e nunca fui interrogado. Neste tempo só vi o bom samaritano que às vezes entra para limpar a cela, ninguém mais. Meu tempo foi preenchido ouvindo as histórias de Herrera, a sua e de outros coitados que foram jogados aqui para divertir o demônio.

Antônio não queria conversar. Não queria saber de outro drama, maior ou menor do que o dele. Queria apenas o silêncio, mas, mesmo com toda dor, não podia deixar de se interessar pela sorte de uma pessoa que dizia que seria solto e poderia estar interessado em ajudá-lo.

– Não me disse como sabe que vai sair, senhor sem alma – falou Antônio, esperando uma explicação.

– Meu primo Gonzalo me mandou uma carta, avisando...

– Seu primo Gonzalo?

– É o seu verdadeiro nome. Creio que o conheceu. Se ele está em Salamanca, como diz na carta, deve tê-lo interrogado – explicou o prisioneiro, e Antônio logo pensou naquele padre de alma dura que o interrogou sem se emocionar, sem demonstrar o mínimo de piedade ou qualquer constrangimento diante da dor que lhe afligia.

– Sim, eu conheci seu primo Gonzalo, infelizmente. Preferia não tê-lo conhecido – respondeu Antônio, com voz ainda mais baixa, pensando até que não seria ouvido.

– Não tenho dúvidas disso – falou o prisioneiro, demonstrando que os meses em silêncio fizeram com que sua audição ficasse muito sensível. – Mas não o chamam mais de Gonzalo. Ele entrou para a ordem dos franciscanos e adotou o nome de Francisco, em homenagem ao fundador. Agora o chamam de Francisco Jiménes de Cisneros ou apenas cardeal Cisneros.

– O cardeal regente de Castella – falou Antônio, bastante impressionado. Afinal, porque uma pessoa tão importante se dera ao trabalho de interrogá-lo?

– Ah! Sim, ele é mesmo muito importante, um dos principais nomes do reino. Talvez o senhor esteja pensando no motivo de ele querer interrogá-lo. Talvez pense que não seja importante o suficiente para isso. Não pense assim. Não há alma viva que não possa ter alguma informação importante para o tribunal. Além do mais, conheço meu primo e sei que jamais perderia a oportunidade de testar suas artimanhas para chegar à verdade.

– Verdade? – sussurrou Antônio.

– A verdade que ele queria ouvir, senhor Sandoval, como em todos os tribunais do santo ofício. Ele pratica com os pequenos para ensinar como trabalhar com os grandes. Ele me mandou prender, e agora vai me libertar. Segundo diz na carta, fez isso para minha proteção. Um sobrinho fez graves acusações contra mim, um dominicano filho do demônio chamado Diogo Martínez. Por isso ele preferiu me esconder fazendo-me prisioneiro, como se estivesse respondendo às acusações de Diogo. Por isso nunca fui interrogado, e agora vai me libertar.

Mesmo no estado de prostração que estava, Antônio teve vontade de levantar quando ouviu o nome de Diogo Martínez, o principal responsável por tudo o que estava sofrendo. Se aquele prisioneiro era inimigo de Diogo, poderia ser seu amigo.

– Parece que temos algo em comum, senhor sem alma. O dominicano Diogo Martínez é o responsável por eu estar aqui. Ao que parece o senhor vem de uma família de demônios. Com esta linhagem, como eu poderia confiar nas suas palavras? O que quer mesmo de mim?

– Eu sei quase tudo a seu respeito. Ouvi em silêncio as suas conversas com Herrera, e as conversas de Herrera com o padre Ramiro. Sabe, com o tempo o silêncio faz com que possamos ouvir as pulgas pulando no chão. Estamos falando tão baixo agora que parecemos fantasmas sussurrando, mas conseguimos nos ouvir. Eu consigo ouvir o ressonar do carcereiro, dormindo em sua cadeira, ou os passos dos cachorros que passam pelas pedras da rua. Eu ouvi tudo que acontece aqui por muito tempo e sei sua história, caro Oscar Terenzuella, comandante da guarda pessoal do duque de Medina-Sidonia, que fugiu com sua sobrinha e adotou um pequenino judeu, que hoje se chama Ramon Sandoval.

– O que quer de mim, senhor sem alma? – perguntou Antônio, um tanto irritado.

– Quero Ramon... Quero o pequeno Abel Hakim.

– Como pode saber tanto? Não falei esses nomes a Herrera e duvido que padre Ramiro tenha falado. O que quer com Ramon? Quem é o senhor, afinal?

– Eu conheço um homem, um grande amigo, senhor Oscar Terenzuella. Ele se chama Camillo... Dom Camillo de Alunes e Borges.

– Dom Camillo de Alunes e Borges – repetiu Antônio, depois de um longo silêncio, no qual o prisioneiro da frente pensou que ele tinha desmaiado.

– Conhece-o?

– O comandante da guarda de Carlos V, que por ele foi sagrado cavaleiro devido a atos de bravura. Tem um amigo de muito respeito, senhor sem alma.

– Dom Camillo apenas salvou o filho do rei de um javali em uma caçada, nada mais. Teve atos de bravura verdadeiros, mas não sob os olhos de um rei. Porém, infelizmente, meu amigo também teve atos vis e muitos deles foram por minha influência.

– E o que quer com meu filho Ramon, senhor?

– Talvez devolver a ele o que eu e dom Camillo tiramos, por termos tido um amor demasiado ao dinheiro no passado.

– Não o entendo, senhor, e, na situação em que me encontro, gostaria que fosse mais claro.

– Às vezes o destino nos impressiona, senhor Sandoval. O destino não nos esquece, e nos encontra mesmo numa cela fétida de um porão esquecido. Fui eu que aconselhei dom Camillo a comprar as terras do médico Isaac Hakim quando a família teve que fugir devido ao decreto de Alhambra. Ele comprou por um preço irrisório, vergonhoso, inumano. Um cesto de pães seria mais caro. Porém, não foi apenas isso. Eu ofereci ao médico, em nome do meu amigo, a proteção de um soldado cruel e desonesto, e sabia que era assim. Correram boatos que esse soldado havia matado toda a família e ficado com suas riquezas, mas nunca foram confirmados, até que ouvi as histórias contadas por você e pelo padre Ramiro a Herrera. Conhecendo o passado, não foi difícil ligar os fios soltos do destino e chegar às conclusões óbvias.

– Mas o senhor falou há pouco que não tinha mais nada, que lhe tiraram tudo. O que pode oferecer a Ramon? – perguntou Antônio, sem julgar o prisioneiro, mas logo pensando como pai.

– O que perdi não tem a ver com bens materiais, embora eu pense em nunca mais buscar esses bens. Meu sobrinho Diogo Martínez é um homem sagaz e irredutível quando tem um objetivo, mas sei que após estes dois anos em que estou aqui, seu principal objetivo já foi alcançado, por isso vou sair, mas sem levar comigo nada do que eu era antes de chegar, antes de ele entrar em minha casa e destruir minha honra.

– Desculpe, mas continuo não entendendo, senhor.

– São problemas meus, senhor Sandoval, e por demais dolorosos de lembrar. O que posso lhe dizer é que não fui condenado, por isso não perdi nada de material e posso ajudar seu filho.

– Não conseguirá ajudar Ramon sem ajudar Maria Ana. Ainda não sei de que maneira fará isso, mas só posso lhe agradecer por qualquer tentativa. Esse homem que arrasou a família do pequeno Abel está perto deles, é o responsável pela guarda de Steban, o filho de dom Osório de Cuellar. Saber que está perto dos meus filhos é uma tortura igual à que estou sofrendo aqui.

– Ele sempre está perto do padre Diogo, senhor Sandoval. *El tenebroso* é a sua sombra, onde for. Tentarei protegê-los. Tem a minha palavra.

Antônio já estava com dificuldade de se manter acordado, por mais importante que fosse para ele o assunto. De certa forma, a dor que sentia no corpo se transformara em cansaço extremo; depois, em uma espécie de amortecimento; e, agora, em sono. Era como se seu corpo quisesse desligar. Buscando todas as suas poucas forças restantes, ainda falou:

– Só posso lhe agradecer, senhor. Não acredito que sairei vivo deste inferno, mas, se a morte vier, partirei com a esperança de que meus filhos estarão bem.

– Sua voz está falhando, meu amigo, é fácil perceber. Por favor, antes que desfaleça, diga-me alguma coisa que possa fazer seu filho confiar em mim.

– Alguma coisa? – balbuciou Sandoval.

– Sim, alguma coisa que somente o senhor possa ter me contado, para ele acreditar que conversamos e que quero ajudá-lo.

– A ponta da corda embaixo do monte de feno.... no celeiro... – falou Antônio, num sussurro tão baixo que o prisioneiro teve dúvida do que ouviu.

– Como? – perguntou, mas não teve mais resposta. Ele sabia por outros prisioneiros que passaram pela dor do balcão que esse desfalecimento acontecia. Ainda esperou de ouvidos atentos mais alguns minutos, mas Antônio não mais falaria. Ele estava deitado com o ouvido muito próximo da fresta da porta, porque a voz de Antônio fora ficando cada vez mais baixa enquanto conversavam e mesmo seus ouvidos treinados sentiam dificuldade em ouvir. Então voltou para sua cama de madeira e recostou-se na parede de pedras. Não havia revelado sua verdadeira identidade porque aprendera a desconfiar de tudo, a temer cada palavra que dizia e que um dia poderia ser usada contra ele, embora tivesse certeza de que Antônio Sandoval era somente mais uma boa alma tragada pela presunção de grandeza e divindade dos homens que se diziam representantes de Deus na Terra.

Muitas horas depois, Antônio acordou, mas não sabia se aquela conversa havia acontecido ou fora um sonho. Chamou pelo prisioneiro, mas não obteve nenhuma resposta. Não tinha ideia de quanto tempo havia ficado desacordado, mas seu corpo doía menos, desde que não tentasse se mexer. Então ele ficou quieto ouvindo o silêncio profundo da noite. Tão profundo que ele pensou ser possível ouvir a Deus, se Deus existisse.

# CAPÍTULO 18

Carillo levou Maria Ana montada em Soñadora, mas também levou Tifón, o cavalo do irmão, enquanto este partia montando o cavalo de Sanchez, o mais velho de todos. Carillo também levou o belo garanhão de Joaquim, que tinha um grande valor. Joaquim era um soldado desertor do exército de dom Manoel, rei de Portugal, sem família conhecida, então o comandante ficaria com o animal.

Por não querer perder tempo, Carillo não permitiu que os dois corpos fossem enterrados. Apenas foram cobertos com capim e galhos secos e o fogo foi bem alimentado para que os soldados que mandaria pela manhã os encontrasse inteiros para serem levados à sede e terem um enterro digno.

– Não é porque foram assassinados por um pastor que não merecem uma missa – falou cinicamente Carillo, sempre olhando extasiado para Maria Ana.

Fernando amarrou as mãos de Ramon e passou uma corda com um laço em seu pescoço, mantendo a ponta na sua sela para que ele não pensasse em alguma atitude estúpida. A única arma que o pastor tinha era seu cajado, mas este fora usado para alimentar o fogo que protegeria os corpos.

O máximo que os irmãos conseguiram foi trocar alguns olhares, porque Carillo não permitiu que conversassem. Mas nestes olhares estava claro que não deveriam reagir ou se precipitar diante daquele homem, que matava sem emoção. Ramon sofria com a ideia de ele levar a irmã pela noite, sozinhos, porém pensava também que o bandido não iria querer se indispor com Steban, por isso não se arriscaria em uma atitude insana. Aquele rosto sombrio continuava vindo do passado e lhe causava medo.

A noite ia a meio quando se separaram e as primeiras claridades do leste anunciavam o dia quando chegaram ao rebanho, assustando os dois meninos que o cuidavam. Mais assustados ainda ficaram quando viram as mãos amarradas de Ramon e a corda passada em seu pescoço.

– Podem voltar para casa – gritou Fernando. – Levaremos o rebanho.

– O que aconteceu, senhor Ramon? – perguntou o mais velho, que gostava muito do pastor.

– Faça o que ele diz, Pedrito. Não se preocupe e não assuste seu pai e os amigos dele, porque logo vamos resolver isso – falou Ramon, apeando do cavalo com alguma dificuldade devido às cordas, como se quisesse mesmo tranquilizar os jovens. Porém, no mínimo instante em que seu cavalo o protegeu dos olhos de Fernando, colocou o indicador nos lábios pedindo silêncio e logo falou, baixo e rápido: – Chame-os.

Pedrito apenas fechou os olhos e Ramon soube que ele havia entendido o pedido. Os dois partiram rapidamente, sem mais comentários e sem mesmo olhar para trás, enquanto Ramon começava a tentar reunir as ovelhas, mas, com um laço no pescoço, isso era uma tarefa ingrata.

– Precisará me soltar, senhor. Desta forma levaremos muitos dias para chegar à fazenda. Estou sem meu cajado, sem meu cavalo e amarrado, como vou pastorear desta forma? – argumentou Ramon, e logo Fernando entendeu que ele tinha razão. Fernando não era mais um jovem, e estava cansado e com fome. Por isso tirou o laço do pescoço do pastor, mas não soltou suas mãos.

As campinas ao redor do rio se estendiam por planícies curtas, cercadas por colinas suaves e muitas vezes pedregosas. Nas áreas mais baixas eram plantados trigo e aveia, principalmente, e a trilha que dividia os campos era larga para facilitar a passagem de rebanhos, a principal fonte de recursos da fazenda. Mesmo assim, Ramon tinha bastante dificuldade em conduzir suas ovelhas. O animal de Sanches que Ramon montava já fora um vigoroso cavalo de batalha, mas estava velho e lento, além de não ter sido treinado para pastorear, por isso ele e Fernando não haviam avançado muito quando um grupo apareceu no final da estrada, por onde já haviam passado. Em menos de três horas o pai de Pedrito e seus amigos, todos homens do campo, mas valentes, e alguns deles antigos soldados, haviam conseguido se reunir e partir em busca de Ramon.

Assim que apareceram, Ramon disparou seu cavalo na direção do grupo, mesmo com os gritos de Fernando, que logo entendeu o que acontecia. Era um soldado experiente e sabia que, mesmo bem armado, pouca chance teria contra um grupo que agora se aproximava dele, e contava com Ramon e mais cinco homens adultos.

– Estou sob ordens do senhor Steban, para quem todos aqui trabalham ou arrendam terras – gritou Fernando. – Por isso não façam besteiras.

– Só queremos saber o que está acontecendo – falou Pedro, pai de Pedrito, o mais velho do grupo e que já havia sido soldado. – Por que Ramon está sendo levado amarrado? Que crime ele cometeu?

– Ele matou dois homens da guarda do senhor Steban.

– Ah! E provavelmente por puro prazer, não é? – desdenhou Pedro, enquanto Ramon liberava suas mãos. Ainda não tivera tempo de contar o que havia acontecido, mas a notícia da tragédia que atingira a querida família Sandoval já correra por toda a região e aqueles homens estavam suficientemente indignados a ponto de dispensarem qualquer explicação de Ramon. Sabiam que a igreja havia prendido Sandoval sob a acusação que qualquer cristão temia, e o medo os fazia ainda mais ameaçadores, ainda mais portando espadas e lanças como estavam.

– Serão punidos se ajudarem um criminoso, tanto pela justiça dos homens, quanto pela justiça da igreja – ainda tentou argumentar Fernando, mas já vendo que sua situação era bem mais delicada do que a princípio pensava.

– Sim, senhor... Como é seu nome, senhor?

– Fernando de Alquilar.

– Sim, senhor Fernando de Alquilar. Porém, há de entender que nunca havíamos ouvido falar em seu nome. Não fomos apresentados e somente sua palavra garante que trabalha mesmo para o senhor Steban. Quem poderia afirmar que o senhor não é apenas um ladrão de ovelhas? Não o conhecemos, senhor. Então, para que não sejamos injustos, considero uma boa ideia que o senhor fique conosco até que Ramon vá até a fazenda e traga alguém que possa esclarecer a situação.

Ramon, embora ansioso por partir, não pôde evitar o riso diante da esperteza de Pedro. Já sentara com ele ao redor de fogueiras pelos campos, nas noites estreladas da Extremadura, e sabia que o antigo soldado servira muito próximo à realeza até juntar dinheiro suficiente para comprar terras e viver delas. Porém, o destino o fez conhecer uma linda convertida por quem se apaixonou e, desta forma, se colocou ao alcance de tramas e acusações falsas, movidas por qualquer pessoa que tivesse algum interesse chocando de frente com o interesse de outra. Um rival, também apaixonado por sua linda esposa, não se conformou com a perda e, movido pelo rancor, acabou denunciando-a ao tribunal do santo ofício. O horror levou a esposa e um filho recém-nascido de Pedro, que não sobreviveu à ausência da mãe, além de quase todo seu patrimônio. Não foi preso também porque servira à rainha Isabel, que o protegeu, mas rodou pelo mundo e dissipou o que restara de dinheiro, até lhe sobrar na vida apenas um irmão que trabalhava na fazenda de um conhecido dos seus tempos de exército, chamado dom Osório de Cuellar.

Ramon partiu deixando Fernando de Alquilar desarmado e preso pelo grupo liderado por Pedro, que sabia que o pastor não voltaria. Depois de alguns dias sem retorno, levariam o prisioneiro e o entregariam a Steban, como se estivessem apenas cuidando da segurança das terras.

No caminho para a fazenda, Ramon parou no lugar onde morrera Sanchez e Joaquim. Queria fazer uma oração junto ao corpo do amigo e do soldado que matara tentando defender a irmã, porque não pretendia chegar à sede antes do anoitecer, o que ainda demoraria. Porém, não encontrou o corpo de Joaquim. Embaixo do capim só encontrou Sanchez e rezou por ele, a princípio aliviado por pensar que o golpe do cajado no outro soldado não fora fatal. Depois ficou em dúvida, porque Carillo podia ter mesmo mandado outros soldados buscarem os corpos e estes só levaram o que era do seu grupo. Embora isso fosse desumano, não poderia ser considerado improvável, depois que ele conhecera o comandante. Após toda a agitação que acontecera no local, não havia como seguir pistas para se ter alguma ideia do destino de Joaquim.

Quando o sol chegou perto da linha do horizonte, Ramon aproximou-se da sede da fazenda pelas margens do rio, não usando qualquer caminho conhecido, e escondeu-se na vegetação densa que rodeava o Agueda, até a noite cobrir de sombras as terras de dom Osório.

O quarto que fora reservado para Maria Ana ficava nos fundos, num edifício baixo destinado aos que trabalhavam mais próximos à família, e se unia à casa principal passando pela grande cozinha. Sua irmã não lhe contara qual era sua janela, mas Ramon sabia quem dormia em cada uma delas, então tinha a certeza de que o de Maria Ana era a terceira à partir dos fundos e chegou até lá como se fosse um fantasma. No último ano havia feito isso muitas vezes no meio das noites mais escuras, para roubar pela janela Maria de Lourdes, uma das criadas mais bonitas de dom Osório, então sabia como se tornar invisível.

Agachado em meio a um canteiro de alecrim e envolto no mais completo silêncio, Ramon usou uma pedra pequena para dar leves batidas na madeira da janela, tão leves que qualquer pessoa que não esperasse por elas não ouviria. Tinha certeza de que a irmã o esperaria acordada todas as noites, pois sabia que apenas um soldado não seria o suficiente para detê-lo. Então não se surpreendeu ao ver pelas frestas que a luz de uma lamparina fora acesa e logo o trinco da janela fez barulho. Ansioso por ver a irmã, ficou de pé e ajudou a abrir as duas folhas de madeira, mas o que surgiu por entre elas não foram os olhos doces de Maria Ana, mas sim o fino aço de uma espada reluzente e, logo atrás dela, o próprio senhor Steban, de olhos arregalados. Quase no mesmo momento, dois soldados apareceram pelos cantos do edifício dos criados, também armados, e um deles era Joaquim, que, munido de todo rancor por suas derrotas, golpeou com muita força a cabeça de Ramon usando o punho da espada, fazendo-o cair imediatamente, desacordado.

Steban recolheu sua espada e encostou-se no peitoral da janela, ainda atônito com a atitude do soldado. Ao seu lado encostou-se também o padre Diogo Martínez, que se assustou ao ver que a cabeça de Ramon estava banhada de sangue. O silêncio estupefato durou até que padre Diogo chacoalhou a cabeça e falou:

– Eu queria interrogá-lo, seu estúpido! Se havia alguma chance de sabermos o que aconteceu era com Ramon, por isso, torça para que esteja vivo, se não será você quem irá preso no lugar dele.

# CAPÍTULO 19

    Joaquim havia acordado pouco tempo depois de o terem deixado para trás. Saber que o tinham deixado ao lado de um morto o fez entender o quanto era insignificante para seu chefe, pois este nem se dera ao trabalho de ter certeza de que estava mesmo morto. Tinha um grande calombo do lado esquerdo da cabeça, logo acima da orelha e estava bastante tonto quando se livrou do capim e dos galhos que o cobriam, além de não conseguir enxergar direito. Uma sombra cobria seu olho esquerdo e, com a noite fechada, teve bastante dificuldade para se orientar em qual caminho deveria seguir. Estava melhor quando o dia amanheceu e aproveitou-se de uma praia de pedregulhos do Agueda para lavar o rosto e a cabeça, que tinha poucos filamentos de sangue coagulado. A água fria terminou por devolver seu equilíbrio e assim conseguiu chegar próximo ao meio dia da sede da fazenda, onde encontrou um enfurecido senhor Steban. Ao vê-lo chegando naquelas condições, sua irritação explodiu:
    – Quatro soldados contra um pastor e é isso que acontece? O que aconteceu com os outros? Foram todos abatidos por um cajado?
    Joaquim ficou sem saber o que responder. Não entendeu a irritação de Steban. Na verdade, não estava entendendo quase nada desde que acordara, afinal, o cajado de Ramon o atingira tão repentinamente que ele não tinha nem como imaginar o que havia ocorrido. Sem saber o que dizer, abriu os braços e perguntou:
    – Onde estão os outros, senhor? Levei uma pancada na cabeça quando encontramos Ramon e fiquei muito tempo desacordado.

AMOR | 147

Quando acordei, estava deitado ao lado do corpo sem vida de Sanchez, mas não sei onde estão os outros.

O padre Diogo Martínez havia se aproximado de Steban ao ouvir sua voz enfurecida e logo entendeu que Joaquim realmente não sabia o que estava acontecendo, por isso, antes que a situação ficasse ainda mais confusa, se antecipou e perguntou:

– Vocês encontraram Ramon e Maria Ana, Joaquim?

– Sim, no segundo dia, estavam voltando para a fazenda depois de terem deixado o rebanho com outros dois pastores. Eu...

– Eu? – perguntou o irritado Steban, diante da pausa prolongada do soldado. Os outros soldados de Carillo já estavam próximos, atraídos pelos gritos do senhor.

Então Joaquim contou o que tinha acontecido, sem conseguir evitar de falar de sua nova vergonha, mas a irritação de Steban não tinha a ver com isso. Ele queria saber onde estava Maria Ana. Seu orgulho estava profundamente ofendido e perdê-la, naquele momento, parecia ser o fim do mundo, como pensa todo egoísta. Quem não perdia a calma era Diogo, por isso desceu a escada da varanda e parou por algum tempo na frente do envergonhado e ferido Joaquim, depois falou:

– Você ainda pode se redimir, soldado. Consiga um cavalo e uma espada com seus amigos e volte a procurá-los. Eles não são invisíveis e há muitos colonos na região, alguém deve saber o que está acontecendo. Vamos, vá...

Enquanto Steban gritava para os outros soldados pedindo que também partissem atrás dos desaparecidos, Joaquim já estava montado em um dos cavalos de Carillo e partia à galope na direção de onde fora abatido por Ramon. Não imaginava que pudesse ter outro local para começar a busca. Não pediu para que ninguém o acompanhasse, embora tenha ficado um pouco desapontado porque nem um dos amigos se prontificou para isso. Mas preferia estar sozinho, purgar sozinho a vergonha que sentia. No meio da tarde, ele cortou caminho por uma colina, entendendo diminuir a distância onde a estrada fazia uma curva longa à esquerda para desviar do rio Agueda. Do alto da colina, ele viu o aglomerado de pedras altas, que pareciam uma fortaleza, onde tinham encontrado Ramon. Ficou por alguns instantes parado na altitude do campo vazio, sentindo o vento morno do verão causar um pouco mais de dor no ferimento da cabeça. De onde estava tinha uma visão distante, de colinas que se repetiam e do rio que serpenteava para oeste, perdendo-se em escarpas mais altas. Foi de lá que ele viu um cavaleiro vindo pela estrada, ainda muito distante, e logo apeou do seu cavalo e recuou para atrás de uma dobra do terreno, de onde podia tudo ver sem ser visto.

Então ele viu Ramon entrar pelas pedras e esperou até que cerca de uma hora depois ele saísse, entendendo que precisava ficar oculto e segui-lo para que pudesse descobrir alguma coisa do que estava acontecendo. Em seu pensamento se perguntava: como pode um pastor ter derrotado todo o seu grupo, principalmente com soldados tão experientes? Era mais um motivo para não se aproximar e se revelar.

Joaquim ficou surpreso ao ver que Ramon se dirigia à sede da fazenda. Quando entendeu que o pastor estava escondido próximo ao rio para esperar que a noite chegasse, resolveu procurar o padre Diogo. Não queria mais cometer erros, por isso contou a ele o que tinha visto e o deixou também bastante intrigado. Diogo precisou pedir para que Steban parasse de gritar, porque parecia que Ramon poderia ouvi-lo, mesmo estando longe.

– Mas o que está acontecendo, afinal? – perguntou o filho de dom Osório, sempre irritado quando seus desejos não eram imediatamente resolvidos.

– Não sei, senhor, mas prefiro que se acalme para que eu possa raciocinar – respondeu Diogo, afastando-se com as duas mãos espalmadas ao lado da cabeça, como se pedisse um pouco de silêncio.

O padre caminhou pelo jardim que descia na direção da casa do capataz, cerca de duzentos metros abaixo e agora vazia. Longe dos arroubos de Steban e olhando para a casa dos Sandoval, deixou o apurado raciocínio trabalhar e não demorou para que seu sorriso cínico curvasse os cantos dos lábios. Ele conhecia Carillo de há muito tempo, desde que o salvara, ainda muito jovem, dos porões da prisão de Sevilha e o fizera seu guarda-costas. Como não lhe pagava nenhum soldo, indicava Carillo para senhores com os quais tinha algum interesse particular e mantinha com ele um conúbio de trocas espúrias. Desde que vira a reação do soldado à beleza de Maria Ana, ficara preocupado com suas atitudes, quase sempre intempestivas, poucas vezes baseadas na razão. Por isso supôs o que poderia estar acontecendo, embora fosse estranho Ramon ter sobrevivido a ele. Mas, se Ramon estava ali, seria melhor deixá-lo agir para obter alguma informação que faltava naquele quebra-cabeças, porque, pelo que pensava o frade, Carillo havia afastado Fernando intencionalmente para poder fugir com Maria Ana sem que ninguém soubesse. Desta forma, o próprio Ramon não sabia o que estava acontecendo, mas poderia ter alguma informação útil ainda assim.

Satisfeito com sua atividade mental de investigação, voltou-se para a casa e viu o impaciente Steban andando de um lado para outro na grande varanda, com seu filho Murilo sentado nos degraus que davam acesso ao pátio. Quando voltou, passou direto pelos dois e foi para a grande sala de visitas. Diogo já havia notado que Murilo olhava Maria Ana igual ao pai, mas o considerava jovialmente inofensivo. Dentro da casa chamou por uma criada e pediu para que lhe trouxesse vinho e água. Quando pai e filho chegaram onde estava sentado, já bebendo seu vinho, falou:

– Vamos, senhores, sentem-se e apreciem esta boa garrafa de *ul de lebre* comigo, afinal, teremos que esperar ainda algumas horas. Por sinal, qual era mesmo o quarto onde dormia Maria Ana, senhor Steban?

# CAPÍTULO 20

O inverno estava rigoroso nos reinos da Espanha a oeste, nas grandes planícies áridas da Extremadura, onde o vento gelado descia da Sierra de Gredos e chegava até Ávila, fazendo as ruas da cidade murada ficarem vazias logo que o sol começava a cair no horizonte.

Saindo da basílica de San Vicente pela praça onde no passado Torquemada conduzia seus autos-de-fé, fora das muralhas, chegava-se a uma taberna, que se mantinha aquecida tanto pelos seus fogões de ferro, quanto pela quantidade de pessoas de todos os tipos que a frequentavam. O cheiro de fumaça e carne cozida se misturava com as vozes já um tanto exaltadas pelo consumo do bom vinho quente da casa. No canto mais afastado da porta de entrada, protegido por um biombo e reservado para os frequentadores mais importantes, o frade Diogo Martínez encarava pacientemente a Juan Carillo, na espera de uma resposta que tardava a vir. O soldado ainda cutucou com sua adaga as sobras de cebolas cozidas do prato à sua frente, antes de falar:

– Nenhum dinheiro pode pagar o que me pede, senhor.

– Você me traiu, Juan. Não era isso que havíamos combinado...

– ... e o que havíamos combinado? Trocar a condenação de uma família por dinheiro novamente? Já não conseguiu isso? Quanto ganhou de Steban de Cuellar para não entregá-lo também ao tribunal? Maria Ana não tinha nada a ver com isso.

– Quem decide o que faz parte ou não do rateio sou eu, Carillo. Poderíamos ter lucrado muito mais se ela estivesse nas mãos de Steban. Um homem apaixonado faz qualquer loucura...

150

– Não lhe falta experiência, não é? – perguntou Carillo, soltando a adaga ao lado do prato e virando o que restava de vinho quente em sua caneca. Depois que bateu a caneca de volta na mesa, continuou: – Em tão pouco tempo já se cansou de dona Tereza de Almada e Borges? É por isso que quer Maria Ana?

A batida que Diogo deu com o punho fechado na mesa fez saltar pratos e canecas, além de acordar um freguês que dormia encostado do outro lado do biombo que os separava do salão da taberna e que reclamou do barulho.

– Quem é você para falar o nome de dona Tereza de Almada? O que está querendo, Juan, que eu o entregue ao tribunal? O que me custa dizer a Cisneros que a filha de Antônio Sandoval também pratica a antiga religião dos convertidos e que um soldado apaixonado a acompanha?

Juan Carillo sabia que Diogo não teria dificuldade em cumprir o que estava ameaçando, por isso decidiu não provocá-lo mais. Já tinha visto senhores ricos como dom Osório de Cuellar ou dom Camillo de Alunes e Borges, tios de Diogo, acabarem nas celas escuras do tribunal do santo ofício devido a suas artimanhas e acusações, entre outras pessoas em quem mirava seus interesses. Depois de um silêncio prolongado, enquanto rodava a ponta da sua ameaçadora adaga furando a madeira da mesa, perguntou, com calma e mudando o assunto:

– O que aconteceu com Ramon, afinal?

– Está esquecido em uma cela do *alcázar* de Ciudad Rodrigo aguardando ser levado para Salamanca ou para qualquer lugar. Quando o capturamos, não sabia nada além do que eu já havia descoberto. Mas que interesse temos nele? É um convertido e só os fanáticos da verdadeira fé se interessam por ele. Na verdade, nem sei se ainda está vivo.

– Ele era ágil com o bastão, poderia ser útil como soldado.

– Pare de despistar, Juan Carillo. Nunca tivemos nenhum interesse em Ramon. A não ser que sua consciência esteja cobrando o que fez com os pais dele.

– Somente agora, através do senhor, é que fiquei sabendo que ele é filho daquele judeu.

– Até hoje não entendi porque deixou o pequeno viver – falou o padre, ainda irritado.

– Eu não deixei, na verdade fui caridoso com aquela família. Os soldados que me acompanhavam estavam enlouquecidos pela presença das duas mulheres e queriam passar a noite abusando delas, depois que matamos o judeu. Uma morte rápida foi um ato de caridade, mas meus soldados não gostaram do que fiz e houve conflito. Acho que por isso esquecemos do pequeno, que deveria estar escondido em algum canto.

– E, com certeza, nem você abusou das mulheres – falou Diogo, com cinismo.

– Eu era o comandante. Era eu quem dava as ordens...

– Mas na fazenda Esperança não era o senhor quem dava as ordens e não tinha o direito de ter sumido com a moça.

– É uma questão de justiça, senhor – interrompeu Carillo, para que não começassem mais uma discussão. – O plano era dar poder a Steban com a prisão do pai. Foi ele quem pediu isso. Com o poder ele precisaria de uma guarda e isso me manteria e a meus homens, ao mesmo tempo em que protegeríamos o senhor de qualquer loucura dele. Quem tem poder e dinheiro não quer perder as regalias e se torna vulnerável. Então aconteceu como era para acontecer e é uma questão de justiça eu ficar com Maria Ana...

– A que tipo de justiça está se referindo, Juan? – também interrompeu Diogo.

– O senhor já tem dona Tereza de Almada e Borges, como queria, então agora é minha vez de ter alguém.

– Nunca alguém terá dona Tereza. Foi apenas uma ilusão passageira minha.

– Mas a teve, era esse seu desejo e conseguiu – falou Carillo, com algum rancor na voz.

– Ora, então o prisioneiro está querendo se colocar em igualdade com seu libertador, senhor Carillo? Não consegue entender que a troca com Steban seria muito mais vantajosa se ele tivesse a menina? Ele ficou tão triste com a perda da jovem que quase cometeu suicídio. A esposa não significa nada para ele e parece que tampouco as terras. Somente o filho mais velho tem valor e foi nele que precisei mirar a acusação, mas ainda assim ganhamos muitos menos do que se tivéssemos Maria Ana para acusar.

AMOR | 153

– Só o senhor ganhou. Não quero a minha parte, porque já tenho meu soldo.

– E vai pagar seus soldados com esse soldo? – perguntou o irritado padre.

– São bons soldados e encontrarão outros comandantes. Preciso de um tempo de sossego e tenho o suficiente para viver.

– Como tinha quando matou a família de Ramon?

– Desta vez não vou desperdiçar, aprendi com a experiência.

– Desperdiçar? Então realmente tem dinheiro? Creio que os cavalos de Antônio Sandoval renderam bastante, a ponto de querer mudar de vida. Até agora não descobrimos como conseguiu levá-los sem que ninguém percebesse. Deve tê-los vendido muito bem, ou vai querer que eu acredite que um coração duro como o seu está apaixonado? Para onde a levou, Carillo?

– O mundo é grande, senhor, e eu sei me esconder. Mas sei que tenho uma dívida com o senhor que nunca será paga, por isso passarei aqui uma vez por mês para saber se precisa de mim para algum serviço que outro não possa fazer. É só deixar dito ao taberneiro que precisa de mim e aparecerei.

Juan Carillo terminou de falar já embainhando sua adaga e ficando em pé, deixando claro que Diogo não o intimidaria a ponto de contar onde escondia Maria Ana. Sem mais nenhuma palavra, virou as costas e deixou o padre sozinho, perdido nas suas próprias conjecturações. Carillo sabia que o interesse do padre em Maria Ana ia além da questão financeira. A princípio, Steban havia se mancomunado com o bispo da cidade, que parecia ter algum rancor de dom Osório devido à esposa deste. Foi o bispo que envolveu Diogo, mas a ideia inicial era apenas colocar Steban como senhor das terras no lugar do pai, com o qual o filho nunca tivera um bom relacionamento. Neste jogo de interesses, Diogo viu a possibilidade de lucrar muito dinheiro. Foi somente depois de tudo planejado e já começado a execução é que Steban conheceu Maria Ana e ficou enlouquecido. Então a menina virou mais um ponto fraco do filho de dom Osório. Só que Diogo ainda não a conhecia, porém, depois que a conheceu, a empolgação de Diogo delatava seu encantamento. O mesmo encantamento, por sinal, que arrebatou a ele, Juan Carillo, como nunca antes tinha acontecido. Quando seus homens libertaram Fernando de Alquilar do grupo de Pedro e o mistério do sumiço de Maria Ana foi desvendado, Carillo já estava acomodado com ela em um lugar seguro, onde não seria incomodado.

Para executar o plano, usaram a estratégia que era comum ao dominicano, de condenar o padre confessor da família ao santo ofício e descobrir dele as verdades necessárias para concluir o projeto de usurpação, enquanto o soldado conseguia trabalho para manter seus homens de confiança e fornecia uma aparente sensação de segurança à vítima. Steban de Cuellar fora um alvo fácil, mas nem o padre esperava encontrar naquela fazenda a sobrinha desaparecida do antigo duque de Medina-Sidonia e seu foragido comandante da guarda, o que rendeu a Diogo um elevado compromisso moral com o novo duque, e ele saberia bem se aproveitar dessa ligação.

Carillo não tinha dúvida de que Diogo usaria das verdades conseguidas com o confessor da família e com dom Osório, mediante interrogatórios e máquinas de tortura, para também incriminar Steban, ou sua mulher e filhos, se necessário, e que venderia seu silêncio por um elevado preço. Então, diante dos planos iniciais, tinha tudo saído como combinado e ele podia partir sem peso de consciência.

Diogo Martínez, por sua vez, tinha dificuldade em conter a indignação. Não estava acostumado a ser afrontado, muito menos a não ver seus desejos concretizados. Porém, também sabia dos perigos de desafiar um coração apaixonado, principalmente se este coração era rude e cruel como o de Juan Carillo, por isso preferiu engolir o que considerava desaforos e esperar que o tempo lhe ajudasse. Embora ainda jovem, sabia bem das reviravoltas do tempo, principalmente para quem tinha um poder sobre a vida e morte dos outros nas mãos.

Depois de alguns minutos sozinho, após beber seu último gole de vinho, Diogo bateu mais uma vez a caneca com força na mesa e se levantou, no mesmo momento em que o freguês que dormia encostado ao biombo, mais uma vez acordado com a batida, também se levantava. Os dois trombaram quando Diogo saiu de trás do biombo e o primeiro, que aparentava ser um velho já alquebrado, com uma barba desgrenhada cobrindo exageradamente o rosto, caiu sentando novamente no seu banco, reclamando do padre:

– Mas que grosseria é essa? – bradou com a língua enrolada, chamando a atenção de outros fregueses. – Não se pode nem mais dormir sem que um padre apareça?

Diogo, entendendo que o velho estava embriagado, o ignorou e procurou sair rapidamente da taberna, não querendo chamar mais a atenção dos demais, que agora o encaravam, sempre com medo ao verem alguém com aqueles trajes.

Enquanto isso, o velho de barba desgrenhada gritava pela filha do dono da taberna para que esta lhe trouxesse mais vinho, e depois voltava a sentar no seu canto, segurando o rosto nas mãos, com os cotovelos apoiados na mesa. Por baixo da barba desgrenhada um sorriso cínico e ardiloso arqueava seus lábios, sem que ninguém pudesse identificar que estava sorrindo, e tinha motivos para sorrir, afinal, ouvira bem mais do que pretendia, e não fora reconhecido pelo seu maior inimigo. Confirmara o que já sabia, e aquele sorriso era, na verdade um ricto, um espasmo causado pela sensação da vingança que um dia ainda viria.

– Estou por demais assustado, senhor Emiliano Benaccio – falou padre Godoy, quando percebeu que o espírito terminara por aquele dia. – Por mais que saibamos que foi um período muito negro da história, o que está me contando revela uma faceta ainda mais aterradora da inquisição. Usá-la com instrumento individual de enriquecimento é realmente assustador, mesmo que saibamos que o ser humano é capaz de coisas horríveis assim. As virtudes do catolicismo não foram apenas abandonadas por ela, mas pisadas, dilaceradas.

– As forças do mal costumam se vestir de virtudes para causarem dores mais profundas, na religião, na política ou entre o povo.

– As forças do mal são geradas pelo egoísmo somente. Um ego ferido pode gerar reações em cadeia desastrosas em todas as escalas da vida. Por tudo que vi nesta vida, posso dizer que no centro de todo mal está o "eu acima de tudo", desde o mendigo da rua até um príncipe. Pelo que estou entendendo, Emiliano, o príncipe de hoje pode ser o mendigo da próxima vida, se não souber controlar o egoísmo.

– Prefiro que me chame de Javier Herrera, padre. Jamais terei qualquer reclamação desta minha última vida, mas, para me manter mais facilmente sintonizado com o passado, continuo sendo Javier Herrera.

– Herrera, o comerciante de tecidos?

– Ah! Coitado dele e de sua família. Sofreram naquela vida o que parecia ser uma grande injustiça. Fiquei interessado pelo caso deles recentemente e é curioso que tenha me perguntado. A família Herrera era bastante apegada aos bens materiais, embora sempre tenham sido muito honestos, naquela vida, mas não em outras. Cerca de duzentos e cinquenta anos antes, a família Herrera e a família Cordello, com outros nomes, obviamente, haviam se envolvido com os cátaros da região da Occitânia, onde hoje é o sul da França. Os Cordellos, no passado, eram simpatizantes dos cátaros, não propriamente por convicções religiosas, mas por convivência, simplesmente. Os cátaros eram cristãos que, por seu modo de vida, incomodaram a igreja. Por causa deles é que foi criada a inquisição, como mecanismo de purificar os dissidentes da verdadeira fé. Então, já usando dos mesmos mecanismos de acusação sem provas, a família Herrera acusou a família Cordello de participar dos cultos cátaros e não frequentar a igreja. Aliados a um padre nada honrado, acabaram por forjar um julgamento de cartas marcadas e os principais membros da família Cordello foram parar na fogueira. Eles foram provas taxativas da lei de ação e reação, porque, infelizmente, naquela vida, ou em outras seguintes, não souberam perdoar.

– Vejo que o senhor tem estudado muito – falou Godoy. – Isso quer dizer que o senhor não é este Herrera?

– Vamos continuar, padre. Logo voltarei e continuaremos. Ainda tenho muitas coisas interessantes para contar e logo saberá quem é Javier Herrera.

# CAPÍTULO 21

Ramon não fez nem um gesto ou expressão quando aquele velho alquebrado sentou no banco tosco à sua frente. Não sabia exatamente a quanto tempo estava preso e havia cansado de pedir, ou mesmo gritar, por qualquer informação. Acordara naquela cela com uma grande ferida na cabeça, amarrada por um pano sujo e que demorara muito a curar. Um padre que ele não conhecia limpou a ferida alguns dias depois e trocou o pano, mas não lhe respondeu a nenhuma pergunta. O carcereiro preferia conversar mais com os bêbados eventuais, que mais passavam a noite do que eram presos, do que com ele, com quem somente trocava alguns monossílabos. A ferida do corpo curou mais pelo seu vigor juvenil do que por qualquer outro cuidado, mas a ferida da alma deteriorava a cada dia, levando-o, por fim, à exaustão do silêncio.

Havia cerca de cinco meses que estava preso e a única coisa que conseguira saber pelo carcereiro é que seria levado para o tribunal do santo ofício em Salamanca, ou Llerena, ou Cáceres, tanto fazia. Mas os dias passavam e nada mudava, e a espera se transformou primeiro em loucura e medo, depois em indiferença. Foi com indiferença e silêncio, de palavras e de alma, que ele olhou para o velho de barba grande, esbranquiçada e desgrenhada, usando um manto puído sobre os ombros, sentado à sua frente, quieto, apenas olhando-o com alguma comiseração. Ramon estava magro, muito magro, e sua barba negra também cobria todo o rosto, misturando-se com os cabelos hirsutos. Seus olhos também negros perdiam-se em órbitas que mais pareciam cavernas escuras, e logo se desviaram novamente do velho para mirar o vazio.

– Eu vou tirar você daqui esta noite, Ramon – falou o velho, mas continuou sem conseguir qualquer reação do prisioneiro, que estava sentado no que parecia ser uma cama de tábuas e com as costas na parede de pedras. – Você vai ouvir a chave girar e a tranca ser erguida, depois disso conte até cem. Você sabe contar, Ramon? Sim, é claro que sabe, Antônio e Pilar o ensinaram. Conte até cem e saia para a rua, depois acompanhe a muralha para o leste até a Puerta del Sol e me encontrará. Eu sei que você está me entendendo Ramon, assim como sei que quer saber quem eu sou e como cheguei a você. Vou contar tudo quando estivermos seguros e distantes daqui. Eu já passei pela fazenda Esperança sem que ninguém me visse e puxei a ponta de corda que estava sob o feno do estábulo, onde vocês moravam. Por isso é bom me seguir, porque tenho coisas para entregar a você.

Os olhos parados de Ramon se movimentaram finalmente, sem que ele movesse o rosto ou pudesse se perceber qualquer contração na pele ao redor. Somente suas pupilas chocaram-se com o olhar do velho e este sorriu, porque tinha a certeza de que chamara a atenção do jovem. Havia gastado boa parte do que encontrara sob o feno para comprar a liberdade do filho de Antônio Sandoval, mas sabia que este aprovaria o que estava fazendo, sem nenhuma dúvida. Com o pavor que qualquer pessoa tinha dos padres do santo ofício, comprar uma traição era quase impossível, então havia combinado com o chefe da guarda que precisava de duas horas de dianteira. Depois disso, o mesmo guarda que atacara o carcereiro, que sempre dormia em serviço, para lhe roubar a chave, iria encontrá-lo, talvez morto, talvez desmaiado, e gritar que um prisioneiro fugira. Então a guarda sairia em perseguição, mas indo por um caminho diferente do que haviam tomado os fugitivos.

Quando o velho saiu, Ramon fechou os olhos, respirou fundo e rapidamente ficou em dúvida se aquilo havia realmente acontecido. Outras vezes ele tinha ouvido pessoas conversando com ele e pulara da cama dura, pensando que havia alguém atrás da porta, mas logo entendia que não havia ninguém. Também já acordara vendo sua mãe ajoelhada à sua frente e se atirara em seus braços, caindo

Amor | 159

no vazio. Tudo isso o deixava cada vez mais confuso e pensava já estar louco quando aquele velho sentou à sua frente. Foi por isso que tentou ignorá-lo e até agora não podia ter certeza de que ele estivera realmente ali. Podia uma aparição ter tantas informações a seu respeito? Como ele poderia saber? Então só podia esperar pela noite, e esperou, e a espera foi tão longa que cochilou, até que um leve estalido de metal o fez abrir os olhos. Logo em seguida ouviu o som de madeira esfregando em madeira. Seus ouvidos sensíveis ainda ouviram um caminhar pesado se afastando até não haver mais nenhum som. Uma ansiedade estranha tomou conta do seu pensamento, que supunha estar contando até cem, mas já não sabia mais em que número estava. Ficou alguns minutos ainda imóvel, até que se levantou e testou a porta, que estava destrancada.

Ramon ainda ficou em dúvida se estava mesmo acordado; se aquilo tudo não era um sonho que se prolongava e que repentinamente o traria de volta para sua cela de pedras. Porém, se era sonho, porque não sonhar que partia? Foi em frente e não encontrou ninguém no caminho. Saiu pela porta que dava para a rua lateral do *alcázar* e contornou a muralha como seu suposto salvador indicara, por cerca de quinhentos metros, até chegar à Puerta del Sol, por onde tantas vezes tinha passado com seu pai. Não encontrou ninguém no caminho e somente um cão latiu assustado com sua passagem, o que o fez temer e andar mais depressa, transformando sua extrema fraqueza em força inesperada. Logo ao passar pela porta, encontrou o velho já montado em um cavalo, com outro encilhado o esperando. Assim que montou, o velho lhe entregou um manto escuro de lã e somente aí Ramon se deu conta de que estava com muito frio. Partiram da cidade a passo lento, deixando que os vigílias daquele lado, todos remunerados pelo velho, continuassem dormindo, sem o barulho de um galope para os obrigar a agir.

Ainda não estavam a dois quilômetros da cidade, quando ouviram um sino. Não haviam trocado uma palavra até aquele momento, mas ambos sabiam o que aquilo significava. De onde estavam podiam ver a porta principal da cidade e logo viram que por ela surgia um emaranhado de tochas em movimento.

– Traidores – falou o velho, que imediatamente cutucou seu cavalo e o fez galopar.

Não foi preciso dar nenhuma ordem para que Ramon o seguisse, galopando muito próximo a ele e admirado com a agilidade daquele velho, que, quando estava em sua cela, não parecia ser capaz nem de montar um cavalo. Um pouco mais adiante, o velho subiu por um barranco e tomou a campina que se estendia por uma colina, onde o cume era circundado por outro barranco, como se fosse um muro de terra. Bem no alto, ele parou e apeou do cavalo, puxando uma longa espada que estava pendurada em sua sela.

– Não deixe os animais fugirem – falou o velho, com uma energia inesperada.

– Eu posso lutar – falou Ramon, pela primeira vez, também puxando a espada que havia pendurada em sua sela. – Meu pai me treinou.

– Não tenho dúvidas disso, mas ainda não sei se lutaremos ou nos esconderemos. Mesmo assim encontre um lugar onde possa amarrar os animais e esconda sua espada no capim se eles chegarem. É preciso que pensem que não somos perigosos.

O velho contou cinco tochas e seis cavaleiros e, por isso, decidiu que não iriam se esconder, para estranheza de Ramon. Na noite de lua crescente, ele ficou em pé no alto da colina, com as costas encurvadas e apoiando-se em uma bengala de madeira mal cortada, com Ramon um pouco atrás dele. A noite estava fria, mas não havia geada nos campos, e um céu estrelado os cobria. Da estrada seria fácil para os guardas vê-los e não demorou para que o grupo subisse também pelo primeiro barranco na direção de onde estavam. Os guardas pararam logo abaixo do segundo barranco que dividia o cimo da colina e que parecia ter sido formado por um deslize de terra, deixando uma cicatriz no monte. Tinha um pouco mais de um metro de altura e era inclinado, sendo fácil de ser transposto, mas, diante da fragilidade dos fugitivos, os guardas preferiram parar seus animais antes de subi-lo.

Os seis homens eram os que o comandante da guarda havia comprado com o dinheiro fornecido pelo velho, e todos riam da situação.

– Como puderam pensar que escapariam depois de matar um carcereiro enquanto dormia? Não sabem que a ronda é feita de meia em meia hora? – falou o tenente Jimenez, chefe da guarda, enquanto seus homens continuavam a rir da situação.

Amor | 161

– O fogo do inferno queimará a alma dos traidores, e a terra se alimentará do sangue deles – falou o velho, com a voz empastada, diferente do que quando falava com Ramon.

– Ah! O inferno vai nos queimar a todos um dia. Mas antes disso vocês terão que se explicar perante a justiça pela morte de um soldado e pela tentativa idiota de fuga. Tentar salvar um marrano o levará também ao santo ofício, senhor – falou Jimenez, com desdém.

– Então venham nos pegar, senhores, e sentirão o peso da minha espada. O inferno está mais próximo do que pensam.

Os guardas pararam de rir por um momento. No alto do monte, o velho alquebrado e o prisioneiro enrolado em um manto de lã, recebiam a claridade amarelada das tochas e se destacavam no meio da noite, mesmo que atrás deles se contrapusesse um céu muito estrelado. Jimenez foi ao primeiro a gargalhar da situação, logo seguido pelos outros, que não se deram ao trabalho de apear de seus cavalos quando o tenente pulou para o chão e subiu o barranco. Outro soldado o acompanhou, seguindo-o um pouco atrás, até que o comandante parasse na frente do velho e falasse:

– Ainda não vi sua espada pesada, senhor. Ou vai nos mandar para o inferno com sua bengala?

O grupo voltou a gargalhar e a maioria não chegou a ouvir um som fino de vento cortado quando a bengala de madeira mal aparada bateu na cabeça do tenente Gimenez, deixando-o aturdido não só pela pancada, mas também pela rapidez com que a levara. Tonto com o choque, deu um passo para trás no mesmo momento em que o velho se abaixava e puxava a espada do meio do capim seco. No mesmo movimento de puxar a espada de baixo de si, ele a levantou e seu gume cortou profundamente pescoço e o rosto do soldado que vinha atrás do tenente, jogando-o barranco abaixo, já coberto de sangue. Ainda sem conseguir entender o que estava acontecendo e tonto pela batida na cabeça, Jimenez não consegui reagir ao golpe de espada que veio de frente, perfurando seu gibão de couro e atingindo seu coração.

As gargalhadas pararam. Por um instante ninguém acreditou no que havia acontecido, inclusive Ramon. Em poucos segundos, dois homens estavam mortos e os outros quatro soldados estupefatos. O velho então ficou realmente em pé, deixando cair o manto que o cobria, mostrando seus ombros largos e o peito forte de um lutador. Dois soldados largaram suas tochas e pularam dos cavalos tão logo saíram do seu torpor, e o velho sorriu pelo erro que cometeram. O primeiro soldado que subiu pelo barranco logo voltou por ele sem vida e o segundo foi quase ignorado pelo velho, que, depois de recuar alguns passos para atraí-lo mais para dentro do cume da colina, falou para Ramon.

– Este é seu.

Sem esperar, o velho correu na direção dos outros dois soldados que se mantiveram montados. Foram desleixados por acharem que a missão seria muito fácil de ser cumprida, por isso vieram pouco armados e nem um arcabuz trouxeram. O velho sabia que se atacassem com seus cavalos seriam difíceis de serem contidos em movimento, por isso pulou de cima do barranco e rolou pelo chão entre os dois cavalos, sem que os soldados pudessem alcançá-lo com suas espadas. No movimento seguinte, sem nenhuma hesitação, o velho cortou os tendões de um dos animais, que ainda relinchou, mas caiu imediatamente, derrubando seu cavaleiro. Não houve tempo de este ficar em pé e a afiada espada do velho passava pelo seu pescoço, num golpe preciso.

O último soldado ainda teve um momento de dúvida ao ver aquele velho parado em sua frente girando com facilidade uma grande espada, mas logo entendeu que seu destino seria igual ao dos outros se ficasse ali, por isso virou seu cavalo e galopou alucinadamente colina abaixo, para irritação do velho, que, somente ao vê-lo longe, já entrando pela estrada, virou-se para Ramon, que tinha o soldado ajoelhado na sua frente e já desarmado. Ao se aproximar, o velho percebeu que o soldado segurava uma mão com a outra, e o sangue borbulhava entre seus dedos.

– Por que não o matou? – perguntou a Ramon.

– Por que este homem era soldado de Juan Carillo, que trabalha para Steban de Cuellar. Ele faz parte do grupo de pessoas que destruiu minha família e pode ter algo a contar.

– Como se chama? – perguntou o velho ao soldado.

– Joaquim de Macedo, senhor.

– Ah! É português? Era mesmo soldado de Carillo?

– Sim.

– E por que não é mais?

– Por que Carillo desapareceu com Maria Ana e ninguém mais soube dele. Abandonou seus soldados...

– Desapareceu com Maria Ana? – perguntou Ramon, que não sabia de nada do que acontecera, desde que fora abatido pelo próprio Joaquim, agora de joelhos à sua frente. – Ele não a levou para a fazenda?

– Ele fugiu com ela, mas descobrimos somente quando Fernando de Alquilar voltou e nos contou o que havia acontecido. Depois disso, o senhor Steban não demorou a nos dispensar, alegando que não tinha mais dinheiro para nos manter. Dois soldados dele foram mortos aqui, agora. Nos juntamos à guarda da cidade em troca de abrigo e comida até decidirmos para onde ir, mas acabamos ficando mais tempo.

– Ele não tem mais nada que eu não saiba ou que seja importante para nos contar, Ramon. Então... mate-o.

A ordem dada com tanta frieza surpreendeu tanto a Joaquim quanto a Ramon, que olharam para o velho ao mesmo tempo.

– Não vou matar um homem ajoelhado e desarmado, senhor – falou Ramon, afastando-se de Joaquim.

– Mas ele não fazia parte do grupo de pessoas que destruiu sua família?

– Matá-lo assim é apenas covardia, senhor.

– Então corra para a cidade, Joaquim, antes que eu mude de ideia, e avise ao alcaide para formar uma tropa maior para nos seguir, se não quiser perder toda sua guarda. Mas vamos, corra, antes que eu mude de ideia. Tem sorte de um soldado ter conseguido fugir antes de você. Um ou dois falando de um velho que veio do inferno para matar soldados cristãos não fará diferença.

# CAPÍTULO 22

Ramon ficou por um longo tempo olhando para o livro de capa de couro que o velho lhe entregara, sem saber o que ele significava. Junto com o livro também recebeu outro saco de couro com moedas, que ainda representavam um valor considerável, mas o velho o informou que precisou gastar muito para comprar os traidores, mesmo tendo reincorporado a parte do valor que encontrou na sela do cavalo de Gimenez. Além das moedas, enrolado em veludo, havia um diadema de ouro e turmalinas, de valor impossível de ser avaliado. Amarrado ao diadema havia um pedaço de couro macio e fino, onde estava escrito: *"Se um dia nos separarmos, nos encontraremos na casa de pedras"*

A casa de pedras era o lugar onde realmente haviam sido felizes por tanto tempo. Ninguém mais ia para aquele lugar, mesmo que nada de ruim tivesse acontecido com eles enquanto moravam lá, mas o próprio pai havia espalhado boatos de que coisas estranhas aconteciam na região. Nas rodas ao redor de fogueiras, ele contava, pedindo muito segredo, que ouvia mulheres cantando cantigas tristes na beira do rio, sem nunca avistar ninguém, e que também ouvia padres dizendo longas orações, mas por lá nunca aparecia um padre. As mentiras do pai mantinham a casa de pedras como um lugar seguro, se um dia precisassem para lá voltar, e isso fez crescer a esperança de um reencontro no pensamento de Ramon.

– Era o que havia sob o feno, rapaz – falou o velho, interrompendo o pensamento do jovem.

– Como conheceu meu pai.

Amor | 165

– A qual dos pais se refere, Ramon? Eu conheci os dois...

Não houve resposta. Ramon manteve o olhar sobre o livro de capa de couro, onde, além do *menorah*, estava escrito: *Isaac Hakim, médico*. Na mesma sombra que cobria seu passado e que guardava o rosto de Juan Carillo, havia alguma referência a este nome, mas ele não sabia se tinha vontade de jogar alguma luz sobre o assunto para dissipar essa sombra.

– Vou levar os cavalos até o rio para beberem e depois vou conseguir algum capim para eles. Ainda não sei se valeu a pena ficar com os cavalos daqueles idiotas. Creio que seja adequado que conheça seu passado, todo seu passado, para que possa enterrá-lo. Não há como enterrar um defunto sem ter um corpo, e tudo que está neste passado, Ramon, não passa de um corpo morto. Um corpo que precisa ser enterrado, para que sua vida continue daqui para frente. Então, leia o livro e, quando eu voltar, nossa conversa poderá ter algum valor. Aqui não seremos encontrados, mas fique atento, ainda assim.

– Ainda não me disse seu nome, senhor, nem o motivo de estar me ajudando.

– Ah! As pessoas têm me chamado de velho, então pode me chamar assim, por enquanto. Depois que ler esse livro, poderei lhe dizer meu nome e o motivo pelo qual estou aqui – respondeu o velho já na porta da cabana de caça onde haviam se refugiado.

A cabana ficava numa encosta íngreme do rio Agueda, a cerca de trinta quilômetros a noroeste de Ciudad Rodrigo, onde só era possível chegar por uma trilha estreita que cortava uma escarpa, na qual o velho havia atravessado troncos e galhos, como se por ali não passasse ninguém há muito tempo. Cuidadosamente havia amarrado uma corda fina em um dos galhos mais grossos e a estendido até um pinheiro, onde a amarrara a um sino. Caso alguém resolvesse limpar a passagem, o sino os avisaria. Para trás da cabana se estendia a montanha íngreme de pinheiros e moitas, por onde não se chegava a lugar nenhum, mas que poderia ser uma rota de fuga em caso de emergência. A cabana ficava depois de uma curva abrupta da trilha, protegida pela própria montanha, que ali se dobrava acompanhando o rio, sendo que, à distância, no vale do Agueda, nem a fumaça de seu fogão de pedras podia ser vista com facilidade. O velho havia vasculhado a região por muitos dias procurando um esconderijo seguro e o abastecendo de mantimentos para o tempo que imaginava precisar esperar, até que Ramon estivesse em condições de recomeçar a vida. A cabana estava abandonada e ele precisou consertá-la para que oferecesse realmente abrigo.

A noite já se instalara no vale do rio quando o velho voltou e colocou uma caldeira com água sobre o fogão, reavivando o fogo. Depois, colocou na caldeira alguns pedaços de carne de ovelha que havia dessalgado no rio e um pouco de aveia.

– Não temos pão para muitos dias e creio que não é sensato voltarmos até a cidade atrás de mais, mas temos bastante carne – falou o velho, com um sorriso escondido dentro da barba desgrenhada, tentando puxar algum assunto.

– Como é seu nome, senhor, e por que está me ajudando? – perguntou Ramon, novamente, mas o velho não lhe respondeu. Continuou mexendo o cozido no caldeirão com uma colher de madeira, como se não o tivesse ouvido. Somente depois de alguns minutos é que voltou-se para o jovem e sentou à sua frente, na mesa feita de galhos roliços de pinheiro.

– Antes de dizer meu nome, preciso saber se já sabe qual é o seu – falou.

– Meu nome é Ramon Sandoval. Abel Hakim morreu quando Juan Carillo matou minha primeira família. Depois disso fui batizado como cristão pelo padre Ramiro, de Ciudad Rodrigo. Este passado já está enterrado, senhor.

– Isaac Hakim foi um dos melhores médicos de sua época e soube guardar um grande patrimônio, até que o decreto de Alhambra o expulsou de nossas terras, como a tantos outros judeus.

– Então o senhor o conheceu?

– Certamente, e lembro de uma criança no colo de Sarah, sua esposa, que só podia ser o pequeno Abel. Eu conheci sua família pouco antes de partirem para Portugal, onde o rei João II, estava recebendo os judeus expulsos dos reinos da Espanha em troca de uma alta quantia em dinheiro. Fui eu que comprei a fazenda do seu pai por um preço vergonhoso e isso me fez vir atrás do pequeno Abel, na tentativa de apaziguar minha consciência. Fui eu que ofereci a proteção de

AMOR | 167

Juan Carillo e seus homens, mesmo sabendo que não eram de confiança. Sinto-me responsável pela desgraça que colheu sua família. Por isso tem o direito de não querer minha ajuda e ficar com todo o dinheiro que lhe pertence.

– E onde conheceu Antônio Sandoval, senhor? – perguntou Ramon, sem dar importância ao peso de consciência do velho e ainda tendo a sensação de que o passado que estava no livro, e que aquele homem contava, não fazia parte de sua vida.

– No cárcere, em Salamanca. Ele estava na cela da frente da minha.

– Ele ainda está lá?

– Acredito que não, Ramon. Ele seria transferido para Valladolid...

– Valladolid? – perguntou Ramon, depois de um tempo, ao perceber que o velho tinha dificuldade em falar o que sabia.

– Um auto de fé...[24] Ele foi condenado... Não creio que...

– Não... Por favor, diga que isso não é verdade – falou Ramon, colocando a cabeça entre as mãos.

– É por isso que o trouxe até aqui, Ramon. É por isso que você está longe de todos que lhe causaram mal, para que não tome nenhuma atitude intempestiva. Não foi somente para nos escondermos. É por isso que você precisa sepultar o passado...

– Ainda tenho minha mãe e Maria Ana – falou Ramon, com os olhos molhados de lágrimas, interrompendo o velho, que ficou um longo tempo olhando para ele, sem dizer mais nada.

Ramon estava com medo de olhar para ele e ver mais verdades duras em seus olhos. No caminho, ele havia perguntado muitas vezes sobre Maria Ana, mas o velho disse que não sabia o que havia acontecido com ela depois de ter sido roubada por Juan Carillo. Também

---

[24] Auto de fé refere-se a eventos de penitência realizados publicamente com humilhação de heréticos e apóstatas, postos em prática pela inquisição, principalmente em Portugal e Espanha. As punições para os condenados pela inquisição iam da obrigação de envergar um sambenito (espécie de capa), passando por ordens de prisão e finalmente o condenado era relaxado à justiça secular, isto é, entregue aos carrascos da Coroa. O estado secular procedia às execuções como punição a uma ofensa herética repetida, em consequência da condenação pelo tribunal religioso. Se os prisioneiros desta categoria continuassem a defender a heresia e repudiar a igreja católica, eram queimados vivos. Contudo, se mostrassem arrependimento e se decidissem reconciliar com o catolicismo, poderiam ser absolvidos ou suas penas diminuídas. (JUNIOR, Demercino José Silva. "O Auto de fé ")

perguntara se ele sabia de sua mãe, mas o velho apenas dissera não, secamente. Porém, agora que o velho insistia na ideia de que era preciso enterrar todo o passado, ele entendia que ainda tinha mais dores o esperando.

– O que aconteceu com minha irmã e minha mãe, senhor?

– Não sei onde está Maria Ana, ninguém sabe, mas ela foi roubada por Juan Carillo. O que se pode esperar desse monstro? Nem sei se prefiro que ela esteja mesmo viva, Ramon. Mas sei de Pilar... sei de Pilar – falou o velho, olhando para as mãos pousadas sobre a mesa. – Sônia, a esposa de Tomas, cunhada de sua mãe, mostrou-se muito amiga dela e conquistou sua confiança, naquele momento de tanta dor pela qual Pilar passava. Porém Sônia, infelizmente, não era uma pessoa em quem se pudesse confiar. Disseram-me que sentia um ciúme desumano do marido e via em sua mãe não a irmã deste, mas sim uma concorrente. O caso incestuoso do pai com a irmã, tia de Sônia, que quase destruiu sua família, ficou famoso em Sevilha, quando ainda era uma criança e ela deve ter trazido temores e mágoas desse tempo.

– O que aconteceu com minha mãe, senhor? – repetiu Ramon, cada vez mais ansioso.

– Dizem que Sônia pediu para ela mesma levar o jantar de Pilar em seu quarto, que era, na verdade, sua prisão. Os médicos chegaram à conclusão de que foi suicídio, que sua mãe havia conseguido comprar o veneno com alguma criada...

– Por favor, não fale mais – falou Ramon, com a voz engasgada por soluços reprimidos.

Ramon não falou mais nada e o silêncio se apoderou dele pelo restante da noite. Foi com muita insistência do velho que comeu um pouco de cozido de carneiro, mas mesmo este não falou mais nada, entendendo a necessidade do jovem de purgar sua imensa dor. No meio da noite, o velho ouviu Ramon levantar e sair da cabana. Temendo que o jovem pudesse partir atrás de alguma insana vingança, foi atrás, mas ficou escondido, principalmente ao ver que ele se sentara em uma pedra próxima ao rio e chorava copiosamente, abraçado pela noite escura. Repentinamente ele também chorou. Talvez tocado pela valentia com que Ramon enfrentava aquela dor ou por lembrar de toda a dor que também sentira ao perder sua família para o infortúnio das calúnias e paixões. Cada um, no dia que logo viria, precisava enterrar o passado, e recomeçar uma nova vida, com outros interesses, outras motivações. As dele, com certeza, sabia bem quais eram.

\*\*\*\*

O céu amanheceu encoberto naquela manhã de janeiro na Extremadura, quase na divisa com Portugal, e uma chuva fina deixava o dia ainda mais gelado. Há seis meses, Ramon havia sido preso e seu corpo demoraria a deixar para trás a fraqueza de tanto tempo de má alimentação e falta de movimentos. O velho o encontrou tremendo, encostado na parede próxima ao fogão, onde o fogo desaparecera, e sentiu-se culpado por seu descuido. Ele também sentira os efeitos da longa prisão quando saiu de sua cela em Salamanca. Seu primo, cardeal Cisneros, havia avisado a família de sua saída, mas ninguém apareceu para recebê-lo. Imaginou que André, seu filho, havia passado a noite bebendo em uma taberna e deveria estar dormindo nos braços de alguma amante. Ele não queria ver a esposa, por isso partiu em sentido oposto às suas terras e fez questão de se esconder até recuperar suas forças. Um amigo fiel escondeu-o em sua casa pelo tempo necessário, assim como o proveu de dinheiro para os primeiros passos tão logo se sentiu revigorado. Para o futuro, ele não se preocupava com o dinheiro, por que sabia onde encontrar.

O velho assoprou as cinzas até que as poucas brasas luzissem e colocou sobre elas capim seco e gravetos para que o fogo começasse a aquecer logo a cabana, depois jogou algumas peles de carneiro sobre Ramon, que não parava de tremer, e aqueceu vinho para que bebesse.

– Morrer não é uma saída. Não para homens como nós, que temos nossos valores – falou o velho, assim que viu alguma cor voltar no rosto de Ramon, que ainda não conseguia responder. Depois que viu a respiração do jovem começar a normalizar, continuou: – Dom Camillo de Alunes e Borges era um homem de valor, embora fosse, na época, muito apegado ao dinheiro, como toda sua família. Mas Camillo tinha seus valores e viu todos eles serem sangrados até a morte pela devassidão que tomou conta da igreja. Dom Osório de

Cuellar, seu amigo, casou com a irmã mais nova de dom Camillo e a trouxe para Ciudad Rodrigo para mantê-la longe da família, sempre tão turbulenta. Ele agiu bem, também era um homem de valor, e também seus valores foram sangrados pela devassidão dos homens da igreja, a começar pelo bispo Francisco Ruiz, que seduziu sua esposa. A mesma devassidão foi usada para atingir Antônio e Pilar Sandoval, e também o padre Ramiro, além de tantos e tantos outros.

O velho serviu mais vinho quente a Ramon e colocou um pedaço de pão em suas mãos, depois ficou agachado à sua frente, olhando-o diretamente nos olhos, como se estivesse dando uma ordem sem usar palavras. Quando Ramon começou a comer o pão, ele continuou:

– Todas essas pessoas estão mortas, Ramon, e só podemos sofrer pela ausência delas, mas nós sobrevivemos. Era para estarmos mortos também, mas sobrevivemos. Não acredito que isso foi a vontade de Deus, por que não quero acreditar no mesmo Deus dos devassos que destruíram nossas vidas. Mas acredito que exista um motivo para continuarmos vivos.

– Eu tenho um motivo, senhor – falou Ramon, sem olhar para o velho, que levantara e agora estava sentado em um banco tosco de troncos roliços amarrados, um pouco à sua frente. – Tenho muita dor guardada... é muita dor para uma pessoa viver com ela, então preciso distribuí-la, com todos os que me ajudaram a acumulá-la.

O velho sorriu. Ramon não pôde ver o sorrido discreto, escondido na grande barba grisalha e desgrenhada, mas soube pelo brilho nos olhos fundos do velho que era isso que ele esperava ouvir.

– Então, bem-vindo à sua nova vida, Beltrán Girón.

Ramon olhou para ele com as sobrancelhas contraídas e não precisou formular a pergunta para que o velho respondesse:

– Uma vida nova, com um nome novo. No mesmo mosteiro que falsificou o documento que acusava sua mãe de ter roubado o rico diadema que agora está em seu poder, eu consegui um documento que afirma que você se chama Beltrán Girón, nascido em Sevilha, no ano de 1490, mesmo ano em que nasceu Abel Hakim. Assim, esqueça o nome Ramon Salvador, não apenas porque você seria preso com ele, mas também porque Ramon precisa morrer para que Beltrán possa distribuir justamente toda a dor que o matou.

– E como será seu nome, senhor?

– Pode me chamar de Javier Herrera. De preferência, somente Herrera. Dom Camillo de Alunes e Borges morreu com seu passado.

– Posso saber o porquê destes nomes? – perguntou Ramon, sem se importar com quem fora o velho no passado.

– O padre que falsificou seu documento fez a busca por um nome e descobriu que Beltrán Girón foi registrado em Sevilha no mesmo ano em que você nasceu, mas morreu poucos dias depois, sendo fácil para o padre sumir com o registro da morte. Gastei um bom dinheiro com isso, mas a falsificação é perfeita e realmente existiu um Beltrán Girón.

– E Javier Herrera? Também tem um documento falso?

– Certamente, porém, dei mais trabalho ao padre para que encontrasse algum Herrera nas mesmas condições, só que nascido em 1461, ano do meu nascimento.

– Herrera?

– Sim, Herrera, em homenagem à pessoa que vai nos permitir viver sem nos preocuparmos com dinheiro e sem que eu busque minhas próprias riquezas perdidas. O homem que deixou uma fortuna em ouro e joias embaixo da pedra do meio, entre a figueira e o muro, no fundo da sua casa em Salamanca, e que é mais uma alma digna que precisamos vingar. Toda sua família foi morta pelo tribunal.

# CAPÍTULO 23

Depois de três meses escondidos na cabana, Herrera e Beltrán não tinham mais mantimentos, e a caça estava fraca. Nesse tempo, o treinamento de Beltrán foi intenso, mas desde o início Herrera percebeu o quanto ele fora bem treinado por Antônio. Dominava o bastão com muito mais habilidade do que o professor e de forma intuitiva, o que o tornava quase invencível. Então Herrera fez com que se dedicasse mais à espada, mesmo com as reclamações do aluno:

– O bastão é mais longo do que a espada – dizia Beltrán, enquanto aparava os golpes de Herrera.

– Mas só mata se acertar a cabeça do inimigo – respondia Herrera, cada dia mais satisfeito com o progresso do aluno.

Depois de todo o dia de esforços, Herrera fazia Beltrán treinar o arco e flecha, quando a noite começava a cair e os alvos ficavam ofuscados pela falta de luz. Ele não gostava dos arcabuzes, lentos e pesados. – Quantas flechas podem ser disparadas entre um disparo e outro de arcabuz? – perguntou ele a Beltrán, quando foi questionado.

– Se eu provar que não preciso mais treinar com o arco podemos partir? – perguntou Beltrán.

– Qualquer habilidade tem que ser praticada, Beltrán. O treinamento é a diferença entre a vida e a morte.

– O que prefere para o jantar: truta ou *pájaro carpintero*?[25] – perguntou Beltrán, em pé sobre uma pedra na beira do rio.

[25] Pica-pau. (Nota do autor)

– Ele está muito longe, vai desperdiçar uma flecha – falou Herrera, olhando para o pássaro na forquilha de uma árvore seca subindo a montanha, a cerca de quarenta metros.

Assim que terminou de falar uma flecha passou muito próximo à sua cabeça. Sem olhar para o resultado do tiro, Beltrán disparou outra, que tão logo chegou à agua causou muita agitação, com uma truta trespassada, enquanto a primeira cravava-se no tronco de um pinheiro, com o infeliz pássaro fincado. Herrera sorriu, e falou:

– Está bem... faz muito tempo mesmo que não comemos pão. Partiremos amanhã, Beltrán.

– E para onde vamos, senhor Herrera? Por onde começamos?

– Começamos? Começamos o quê, Beltrán?

– A distribuir a nossa dor... Não é por isso que sobrevivemos?

A barba longa de Beltrán já cobria todo seu rosto e o cabelo começava a tocar no ombro. Para reconhecer o antigo Ramon atrás desta nova fisionomia era preciso estar muito atento. Herrera ficou olhando enquanto ele buscava a truta que já começava a descer com a correnteza e depois o viu subir com muita facilidade até onde a flecha cravara o grande pica-pau na árvore, sem dar resposta. Somente quando Beltrán parou na sua frente, com as flechas certeiras apoiadas nos ombros e os animais pendurados atrás, é que respondeu:

– Não estamos preparados ainda, Beltrán. Para esta dor ser distribuída, precisamos que nos esqueçam. As pessoas que a causaram ainda estão armadas contra nós e fazemos parte dos seus medos. Para que sofram o que sofremos, precisam nos esquecer e pensar que nada os irá atingir. Todo o treinamento que teve não é para ferir quem nos feriu. O que uma espada pode fazer contra eles? Matá-los rapidamente? Isso é pouco. Seu treinamento foi para que pudesse enfrentar o mundo e aprender com ele, e com o tempo. Precisamos de tempo, rapaz, e, enquanto isso, vamos nos preparar mais.

– Preparar mais? Como assim?

– O que você conhece do mundo? O que conhece da igreja? Dos governos, do amor, da paixão? O que você conhece do ser humano, Beltrán, para saber onde pode realmente feri-lo? Basta matar alguns homens maus, sabendo que existem tantos outros espalhados?

Beltrán ficou olhando para o rio que era envolvido pela escuridão da noite que chegava, enquanto Herrera pegava as flechas do seu ombro e levava o jantar para dentro da cabana. A dor da perda das suas duas famílias latejava em seu peito e sua vontade era ir atrás de cada pessoa que participou da elaboração dessas tragédias e trucidá-las, mas entendia o que seu amigo queria dizer. Vivera toda sua vida em uma fazenda, protegido pelo amor familiar. Seria facilmente tragado pela maldade humana se dela não soubesse sorver o que lhe interessava no momento.

O dia ainda estava escuro quando partiram da cabana e Herrera pediu para que Beltrán escondesse sob as pedras próximas do pinheiro o sino que servia de alerta. Ficou claro que aquele seria sempre um bom local de fuga, onde poderiam voltar no futuro. Não demorou para que saíssem das encostas íngremes do rio e encontrassem uma estrada, onde puderam apressar o passo dos animais. No meio da manhã, chegaram na campina das pedras negras, o local preferido de pastoreio daquele jovem chamado Ramon, que gostava de olhar as estrelas nas noites sem lua da Extremadura. Não havia nenhum rebanho por perto e o capim estava bastante alto, o que sugeria que a fazenda estava descuidada, por isso apearam e deixaram seus dois cavalos, além dos outros quatro que antes pertenciam aos soldados, pastarem. A umidade do rio logo abaixo e as altas pedras ao redor das campinas dificultavam a formação de geadas, por isso o local mantinha capim em boa quantidade quando o inverno não era tão intenso.

Meia hora depois, Herrera montou novamente. Estavam a quinze quilômetros da sede da fazenda Esperança, consequentemente bastante próximos de Ciudad Rodrigo, então ele virou seu cavalo para oeste, onde uma trilha se abria além da campina e Beltrán sabia que por ela se chegaria a Aldea del Obispo, muito próximo da fronteira com Portugal.

— Estamos a dois quilômetros da casa de pedras, onde a família de Ramon morava – falou Beltrán, que agora se referia a Ramon como se fosse outra pessoa.

— Por que quer ir lá? Dizem que é um lugar amaldiçoado e povoado de fantasmas. Considerando o que aconteceu com a família dele, temos que concordar que é mesmo.

– E o senhor tem medo de maldições e fantasmas? Quero mesmo vê-los e assustá-los.

Beltrán não esperou pela resposta e galopou para o sul, beirando o rio. Herrera sabia que havia uma réstia de esperança de que Antônio Sandoval pudesse estar lá, como estava escrito no bilhete junto ao diadema. Mas ele sabia também que Antônio estava morto, porque acompanhara o auto de fé em Valladolid, e o vira queimar na fogueira. Porém, entendia que era justa a vontade do jovem e galopou atrás dele. Quando contornou uma curva da estrada que levava à casa, viu que Beltrán havia desmontado e estava ajoelhado, olhando para o chão de cascalho.

– O que há? – perguntou, e Beltrán apenas apontou para as marcas de cascos em um lugar onde o barranco fazia a sombra não deixar secar a estrada. Na terra úmida as marcas de muitas ferraduras eram fáceis de serem vistas.

Herrera desmontou do cavalo e os dois seguiram para a casa pelo capim da beira do caminho, onde os passos faziam menos barulho. Assim que fizeram a última curva puderam ver a casa a cerca de cem metros abaixo e, no meio do pátio de terra batida, um padre estava ajoelhado em frente a uma cruz fincada no chão.

Herrera soltou a tira de couro que prendia o punho da espada à bainha e os dois se aproximaram do padre, que não se incomodou com a presença deles, continuando na mesma posição, com os olhos fechados e os lábios recitando uma oração em voz baixa.

– O que aconteceu aqui, padre? – perguntou Herrera, mas o padre continuou ignorando-os, absorto em suas orações.

– Nós o chamávamos de Sancho – falou Beltrán, muito baixo, arqueando o corpo para se aproximar de Herrera. – Ele não é padre, embora se vista como um. Ele era mais conhecido como médico, ou curandeiro, e tratava tanto de pessoas como de bichos na fazenda. Não espere que ele seja muito sensato.

– A sensatez pode ser útil, mas nem sempre ajuda a curar as pessoas, Ramon – falou Sancho, ficando em pé de repente.

– Meu nome é Beltrán Girón, senhor – respondeu Beltrán, preocupado com o fato de o médico tê-lo reconhecido com tanta facilidade.

– Oh! Beltrán com a voz de Ramon, com os olhos de Ramon, com a alma de Ramon... – falou Sancho, gesticulando com as mãos e olhando ao redor enquanto falava. – Que bom que encontrou um novo corpo para se esconder, rapaz, depois que fugiu do cárcere da cidade... e depois de tudo que aconteceu com os Sandoval, fico feliz em vê-lo vivo e com saúde.

Sancho era baixo e entroncado, com uma longa barba grisalha chegando quase à barriga. As sobrancelhas excessivamente grossas cobriam seus olhos negros e ligeiros, que não paravam em lugar nenhum, e pouco cabelo restara em sua cabeça. O rosto era quadrado e a testa larga, sempre enrugada, como se estivesse constantemente preocupado com algum problema.

– O que aconteceu aqui? – voltou a perguntar Herrera.

– Não sei quem é o senhor, mas se está com Ramon não deve ser uma pessoa ruim. A não ser que o esteja levando preso.

– Não se preocupe, Sancho. Javier Herrera é um grande amigo, assim como o senhor também sempre foi amigo da minha família, mas gostaria que me chamasse de Beltrán.

– Ah! Sim... Beltrán... entendo... entendo... Nem precisa explicar, Ramon.... Beltrán – falou Sancho, sempre um pouco reticencioso e olhando para os lados, como se estivesse constantemente preocupado com a chegada de alguém.

– Agora pode nos dizer para quem estava rezando? – perguntou Beltrán, apeando do seu cavalo e parando na frente de Sancho.

– Fui arrancado de minha casa há quatro dias e desde então lutei pela vida dela... Beltrán – respondeu o médico, como se escolhesse as palavras.

– Dela? – perguntou Herrera, que também havia apeado do cavalo.

– Eu a acompanhava há três meses. O pai da criança foi me buscar porque estava preocupado, mas jurou me matar se eu contasse alguma coisa. Mas ela entrou em trabalho de parto antes do tempo e a criança não conseguia sair do ventre. Consegui salvar a criança e lutei pela vida da mãe por três dias, mas perdi... Ah! Senhor Deus! Até quando vou continuar perdendo?

– Quem eram eles? – perguntou Beltrán, cada vez mais aflito, e Sancho olhou para ele longamente antes de responder.

AMOR | 177

– Primeiro, ele fugiu para Ávila e esperou um tempo, depois veio para cá... As pessoas sempre tiveram medo de bruxas e fantasmas, por isso ninguém vinha aqui... Por isso ninguém a descobriu.

– Por favor, Sancho, por favor... – falou Beltrán, entendendo de quem ele estava falando.

– Venha, Ramon... ou Beltrán, ajoelhe-se comigo e vamos rezar por Maria Ana. Eu não consegui salvá-la, meu filho... Me perdoe...

Beltrán caiu de joelhos imediatamente, mas não por vontade própria. Suas pernas se dobraram pela dor que explodiu em seu peito e as deixou sem domínio, enquanto um esgar, ou um gemido, ou um grito reprimido, escapava de sua boca. Toda paixão reprimida que sempre sentira por Maria Ana procurava uma maneira de sair de dentro dele, de repente, em um só movimento. Herrera esperou que a emoção de Beltrán explodisse, para depois se aproximar e colocar a mão no ombro dele, sem dizer palavras, enquanto Sancho se ajoelhava novamente na frente da cruz, para depois falar:

– Ele partiu levando a criança hoje muito cedo e pediu para que eu a enterrasse aqui. Eu não contei a ele o verdadeiro motivo de a criança nascer antes do tempo...

– Ele quem, senhor Sancho? – perguntou Herrera, embora já soubesse a resposta.

– El *tenebroso*, senhor... Ele faz jus à alcunha... Juan Carillo não poderia ser chamado de outra maneira. Mas parecia que estava sofrendo e, mesmo sem saber direito o que fazer, partiu com a filha tão logo clareou o dia. Ele escondeu Maria Ana aqui onde ninguém vem, todo este tempo... coitada, ainda tinha marcas das cordas nos tornozelos e nos pulsos...

– E porque a criança nasceu antes do tempo? – perguntou Herrera, tentando poupar Beltrán de informações ainda mais duras, sem ter ideia do que iria ouvir.

– Ela me contou... Carillo não sabia... Ele foi atrás de mantimentos e ela ficou sozinha, amarrada. – Sancho falava de maneira entrecortada e sempre agitando as mãos. – Então o senhor Steban e o filho chegaram... parece que estavam caçando, e a encontraram. Ela me disse que Steban ficou louco quando a viu grávida... louco... louco...

Beltrán havia ficado em pé, enquanto Sancho explicava e parecia que uma tempestade sairia de dentro dele a qualquer momento. Sua respiração estava ofegante e os dentes trincados, com a musculatura do rosto visivelmente contraída.

– O que eles fizeram? – perguntou Beltrán, diante da demora de Sancho em continuar.

– Eles a maltrataram, meu filho... a violentaram... os dois... e devem ter fugido quando ela desmaiou... Ela não ia contar, estava com vergonha... mas eu sou médico... Eles estiveram novamente aqui hoje, depois de Carillo partir. Vieram com soldados, creio que queriam prendê-lo, ou matá-lo. Foram embora e nem me ajudaram a cavar a sepultura... O senhor Steban disse que vou ser preso por não ter contado que estavam aqui.

– Creio que não seja necessário mais explicações, Sancho – falou Herrera. O que sabiam já era o suficiente e irremediável.

Herrera parou na frente de Beltrán e segurou seus ombros com as duas mãos, olhando-o bem de perto nos olhos. Havia dor e ódio no olhar que encontrou, como se fossem chamas alimentadas pela realidade que acabavam de presenciar.

– Eu não sabia que ela estava aqui, Beltrán. Ninguém imaginou que Carillo arriscaria a se esconder tão perto.

– Ele pagará...

– Todos pagarão.

– Eu não quero esperar... Não posso esperar.

– Não vai ser fácil encontrar Carillo. Ele tem uma boa dianteira e sabe se esconder.

– Carillo não a matou sozinho – falou Beltrán, com Herrera ainda olhando duramente em seus olhos, e este entendeu o que ele queria dizer. Os olhos de Herrera se agitaram, e ele virou para Sancho e disse:

– O senhor fez o que era possível e não há mais nada para fazer aqui, Sancho. Mas pode nos fazer um favor, ainda assim.

– Um favor? – perguntou o médico, ainda olhando para a sepultura de Maria Ana.

– Ou um serviço. Pagaremos por ele.

– O que quer, senhor?

– Faça chegar aos ouvidos de Steban que Carillo voltou.

Sancho ficou olhando para Herrera, com seus olhos rápidos se fixando e se desviando do olhar deste. Sabia o que ele pretendia e gostou da ideia. Muitas vezes o filho do generoso dom Osório fora estúpido com ele, mesmo antes de o pai ser levado preso. Além do mais, era mais um dos que se indignaram com o destino de dom Osório, dos Sandoval, e a morte de Maria Ana ainda ardia dentro dele.

– Ele virá com uma tropa, senhor Herrera. Todos temem *El tenebroso*. Mesmo que a ruína financeira esteja abatendo Steban, sempre tem homens que se vendem por ninharias. Não será perigoso para os senhores?

– Apenas faça o que eu pedi, Sancho – falou Herrera, tirando uma moeda de ouro do alforje e colocando-a na mão de médico.

– Não preciso de pagamento para fazer isso, senhor – protestou Sancho, mas Herrera fechou seus dedos sobre a moeda e apenas sorriu, deixando claro que respeitava a atitude do médico, mas que não pegaria a moeda de volta.

Para que o médico não demorasse, Herrera fez com que ele usasse um dos cavalos que sobravam. Logo que Sancho partiu, levou os outros cavalos para o pequeno estábulo atrás da casa e começou a analisar a área ao redor, levando Beltrán com ele.

– Eles virão logo, Beltrán. Creio que ao amanhecer estarão aqui...

# CAPÍTULO 24

Steban e Murilo, seu filho, chegaram com mais cinco homens, nenhum deles conhecido de Beltrán. Não vieram no primeiro dia, mas sim no seguinte, logo que amanheceu. Dois dos homens traziam arcabuzes já prontos para serem disparados, o que demonstrava o grande medo que tinham de Carillo. Os cavalos estavam suados e ofegantes, fazendo com que o ar quente de suas narinas virassem vapor na manhã fria de abril. Diante da superioridade, não chegaram com cautela, e tão logo frearam seus cavalos, três homens saltaram de suas selas e invadiram a casa, chutando a porta de entrada, mas logo voltaram, por não terem encontrado ninguém.

Beltrán estava escondido atrás de uma pedra chata e larga, na colina que se erguia além do pátio da frente da casa, a cinquenta metros do grupo. Dez flechas estavam dispostas ordenadamente sobre a pedra, e a mão direita segurava o arco com tanta força que a ponta dos dedos começava a amortecer. Quando os soldados que haviam entrado na casa se preparavam para montar novamente, Herrera apareceu pela porta da frente, causando espanto em todos. Ele vinha desarmado e com as mãos erguidas, mas ainda assim a agitação dos cavaleiros foi grande, o que demonstrava que não eram soldados treinados, mas sim mercenários ocasionais contratados por Steban. Ciudad Rodrigo, pela sua situação de fronteira, sempre mantivera um contingente grande destes homens para guardar suas muralhas.

Beltrán não conseguia ouvir o que conversavam, mas via que os mesmo soldados que haviam invadido a casa agora cercavam Herrera com suas espadas apontadas para ele, enquanto que Steban, também desmontado, fazia perguntas. Os homens que empunhavam arcabuzes estavam montados, com as armas também apontadas para Herrera. Os movimentos das mãos de Herrera davam a entender que ele não sabia as respostas, e Beltrán esperava o gesto certo dele para começar. Então Herrera colocou as duas mãos na cabeça.

A primeira flecha atingiu Murilo pelas costas e demorou para que os outros entendessem o que estava acontecendo. Somente quando ele caiu no chão mais flechas chegaram e os outros dois homens montados, que empunhavam os arcabuzes, também caíram de suas selas, sem conseguirem disparar. Steban gritou em desespero ao entender o que tinha acontecido com o filho, enquanto que dois soldados que cercavam Herrera o atacaram, pensando que o pegariam desarmado, mas o velho soldado havia escondido sua espada sobre a viga de madeira da varanda da casa de pedras e bastou um pulo para apanhá-la. O terceiro soldado tentou fugir, montando seu cavalo, e ainda conseguiu se afastar da casa uma boa distância, mas o som fino de uma flecha cortando o ar deu a ele o mesmo destino dos companheiros.

Em poucos minutos somente Steban de Cuellar estava vivo, ajoelhado e gritando ao lado do filho, em total desespero. Beltrán e Herrera o cercaram, mas nada fizeram a princípio, porque parecia que a loucura havia tomado conta do filho de dom Osório. Depois de alguns minutos, Steban sacou a espada de Murilo que ainda estava em sua cintura e atacou Herrera, mas sem nenhuma habilidade, e sua espada voou para longe rapidamente. Somente com uma lâmina afiada muito próxima de sua garganta é que ele silenciou e caiu ajoelhado.

– Quem são vocês? O que querem de mim? – perguntou, afinal.

Então Beltrán empurrou Herrera para o lado e parou na frente de Steban, que ficou olhando para ele, ainda sem saber o que estava acontecendo. Pessoas como Steban conseguem viver sem culpa, ou atribuindo a culpa por qualquer erro aos outros, por isso não passava por sua cabeça que alguém tivesse algum motivo para lhe causar tamanha dor. Tudo o que havia feito em sua vida tinha seus justos motivos, mas, embora pensando assim, perguntou novamente:

– Quem os contratou? Por que fizeram isso com meu filho? Já não tiraram tudo o que eu tinha? Por que querem me matar?

– Não queremos matá-lo, senhor Steban de Cuellar – falou Beltrán.

– Então por que fizeram isso? – perguntou Steban, abrindo os braços e olhando ao redor.

– Nós não fizemos nada, senhor. Nós somos apenas o instrumento da justiça devolvendo a mesma dor que causou nas pessoas de bem, como seu pai, como a padre Ramiro... como a Antônio e Pilar... e Maria Ana... todos mortos por sua causa.

Quando Beltrán falou os nomes da sua família, mas não falou em Ramon, Steban olhou para ele e assustou-se, recuando como se tivesse visto um fantasma.

– Eu não fiz nada – falou. – Eu somente cumpri as ordens da igreja, nada mais... Eu queria protegê-los, Ramon, mas o que eu podia fazer?

Meu nome é Beltrán Girón, senhor, e não sei de quem está falando. Não queremos matá-lo. Não é para isso que estamos aqui – falou Beltrán, causando espanto em Herrera, que olhou para ele estranhando suas palavras.

– E o que querem de mim, agora que mataram meu filho?

– Queremos que volte para casa e reconstrua sua vida sobre a dor da morte do seu filho, sabendo que a qualquer momento podemos aparecer, como hoje, para resgatarmos mais alguns dos seus erros. Agora vá, senhor Steban de Cuellar, antes que eu mude de ideia.

Steban ficou ainda olhando por mais um tempo para o filho morto arrojado ao chão, para depois se levantar e tentar montar seu cavalo, mas Beltrán espantou o animal para longe.

– Irá caminhando, para ter tempo de refletir.

Herrera não estava satisfeito com a decisão de Beltrán, e tão logo Steban sumiu na curva do caminho, falou:

– Ele sabe quem você é e avisará a guarda de Ciudad Rodrigo. Deveria tê-lo matado.

– Com a morte acabaria sua dor e ele precisa sofrer como nos fez sofrer, senhor. Estou aqui para distribuir a dor e não para acabar com ela. Agora vamos embora, nada mais nos prende aqui. Ele vai demorar a chegar à casa do primeiro colono e, quando os guardas chegarem, já estaremos em Portugal.

Em poucos minutos, os dois já haviam reunido todos os cavalos, agora uma tropa, e preparavam-se para partir, quando Sancho apareceu na estrada.

– Vocês o deixaram vivo, então não posso mais ficar aqui. Ele já havia me ameaçado de prender antes...
– E o que quer que façamos? – perguntou Herrera.
– A moeda que me deu pode comprar comida por muitos dias... e tenho este cavalo, se me emprestarem por um tempo. Vou com vocês até encontrar um lugar onde possa trabalhar como médico... longe daqui.

– Javier Herrera! – falou padre Godoy. A noite de primavera já tinha invadido a madrugada quando o espírito parou de falar. Embora o inverno rigoroso tivesse acabado, a noite ainda estava fria e a lareira produzia um calor aconchegante.
– A seu pedido, estou lhe poupando o quanto posso, mas nunca disse que seria uma história feliz.
– Se naquele tempo o senhor pensava que a felicidade poderia vir com a vingança, realmente não haverá nada feliz nessa história, Herrera. Mas não o estou recriminando. É difícil ter piedade ou comiseração das pessoas que os feriram com tanta crueldade, reconheço. Ouvindo-o, há momentos em que chego a concordar com a vingança... Por Deus!
– Se formos buscar no tempo, padre, encontraremos motivos para termos sofrido desta forma. O longo tempo que ficou para trás está repleto das vilanias que cometemos. Ação e reação, como sempre.
– Ódio gera ódio, amor gera amor. Parece tão simples, não é? Quando o senhor voltará a falar daquele outro frade, o do começo, que estava apaixonado por Isabelita?
– Ah! Vejo que se interessou por Alfonso... ficou curioso. Nem poderia ser diferente – falou Herrera, com um sorriso discreto, mas ainda envolto nas emoções pesadas que o passado lhe trazia.
– Acho melhor não me dar muitas explicações sobre ele, só queria saber quando ele aparecerá novamente.
– Na minha próxima visita falaremos de Alfonso Borges, padre. Nossa história vai continuar vinte e três anos depois do que acabo de lhe contar. Voltaremos para a fazenda Sant'Ana, exatamente no dia seguinte

em que Alfonso descobriu que o que sentia por Isabelita estava muito além do seu controle. Muitas coisas aconteceram nestes vinte e três anos, muita coisa, mas não tenho tanto tempo assim para contar. Logo precisarei seguir meu destino e o senhor saberá o motivo de estar tendo o privilégio cármico de saber de todo o meu passado, o seu passado, o nosso passado. Saberá dos compromissos que assumiu em me ajudar.

– Quer me assustar, meu amigo? Meu tempo nesta vida está no fim. Não sei...

– Ah! Caro padre, ainda tem um bom tempo pela frente, o suficiente para o que preciso. Sei que muitas vezes já pensou que deixar esse corpo, que tanta dor lhe causa, seria uma boa opção, mas acredito que, com o que já lhe contei, não tenha dificuldade em saber das ações que um dia praticou para que a reação agora seja esse olho perdido, essa perna atrofiada, essa dor diária na coluna...

– É claro que sim – interrompeu Godoy. – Mas gostaria que continuasse omitindo detalhes mais crus. É muito difícil me imaginar como inquisidor.

– Ah! Está enganado. Nesta vida que relato não foi inquisidor, embora tenha sido em outra, entre os cátaros, dos quais já lhe falei. Nesta já trazia em si uma relativa revolta contra os métodos do tribunal do santo ofício, o que não deixou de ser sua perdição, além da paixão por Isabelita. Entre os cátaros, mesmo que contra eles, começou a aprender que existem outras alternativas religiosas.

– Mas, se não torturei hereges, por que meu corpo hoje sofre? – perguntou Godoy, na sua maneira ainda simples de entender os mecanismos de ação e reação.

– Não nesta, mas entre os cátaros sim. Além do mais, nesta que lhe relato, o senhor não esticou corpos no balcão, mas também não evitou que outros fizessem isso, com pessoas bem próximas. A consciência registra...

– Está bem, Herrera – interrompeu o padre. – Creio que é melhor continuar ouvindo sua história e aprender aos poucos o que preciso. Então vamos saltar vinte e três anos no tempo e reencontrar Alfonso e Isabelita? Agora?

– Agora não, padre, mas voltarei em breve. Como disse, meu tempo está acabando. Da próxima vez virei com mais tempo.

# CAPÍTULO 25

*Fazenda Sant'Ana, Salamanca, abril de 1533.
Vinte e três anos depois.*

Juan Carillo estava sentado sobre uma pedra forrada com pele de ovelha, nos fundos da casa do irmão, sob o sol cálido da manhã de abril. Trazia ainda uma espada na cintura e colocava ao seu lado o velho arcabuz, mas sabia que teria muita dificuldade em usar estas armas. Uma fratura na perna devido a uma queda de cavalo e um ferimento profundo na virilha, onde uma espada penetrou profundamente, deixara sua perna esquerda quase sem movimentos e não podia mais montar, o que para ele era um castigo injusto de Deus. Quando aconteceu o acidente, havia acabado de cruzar o mar em Gibraltar, depois de negociar cavalos adquiridos de forma espúria, e fora surpreendido por uma emboscada de bandoleiros que queriam vingança, por terem sido vítimas da sua forma desonesta de agir. Ele conseguiu fugir, mas com a perna quebrada e a virilha perfurada. Os bandoleiros que o atacaram, vendo sua situação, não se incomodaram em deixá-lo fugir, porque queriam que ele morresse aos poucos, imaginando que não conseguiria sobreviver aos ferimentos. Mas ele sobreviveu. Escondeu-se em Málaga até conseguir andar novamente, porém, montar tornou-se um martírio. Os ossos haviam soldado fora de posição e sua perna perdeu a mobilidade, além de doer sobremaneira caso fosse forçada, e o ferimento da virilha, mesmo que cicatrizado, causava-lhe dores atrozes e inesperadas, mesmo com pequenos movimentos. Somente um dos mercenários do seu grupo conseguiu sobreviver e o trouxe até Salamanca, onde poderia contar com a bondade do irmão e de Isabelita. Assim chegou na fazenda Sant'Ana, trazido pelo único companheiro que se manteve fiel, Joaquim, que no passado fora tantas vezes humilhado por ele. Chegou em uma carroça de carga, quase como um indigente, e foi abrigado pelo irmão, sendo que Joaquim integrou-se à guarda de André de Alunes e Borges, filho de Camillo e Tereza, e agora o homem que comandava a fazenda. Joaquim não conseguia mais usar a mão direita para segurar a espada, mas aprendera a se defender bem com a esquerda.

Quando a idade pesou em sua consciência, Carillo começou a pensar em Deus, como se tentasse com Ele uma barganha em prol de uma velhice tranquila. Antes do acidente, e como se julgava uma pessoa rica, ofereceu missas, doou para a igreja, mas nunca considerou a possibilidade de ter cometido erros no passado. Então Deus, a quem tinha tanto contribuído, fora injusto e o havia traído. Estava com cinquenta e nove ou sessenta anos, não tinha certeza, mas sabia que poucos soldados sobreviviam tanto em tempos tão duros e de tantos conflitos, mas não esperava se tornar um velho quase inválido, que as pessoas ainda tinham medo de se aproximar, mas que qualquer inimigo do passado poderia lhe transpassar a espada sem que oferecesse resistência.

Quando o sol da manhã começava a suplantar o frio que a geada deixara nos campos e Carillo pensava em procurar a sombra de um sobreiro próximo, viu que pelo caminho que subia do Tormes vinha caminhando um frade, usando um hábito puído de dominicano. Sabia quem era e não gostava daquela presença.

– Bom-dia, senhor Juan Carillo! – saudou o frade de faces bronzeadas e olhos escuros escondidos sobre o capuz de tecidos sobrepostos, branco e marrom, que o tempo tornara quase de uma só cor.

– O que há de bom em mais um dia, Diogo Martínez?

– Nunca vai conseguir me chamar de senhor, não é? Respeito não faz parte da sua vida, velho mercenário. Eu deveria fazê-lo se ajoelhar e beijar minha mão... Ainda não sei porque o salvei das celas do santo ofício quando era jovem.

– Porque eu não tinha feito nada de errado e você sabia disso.

– E quantos que são presos pelo tribunal fizeram alguma coisa errada?

AMOR | 187

– O que o traz novamente à fazenda Sant'Ana? Ainda consegue matar a sede na fonte seca de dona Tereza de Almada e Borges? Ela ainda se veste de luto todo dia, Diogo, para lembrar do ódio que sente. Diogo Martínez ficou olhando para Carillo com seu conhecido sorriso de desprezo e cinismo contraindo o canto dos lábios. O soldado havia desaparecido em Ávila no passado, quando havia roubado Maria Ana, e teve poucas notícias dele por alguns anos, até que apareceu novamente para morar com o irmão e reativaram suas artimanhas de enriquecimento através da denúncia ao tribunal do santo ofício, que estava ainda mais operante nos reinos da Espanha. Há cerca de cinco anos havia desaparecido novamente e, quando voltou, estava doente, pobre e aleijado, assaltado por bandoleiros. Diogo era um pouco mais novo do que Carillo, mas, além disso, o peso dos anos o castigara menos, embora as têmporas brancas denunciassem sua idade. Sentira a ausência do soldado em diversas situações e aqueles que colocara na sua posição nunca tiveram a mesma tenacidade. Agora não podia mais contar com suas habilidades e tinha pouca paciência com sua irritação constante, mas ele era irmão de Tiago, que, por sua vez, era pai de Isabelita. Embora a idade de Diogo, uma mulher bonita ainda castigava sua alma, por isso ele procurava ter paciência.

– Como vai sua sobrinha, senhor zangado?

– Se ela se mantiver longe dos padres ou de pessoas como você, estará sempre bem – respondeu Carillo, sem olhar para Diogo. O último padre que se meteu a galanteador foi encontrado morto no Tormes.

– Quando eu soube da morte de frei Euzébio, alguma coisa me dizia que ela tinha alguma relação com *El tenebroso*. Como conseguiu isso estando aleijado? – perguntou Diogo, sem se impressionar com o que acabara de ouvir.

– Não é de sua conta – respondeu secamente Carillo.

– Que eu saiba, frei Alfonso Borges está na fazenda – falou Diogo. – Não será fácil para ela manter-se longe dos padres com ele por perto. Vai matar mais um?

– Quantos forem necessário – falou rispidamente o soldado.

– E quem é este novo arrendatário, chamado Beltrán? Já esteve com ele? – perguntou o dominicano, mudando repentinamente de assunto.

188 | Mauro Camargo

– Ouvi falar... – respondeu Carillo, depois de algum tempo de silêncio, como se não tivesse intenção de responder. – Contratou meu irmão para aumentar a casa e andou conversando demais com Isabelita, mas não o vi de perto ainda e não me interessa saber quem é...

– Já está trabalhando faz alguns meses na fazenda...

– Que interesse tem nele? É rico, por acaso, para interessar ao tribunal?

– Só uma curiosidade, nada mais – respondeu Diogo, começando a se afastar de Carillo. – Recebi uma carta anônima dizendo que pessoas do meu passado estavam escondidas na fazenda Sant'Ana e que seria bom eu me cuidar. Seria interessante sabermos quem são. Gosto de conhecer as pessoas que nos rodeiam e isso seria também prudente para você, que agora está aleijado e sem poder se defender, embora possa matar padres. Estive a serviço do rei, em Valladolid, por alguns meses e preciso colher todas as informações disponíveis agora. Talvez para isso *El tenebroso* ainda possa servir... – falou o padre, de costas, andando na direção da casa dos Borges. Quando estava a mais de vinte metros, virou novamente e perguntou: – Sabe onde posso encontrar frei Alfonso?

Carillo apenas deu de ombros, sem olhar para Diogo, deixando claro que não iria responder. Quando perguntavam para ele o motivo de ser tão ranzinza, gostava de responder que nunca fora gentil quando jovem, então não tinha motivos para ser um velho gentil. Nem com o irmão que o sustentava conseguia ser menos azedo, porém, sua alma sempre tão dura amolecia rapidamente quando a sobrinha estava por perto. Isabelita era a única pessoa que conseguia arrancar dele um sutil olhar de bondade, quando não algum sorriso fortuito. Saber que alguém do passado de Diogo estava por perto poderia ser um problema para ele também e, apesar de não ter demonstrado, ficara preocupado com aquela informação.

O frade Diogo Martínez foi recebido com frieza pela senhora Tereza de Almada e Borges e com efusão pelo seu filho André, que sempre era muito curioso sobre as novidades da corte do rei Carlos, onde Diogo transitava com bastante assiduidade. Enquanto dona Tereza se retirava discretamente, André gritava por uma boa garrafa de vinho e levava o frade para seu escritório, onde a lareira ainda espalhava um calor aconchegante.

– Que boa surpresa! Eu esperava pela vinda de outro primo para estes dias e não a sua. Alfonso mandou uma carta avisando que chegará em breve – falou André, não deixando a criada da casa servir o vinho e ele mesmo abastecendo as duas taças. André era muito parecido com o pai, Camillo: alto, forte, rosto largo, de olhos negros e ariscos, com a testa sempre um pouco enrugada e cabelos precocemente grisalhos para os seus quarenta e um anos. Camillo também havia sido um jovem devasso até encontrar o amor nos braços de Tereza de Almada, por isso a mãe procurava entender o temperamento do filho.

– Pensei que ele tivesse passado a noite aqui – falou Diogo. – Agustín de Cazalla me disse que passou pela cidade ontem e veio para a fazenda antes do anoitecer.

– Aqui não chegou, o que não deixa de ser uma boa notícia. Mas, conte-me, o que o traz à Salamanca? – interveio, sem dar atenção à preocupação de Diogo com Alfonso.

– Nada de especial, senhor André. Apenas vim ver como anda a construção da nova catedral e visitar alguns velhos conhecidos.

– Diogo Martínez fazendo visitas de cortesia? É difícil de acreditar.

– Mas é verdade, embora o bispo de Valladolid tenha me encarregado de algumas funções menores neste tempo. A ociosidade é um pecado aos olhos de Deus, mas um pouco de descanso sempre é necessário. Os últimos anos em Valladolid foram bastante cansativos. A heresia requer atenção constante contra suas artimanhas, que podem levar os incautos a perigosos descaminhos. Alguns dizem que o tribunal do santo ofício é exagerado, mas o que seria do reino se não zelássemos tanto pela fé?

– Ah! Com certeza ainda estaríamos nas mãos da usura! Mas eu não posso deixar de lembrar que meu pai foi preso injustamente pelo tribunal...

– Mas nunca foi condenado. Quem é inocente nunca terá nada a temer, meu primo. O infortúnio fez seu pai desaparecer depois de ser libertado sem que jamais pudéssemos descobrir o que aconteceu com ele, mas o tribunal nunca foi responsável por isso – falou Diogo, sabendo que André estava em Salamanca para receber o pai quando este saísse do cárcere, mas embebedou-se durante a noite e dormiu até a metade do dia seguinte.

– É o que eu acredito – falou André, olhando para o vinho que sobrou na taça que acabara de beber. – Meu pai sempre foi intempestivo, todos sabemos, e isso fez com que tivesse muitos inimigos. Qualquer um deles poderia tê-lo denunciado ao tribunal ou mesmo o atacado quando foi solto. Não temos como saber...

Diogo Martínez olhava atentamente para André de Alunes e Borges enquanto este falava. Sabia que o primo nunca sentira realmente a falta do pai e apenas usou o argumento de sua ausência para usufruir de uma vida dissipada enquanto pôde. Sabia também que somente o coração o fez considerar a hipótese de abandonar as tabernas e prostíbulos, onde era mais conhecido como um bêbado inútil do que como filho de um Borges. Maria del Mar e Toledo apareceu em sua vida como uma tempestade, quando ele e a mãe estiveram em Valladolid a pedido do rei, que queria mais informações sobre o desaparecimento do pai, dom Camillo de Alunes e Borges. Tentou seduzi-la das mais diversas formas, até entender que ela não era como as mulheres às quais estava acostumado e que precisaria desposá-la para tê-la em seu quarto.

Diogo estranhava também a indiferença de André aos boatos que corriam sobre a relação dele com sua mãe. Era como se nunca tivesse ouvido nada a respeito, mas o assunto fora muito comentado, tanto entre serviçais da casa, quanto nas tabernas por onde ele andava. Uma das serviçais havia visto mais de perto o que ocorria e deu um pouco de trabalho para Diogo, principalmente devido a sua língua solta. Na verdade, André sempre demonstrou um profundo desinteresse a tudo que não fosse sua vontade mais próxima, o que não deixava de ser um traço característico dos Borges vindos de Zamora. Mesmo agora, seu interesse na fazenda era mais um motivo para ficar fora de casa do que uma busca por riqueza, que, por sinal, já era bem grande. A pretexto de negociar os produtos da fazenda, ia atrás dos compradores, invertendo a lógica, mas aproveitando-se para voltar às suas noitadas em tabernas suspeitas da região.

– Nós tivemos outro tio que também foi acusado de judaizar em Ciudad Rodrigo, não é mesmo? – perguntou de supetão André, causando um estremecimento em Diogo, que se distraía em suas abstrações sobre a personalidade do primo, sempre pensando em tirar mais proveito de sua acuidade em desvendar as pessoas.

– Ah! Sim. Pobre dom Osório de Cuellar! Mas ele não era tão inocente, como o tribunal acabou descobrindo. Sempre foi por demais simpático a Erasmo de Roterdã e outras ideias perniciosas, como a dos *allumbrados*...

– Tio Osório deu ouvido a esses fanáticos? – perguntou André, parecendo ficar repentinamente surpreso.

– Sim, sim... talvez por ingenuidade, não sei. Talvez tenha sido levado a isso por um padre chamado Ramiro, seu amigo. Foi condenado pelo tribunal, mas morreu no cárcere, em Valladolid, antes de ser levado para a purificação. Mas seus inquisidores foram bondosos e queimaram seu corpo mesmo assim, para que sua alma possa estar pura na eternidade.

– E nosso primo Steban também não é dado a heresias? – perguntou André.

– Steban? Coitado de Steban! Não sabe o que aconteceu a ele?

– Soube que caiu numa tocaia de malfeitores e perdeu o filho mais velho, mas isso já faz muito tempo. Foi na época em que meu pai estava preso... eu ainda era bastante jovem... – comentou André, como se vasculhasse informações na memória.

– Foi um pouco depois de dom Camillo desaparecer, mas não foi só isso. Depois da morte do filho mais velho, caiu em desespero e achava que estava sendo constantemente perseguido. Dizia que um antigo capataz da fazenda, também condenado pelo tribunal, o assombrava. De tanto medo que tinha, acabou se envolvendo com feitiços para afastar os mortos e o novo padre da cidade foi obrigado a denunciá-lo, porém, antes de ser preso, acabou tirando a própria vida. Sua esposa disse que enlouqueceu depois de ter visto o filho do capataz montando um alazão em uma noite de lua cheia, galopando ao redor da casa. É definitivamente, uma família onde habita a desgraça...

– Não foi esse capataz que ficou famoso por ter roubado a sobrinha do duque de Medina-Sidonia? – perguntou André, mais uma vez olhando para o vinho dentro da taça, como se não tivesse muito interesse naquilo que falava. Para uma pessoa desinteressada, o primo estava bastante bem informado, pensou Diogo.

– Sim, Antônio Sandoval era o nome que usava, sendo que seu verdadeiro nome era Oscar Terenzuella, mas também era um herege. O tribunal descobriu que ele adotou o filho de um judeu que fugia para Portugal e que permitia a esse filho seguir a antiga religião, mesmo depois de ter sido batizado como católico. Foi o padre Ramiro quem o batizou, então não fica tão estranho. Porém, também se descobriu que Antônio Sandoval tinha ligações com Pedro Ruiz de Alcaraz, o herege que difundia as ideias dos *allumbrados*. Eu mesmo participei da fase final do seu julgamento e posterior purificação de sua alma em um auto de fé.

– Soubemos que foi o primo quem descobriu que o casal se escondia nas terras de dom Osório de Cuellar, sem que ninguém soubesse de suas verdadeiras identidades.

– O senhor me parece uma pessoa bastante informada – comentou Diogo, estranhando o fato do primo abordar assuntos que antes nunca tivera interesse.

– Ah! Talvez seja a idade ou a necessidade de ter o que pensar nesta vida monótona de fazendeiro. Mas isso aconteceu há mais de vinte anos, não é uma informação nada recente e, além do mais, na época a notícia se espalhou como plumas no vento e era falada em todas as tabernas que eu infelizmente tinha o hábito de frequentar. Mas a família do duque ficou em dívida com o senhor...

– Dívida nenhuma, meu primo, apenas cumpri meu dever. Eu havia sido designado para investigar as denúncias feitas contra meu tio e ficara feliz com a possibilidade de protegê-lo, o que não consegui fazer, infelizmente, e, por acaso, descobri a sobrinha do duque, que era como uma filha para ele.

– E por onde anda ela agora?

– Parece que ela se contaminou com o destino das pessoas que moravam na fazenda Esperança, de dom Osório. Tão logo chegou a Sevilha, levada pelo irmão que se mantinha fiel ao novo duque, morreu de forma sinistra. Foi encontrada morta em seu quarto e suspeitam que tenha conseguido comprar veneno com alguma criada para tirar a própria vida.

– Por Deus! Disso eu não sabia. Espero não precisar me envolver com ninguém que tenha morado nessa fazenda.

– Só que a tragédia não termina por aí. Tomás Urraco de Guzmán, o irmão da senhora Pilar Sandoval, que na verdade era Consuelo Urraco de Guzmán, manteve um relacionamento sempre muito passional com a esposa, extremamente ciumenta. Houve boatos até de que fora ela quem envenenou a cunhada, tomada de ciúmes, mas nunca foi confirmado. Essas coisas jamais são confirmadas. Mesmo assim, os dois se mantiveram juntos, entre muitas brigas, até cerca de três anos atrás, quando o marido enlouqueceu e matou a esposa, tirando a vida logo em seguida. Ninguém ficou sabendo dos verdadeiros motivos, mas também correram boatos de que Sônia, a esposa, havia traído o marido com um aventureiro rico, um comerciante de sedas. O mais curioso é que foi encontrado na cabeça de Sônia o mesmo diadema que pertencia à Consuelo, irmã de Tomas, pelo qual fora acusada de roubo quando fugiu com o comandante da guarda do tio. Tudo muito estranho. O fato causou muitos comentários e atiçou os místicos e supersticiosos...

– Creio que devo me afastar do senhor, meu primo, pois esteve envolvido com toda essa gente. Será que alguma desgraça não pode também alcançá-lo?

– Tenho a impressão de que as desgraças em torno da fazenda Esperança terminaram, ao menos eu espero – respondeu Diogo, com seu sorriso cínico de canto de lábio.

– Assim eu também espero, senhor, porque a paz tem reinado na fazenda Sant'Ana. A tragédia da perda de dom Camillo no passado talvez já tenha purgado todos os nossos pecados.

– Mesmo assim é prudente não ter dívidas com Deus. Soube pelo padre Agustín que tem colaborado bastante com a construção da nova catedral...

– ...e espero que Deus esteja atento a isso, afinal, estou ajudando a construir uma linda casa para Ele. Quando dom Camillo estava preso, minha mãe ampliou e enriqueceu nossa capela; agora, ajudamos com a catedral.

– Ele está atento a tudo, senhor. Não há uma folha que caia sem que Ele saiba. Não há uma conversa que Ele não ouça, ou mesmo um livro qualquer que tenhamos lido não fica sem sua atenção – falou o dominicano, de olhos cravados nas reações do primo.

– Ou que os dominicanos e franciscanos também não saibam – comentou com um sorriso André, parecendo não se incomodar com as evidentes insinuações do frade. Logo em seguida, acrescentou:

– Por falar nisso, não me falou sobre as funções menores que o bispo o encarregou.

– Nem o senhor me falou se conseguiu controlar as leituras de sua amada esposa, a senhora Maria del Mar – falou Diogo, com uma entonação um pouco mais baixa, como se as paredes pudessem ouvir.

– Que leituras, primo Diogo? Nunca houve nesta casa nenhuma leitura que não fosse as recomendadas pela igreja. Aqui ideias estranhas, como as de Erasmo ou Lutero, nunca tiveram espaço, por isso prefiro que o senhor me conte sobre as funções menores que o bispo o encarregou a ficarmos falando de assuntos sem fundamento – respondeu André, também com a voz mais baixa, o que era um sacrifício para ele, com sua voz poderosa.

– Ah! Nada de muita importância – respondeu Diogo, agitando a mão com algum desdém. – Meu primo deve ter ouvido falar da morte dos irmãos Cordellos, aqui em Salamanca.

– Como não! Ficamos todos abalados. Eram pessoas de bem, católicos fervorosos e negociantes honestos. Enriqueceram com o suor do próprio trabalho. Tinham fama de serem um pouco avarentos, mas nunca deixaram de cumprir seus compromissos. Qual o interesse do bispo na morte deles?

– Como eu disse, nada de muito importante. A família Cordello sempre foi muito fiel à igreja e ajudaram a descobrir muitos convertidos que judaizavam. Suas denúncias sempre foram bem aceitas pelo tribunal e é nosso dever proteger aqueles que nos ajudam.

– O bispo acredita que pode ter sido alguma vingança?

– Como podemos saber? Por isso vou aproveitar meu descanso para fazer algumas perguntas na região. Investigar os remanescentes das famílias que foram acusadas, descobrir se há pessoas novas morando na cidade... coisas assim – respondeu Diogo, sem mencionar a carta anônima que recebera.

– Na fazenda temos pessoas novas, meu primo – falou André, aumentando o interesse na presença do primo, depois de tê-lo sondado por toda a conversa sobre seu apetite de investigar pessoas suspeitas.

– Quem são?

– São trabalhadores do campo que arrendaram uma parte pouco produtiva e mais distantes das terras. Na verdade, apenas Beltrán

Girón, o mais jovem, pode realmente trabalhar. Ele cuida de um tio que é doente e bastante idoso...

– E como é o nome desse tio? – perguntou Diogo, interessado e interrompendo o primo, mas sem falar que já sabia da presença de Beltrán Girón na fazenda. Ele havia perguntado para várias pessoas, padres e do povo, sobre quem estava morando há pouco tempo na fazenda Sant'Ana, devido à carta, e não foi difícil chegar ao nome de Beltrán.

– Javier Herrera, e tem mais um velho com eles... um médico...

– Herrera? – perguntou o frade, em voz baixa, como se tivesse perguntado à sua própria memória. – Sabe o nome do médico?

– Sancho de Salunca... ao menos é o que está nos registros, mas nunca vi os dois velhos, que vivem reclusos na casa que arrendaram.

– Se o senhor não se importar, gostaria de visitá-los.

– Ah! Eu ia mesmo sugerir isso. Esse Beltrán não me deixa muito seguro e já ouvi alguns boatos estranhos sobre ele.

– Boatos? – perguntou Diogo, sempre interessado nesse tipo de informação.

– Deve ser apenas falatório dos criados, mas ouvi falar que ele se fecha nas sextas-feiras e só aparece quando o sol se põe no sábado – contou André, enquanto enchia novamente a taça dos dois de vinho, dando a entender que não se interessava pelo assunto, mas sabendo que caminhava por um terreno extremamente interessante para o inquisidor Diogo Martínez.

# CAPÍTULO 26

A casa de Tiago Carillo era a mais próxima da sede da fazenda Sant'Ana, mesmo assim Isabelita tinha pressa pelo caminho, depois de ter acordado antes do sol e deixado os serviços da casa bem encaminhados. Ainda estava com seus longos e ondulados cabelos negros soltos nas costas, mas precisava prendê-los antes de chegar à casa dos patrões. Seu rosto fino tinha as bochechas rosadas pelo frio, que fazia seus lábios, sempre um pouco entreabertos, ficarem contraídos, enquanto seus olhos negros apertavam-se por andar contra a brisa fria e cortante da manhã. Enquanto ela apressava o passo para cumprir suas funções junto às senhoras Borges, via que seu irritado tio levava uma pele de ovelha para a pedra onde gostava de sentar pela manhã nos dias de frio, mas não tinha tempo nem para trocar umas rápidas palavras com ele. Na verdade, havia evitado o pai e o tio logo pela manhã o quanto pôde para que não lhe fizessem perguntas que não gostaria de responder, embora pensasse que nenhum dos dois havia sentido a sua falta durante a noite.

Quando contornava o caminho de pedras justapostas ao redor do celeiro principal da fazenda, encontrou frei Alfonso parado no meio do caminho, como se a esperasse.

– Bom-dia! – falou Isabelita, com um sorriso um tanto forçado no rosto, porque, embora gostasse muito do frade, nos últimos dias todas as culpas do mundo pareciam pesar nas suas costas. – Pensamos que o senhor chegaria ontem. Dona Tereza mandou fazer um belo quarto de cordeiro para recebê-lo.

– Ah! Que lástima então por não ter conseguido chegar! Mas também o atraso me livrou do pecado da gula, porque a cozinheira de dona Tereza parece não se importar com os riscos que nos faz correr – falou o frade, com um sorriso discreto e olhando para baixo. O encontro de seus olhos com os olhos de Isabelita sempre foram uma delação involuntária e agora, principalmente agora, ele tinha ainda mais medo de se denunciar a ela, depois de tudo o que acontecera desde a tarde do dia anterior quando chegara na fazenda e sem querer descobrira que sua inocente amiga estava se relacionando com dois homens. – Mas não quero prendê-la, minha menina, vejo que está com pressa.

– Tenho certeza de que dona Tereza me perdoará se eu me atrasar por ter conversado um pouco com o senhor.

– Bem, então vou acompanhá-la até a casa e cumprimentar minha tia.

– Oh! Então o senhor está chegando agora e ainda não deve ter se alimentado. Vamos, me dará o prazer da sua companhia – falou Isabelita, oferecendo o braço ao frade para ser conduzida, enquanto Alfonso sentia o corpo todo tremer com o contato fugidio de seus corpos, mesmo que envoltos por tantos tecidos.

Alfonso a conhecia desde criança e a intimidade entre eles sempre fora além dos limites de um confessor, mesmo que dentro dos círculos do respeito mútuo. Porém, nunca como agora ele sentia tamanha tensão por estar ao lado dela. O coração batia forte e parecia que ela poderia ouvir seu descompasso, por isso procurou com alguma urgência manter a conversa, mesmo sem saber direito o que falar.

– Como está seu tio? Tem sentido menos dores na perna?

– O inverno o castiga, senhor, e seu humor consegue ficar ainda pior. Somente eu e meu pai temos paciência com ele.

– Cumprem com desvelo um dever cristão, Isabelita. Deus olha para todos os nossos atos, bons e maus.

– Espero realmente que esse ato bom possa diminuir um pouco o peso dos meus atos maus perante Deus – falou Isabelita, com uma seriedade desconhecida para o frade.

– Ah! Não creio que Deus tenha algum ato mau contabilizado em seu nome, minha querida, e quem fala isso é seu confessor...

Isabelita parou bruscamente e ficou de frente para Alfonso, sem soltar seu braço. Seus olhos sempre meigos e luminosos agora estavam sombrios, mas isso parecia torná-los ainda mais belos e o frade teve um calafrio. Ela estava muito próxima a ele e sua mão apertava-lhe o braço.

– Já faz algum tempo que não me confesso, frei Alfonso. O senhor demorou a voltar desta vez. Creio que Deus não esteja mais tão feliz comigo...

– Ora, qualquer pecado que tenha cometido será perdoado, pois desde já percebo o arrependimento em seus olhos. Porém, todo cristão deve se confessar para estar equilibrado com Deus, então podemos ir até a capela mais tarde...

– Assim que terminar meus afazeres – falou Isabelita, puxando gentilmente Alfonso na direção da casa, para alívio deste, que sentia as pernas tremerem por ter o corpo da jovem tão perto do seu, a ponto de poder sentir o leve perfume da flor de lavanda que ela gostava de prender junto à orelha, em meio aos seus lindos cabelos negros.

Nunca havia sentido uma atração tão intensa pela moça, a ponto de se sentir sufocado. Seu pensamento corria célere entre a atração sensual e o respeito que deveria ter por ela como religioso, mas tinha a impressão de que entre um e outro tropeçava e caía, rolava no chão e se machucava em pedras pontiagudas. "Isso é uma forma de tentar enganar a Deus", falou o debatedor, aparecendo subitamente, sem que ele esperasse. "No chão, machucado, você acredita que Deus vai ter pena de você", insistiu o debatedor, e o frade sabia que ele tinha razão, por isso suas palavras agiram como um açoite vergastando a consciência de Alfonso, que delicadamente soltou seu braço do calor do braço de Isabelita e parou um pouco antes do muro baixo de pedras que separava o caminho dos jardins da frente da casa.

– O que foi, meu amigo? – perguntou Isabelita, preocupando-se por perceber que o frade estava pálido e com uma expressão de dor no rosto. – Sente-se mal?

– Ah! Não se preocupe, apenas lembrei que não posso enfrentar esta casa sem antes ter uma conversa com Deus. André sempre exigiu de mim muito além de apenas calma. Não avise ninguém que já estou por aqui, deixe que eu mesmo procuro a senhora Tereza quando voltar da capela – respondeu o frade já a alguns passos de Isabelita, como se tivesse urgência em não mais olhá-la, senti-la tão de perto.

Isabelita trabalhava na casa mais como uma governanta, coordenando outras criadas para que tudo saísse sempre à contento de dona Tereza, que tinha por ela um grande carinho, ao contrário de Maria del Mar, a esposa de André, que, embora não a tratasse mal, jamais lhe dirigia um sorriso. A beleza de Isabelita respondia por isso e ela já estava acostumada. Não conhecera a mãe, que morrera no parto, e seu pai não gostava de falar no assunto, mas sabia que Isabel Carillo também fora uma linda mulher. Seu pai a chamou de Isabelita em homenagem, mas tudo que estava no passado, antes do seu nascimento, era envolto por um manto de tristeza, se não de segredo, e as perguntas que fazia a respeito do assunto eram respondidas com monossílabos, quando respondidas. Seu pai nunca dizia quem fora sua mãe ou como ela era, como haviam se conhecido, em que lugar. Quando era criança, Isabelita ouviu de outras crianças, com toques perversos de maldade, que ela era uma menina roubada por seu tio e entregue a seu pai para criar, mas nunca dera tanto ouvido a isso. Mesmo assim, sempre quis ter mais notícias da mãe. Foi seu irascível tio, Juan Carillo, que um dia a chamou para conversar e falou, no seu modo tosco e direto de se expressar:

– Sua mãe foi uma das mulheres mais bonitas que os reinos de Espanha conheceram, Isabelita, e por isso sofreu muito. Meu irmão não gosta de falar no assunto e não vou desrespeitar sua vontade, mas você precisa saber se defender dos seus próprios encantos, porque é tão linda quanto ela. Por isso saiba que vai chamar a atenção por onde passar, e as outras mulheres não serão suas amigas, porque seus homens a cobiçarão... estes homens, outros homens... todos os homens.

– Assim o senhor me assusta, meu tio – falou a menina, que, na época, tinha por volta dos quinze anos.

– E é bom que esteja sempre um pouco assustada e não confie em ninguém, ninguém...

Por mais ásperas que fossem as palavras do tio, serviram como um bom conselho para ela e, quando Maria del Mar a tratava com dirigida indiferença, ela lembrava dele e procurava ter cuidado. Muitos homens a procuraram quando sua beleza não pôde ser mais disfarçada. Homens solteiros, casados, da região, de outros lugares, mas ela, embora sempre gentil, aprendera se esquivar destes perigos. Tinha mais medo dos homens da igreja, que insistiam em dela se aproximar aparentando intenções elevadas, mas sem conseguirem disfarçar a cupidez, e isso a repugnava. Um padre da catedral de Salamanca chegou a questioná-la rudemente pelo motivo de comparecer à missa mas nunca procurá-lo no confessionário, ameaçando-a sutilmente para os perigos de ser considerada herética, o que a fez desesperar, mas, para sua sorte, o padre Euzébio apareceu morto no dia seguinte, boiando no rio, aparentemente estrangulado, sem que ninguém conseguisse descobrir quem fora o assassino. Quase ninguém sabia do assédio do padre, a não ser seu tio, Juan Carillo, mas como ele poderia fazer alguma coisa contra alguém sendo quase um aleijado, que reclamava todo dia por ainda estar vivendo?

Pouco tempo depois de ter voltado em péssimas condições para a fazenda, ele a chamou e disse:

— Eu fui atacado por um antigo inimigo. Não foi simplesmente um assalto. Esse inimigo me feriu para que eu morresse e disse que, se eu conseguisse sobreviver, ele me encontraria para terminar a vingança...

— E por que ele queria se vingar do senhor, meu tio?

— Não vem ao caso... e não tenho medo de nada que ele possa fazer contra mim. Na verdade, seria muito bom que me matasse... mas não quero que ele se aproxime de você. Por isso tome sempre cuidado se ouvir o nome de Ramon Sandoval... É esse o nome do bandido que me deixou assim. Ramon Sandoval, não esqueça.

— Pensei que temesse somente os padres, meu tio.

— Os padres são os piores, mas nunca esqueça esse nome.

Como Ramon Sandoval nunca aparecera, ela continuava temendo mais os padres e foi por não gostar da presença dos religiosos que ela se esquivou sutilmente ao ver André aparecer com o dominicano Diogo Martínez, no meio da manhã. Conseguiu sair da casa sem ser vista e, como Alfonso ainda não havia voltado da capela, resolveu procurá-lo, porque era o único religioso em quem tinha confiança.

# CAPÍTULO 27

A capela da fazenda Sant'Ana deixava com bendita inveja muitos párocos de pequenas cidades e vilas, e só era chamada de capela pela força do hábito. Era feita de pedras de arenito amarelo e encimada com uma cruz de prata. Seus vitrais eram coloridos e mais de cem pessoas acomodavam-se no seu interior para ouvir a missa. O próprio cardeal Cisneros a havia sagrado, homenageando Sant'Ana, a mãe de Nossa Senhora. Dona Tereza havia mandado ampliá-la e enriquecê-la quando o marido esteve preso, pensando em agradar a igreja. Agora André fazia questão de enriquecê-la ainda mais, por isso era ricamente adornada no seu interior, repleto de quadros e esculturas de santos, verdadeiras obras de arte, o que deixava frei Alfonso um tanto irritado, porque entendia que seu primo se esforçava por comprar as graças do céu sem nenhum esforço verdadeiro e interior para isso. Quando entrou na capela, bastante irritado consigo mesmo e sua reação à Isabelita, a riqueza da capela o deixou ainda mais incomodado e em nenhum momento conseguiu fazer uma oração que o acalmasse.

"Deus não lhe dará ouvidos enquanto não aceitar a ideia de que Isabelita não pode, em hipótese alguma, ser sua", falou o debatedor, depois de muitas tentativas fracassadas de concentração do frade. "Eu sei muito bem meus deveres, meu caro" respondeu Alfonso, aceitando, por fim, a discussão, mas não sem antes certificar-se, mais uma vez, de que estava realmente sozinho na capela.

"Você passou a noite procurando justificativas para dar alguma honestidade aos seus impulsos, mas sabe que isso não é honesto. Está preocupado apenas com seus desejos imediatos. Não consegue ver que está pensando em agir como uma criança?", perguntou o debatedor, de forma até um tanto exasperada, e o frade chegou a indignar-se com a insinuação, mas, intuindo que ele estava certo, deixou o pensamento vagar para saber onde iria dar aquele raciocínio. "Como uma criança? O que há de infantil no que estou sentindo?", perguntou ao debatedor, sempre sabendo que era sua mente que se dividia nestas situações e acabava por levá-lo a raciocínios intrincados e conclusões tantas vezes surpreendentes.

"Você não sabe mesmo a resposta?", respondeu o debatedor com uma nova pergunta. "Então vou explicar: quando ainda somos muito pequenos, o que nos domina é o desejo mais imediato e nossa compreensão dos fatos não se estende além de alguns poucos segundos. Então, se nosso desejo não for rapidamente resolvido, nos revoltamos e choramos até alcançá-lo, sem nenhuma noção de consequência dos nossos atos. A criança mais crescida tem aspirações que se lançam algumas horas na sua frente, sempre ansiosa por aproveitar somente para si de tudo o que a cerca e, se for constrangida de qualquer maneira, gritará, espernEará, até conseguir seu intento, a não ser que os adultos à sua volta saibam muito bem educá-la, o que é bastante raro. Mais tarde, na juventude, já conseguimos avançar em alguns dias nossas perspectivas e aspirações, e a mente se torna ardilosa em fazer com que se concretizem nossos desejos. Ah! Quantas besteiras cometemos em prol da nossa satisfação rápida e totalmente pessoal! Com o passar do tempo, algumas pessoas adquirem algum senso e passam a perceber que é preciso projetar por períodos mais longos a realização dos desejos para que a felicidade alcançada seja realmente plena, o que nem sempre vem a acontecer, principalmente porque ainda entendemos muito mal o que é felicidade. Chega um tempo, por fim, em que paramos de planejar o tempo futuro e voltamos nossa atenção para o tempo passado, para atitudes e sentimentos que compuseram o quadro de nossas realizações e perdas. Nesta fase, muitas pessoas entendem seus erros e acertos. Entendem que, quanto mais dependente de realizações imediatas das vontades, mais infantil é, mais egoísta e vil, mais danosa para seu equilíbrio interior e futuro, independentemente da idade física. Algumas até gostariam de refazer todo o caminho e errar menos. Algumas pessoas, eu disse, e são poucas, conseguem isto. Quantos velhos são tão crianças quanto as crianças de verdade! Então, meu caro Alfonso, o que sente por Isabelita é de uma infantilidade tamanha, é de um imediatismo tão obtuso, que não sei como ainda não se revoltou com essa criança e a colocou em um severo castigo."

Alfonso teve um calafrio e olhou para os lados. Não sabia se a explicação que ouvira do debatedor vazara por seus lábios ou ficara apenas nos seus pensamentos. Para sua sorte estava sozinho, mas logo ouviu que passos rápidos se aproximavam pelo caminho de cascalho que trazia até a capela, e sabia quem era. Então sua alma eriçou-se. Então sentiu-se igual a uma criança, e pareceu ter ouvido a gargalhada do debatedor, mas não teve tempo de dar atenção a ele, porque Isabelita entrou pela porta lateral e logo o viu, sentado em uma cadeira nos fundos da capela, na parte mais escura.

– Sinto que chegou mais aflita do que quando a deixei. O que aconteceu? – perguntou Alfonso, tentando controlar o tom da voz para demonstrar calma.

– Seu primo Diogo Martínez está na fazenda, meu amigo – respondeu Isabelita, apanhando uma cadeira que estava ao lado do frade e sentando-se à sua frente, muito próxima a ele.

– E isso a incomoda?

– Quem não se incomoda com a presença de um inquisidor? Ele parece ter os fios do nosso destino presos em suas mãos.

– Sim, ele tem um poder muito grande, mas, pelo que sei, o senhor André não fica incomodado com sua presença. Creio que isso deveria lhe dar alguma segurança.

Isabelita sentiu o peso daquelas palavras e seus olhos abriram-se mais, assustada, como se tivesse sido apanhada de surpresa. Diante do olhar sereno, mas firme, do frade, seu coração acelerou e as faces coraram.

– O que o senhor sabe sobre André? – perguntou.

– André? Ele é o senhor da casa. Se é amigo do inquisidor, ninguém da casa deve temer.

– É só isso que o senhor sabe?

– Tem mais alguma coisa para me contar, Isabelita?

— Estou sob confissão, frei Alfonso?

— Sim, está — respondeu o frade, fazendo o sinal da cruz com as mãos.

— Ah, senhor, estou perdidamente apaixonada... — falou Isabelita, juntando as mãos na frente da boca e deixando que as lágrimas escorressem pelo rosto.

— Por André? — perguntou Alfonso, naturalmente, como se não soubesse o que estava acontecendo.

— Não, meu amigo. Estou apaixonada por Beltrán Girón, que o senhor ainda não conhece. Ele apareceu como um vendaval que trouxe para minha vida uma grande tempestade.

— Mas o que há de pecado em uma jovem tão linda se apaixonar? Na verdade, são poucas mulheres que demoram tanto a casar como você. Não consigo ver pecado nisso, a não ser que ele também seja casado — falou o padre, lutando desesperadamente para ser apenas o sacerdote naquele momento.

— Não, senhor, ele não é casado. A história de vida dele é muito triste e talvez isso tenha feito eu me afeiçoar. A família dele foi acusada de judaizar, há muitos anos, e foi dizimada pelo tribunal, senhor. Sei de suas ideias sobre o santo ofício, por isso não tenho medo de falar assim na sua frente.

— Um motivo a mais para tomarmos cuidado com o que falamos. Mas conte-me mais sobre Beltrán.

— Ele conseguiu fugir do tribunal, mas não conseguiu salvar a irmã, que foi roubada por um bandido na mesma época em que os pais foram presos. Quando descobriu onde ela estava, era tarde; a irmã tinha acabado de morrer ao dar à luz a uma criança, mas o bandido havia fugido com ela. Por muitos anos procurou esse bandido até cansar e parar aqui, onde tenta mudar de vida. Não é uma história boa de ser contada, mas ele se abriu comigo e isso aumentou ainda mais minha afeição, meu amigo. Ele é bem mais velho do que eu, poderia até ser meu pai...

— Também não há pecado em se apaixonar por um homem mais velho, Isabelita. O amor é uma bênção que Deus deu de presente ao coração humano — falou serenamente o frade, como se não soubesse nada do assunto.

— O senhor já amou, frei Alfonso? — perguntou repentinamente Isabelita, abrindo ainda mais seus lindos olhos, quase como num êxtase, surpreendendo o frade, que abriu os lábios para responder, mas não conseguiu que nenhuma palavra por eles passasse.

Amor! O que ele sentia por Isabelita? Aquilo era amor? Não sabia. Guiara seu coração para as emoções moderadas e o pensamento para as grandes viagens do conhecimento, por isso sentia-se imune à paixão. Até o dia anterior sentia uma vontade constante de encontrar Isabelita, mas não acreditava ser possível que essa vontade pudesse pular para fora dos muros da amizade e fugir desatinada para longe dele, sem controle, como agora. Amor? Aquilo era amor?

– Você acha que por eu ser um religioso não tenho como saber o que está sentindo? – perguntou o frade, baixando os olhos, como se expressasse algum desapontamento.

– Oh! Não, não... perdoe-me. Não foi essa minha intenção. Não sei praticamente nada da sua vida, pois sempre me ouviu muito mais do que falou...

– Essa é minha missão, minha menina – interrompeu Alfonso.

– Eu sei disso, eu sei. O que quero dizer é que, como não sei do seu passado, não tenho como saber o que já viveu. Sei que está ligado à igreja desde muito jovem, mas é claro que conheceu mulheres... Todos sabemos que alguns padres mantêm romances...

– Sim, eu já amei, Isabelita – interrompeu o frade. – Eu já amei, se é isso que quer saber. Parece até que quem está se confessando aqui sou eu.

– E se pudesse, se não fosse um frade? O que teria feito por esse amor?

Os olhos de Isabelita fulguravam na luz baça da capela, mergulhados em lágrimas que não escorreram, e o coração de Alfonso batia descompassado como se fosse um sino chamando para a missa. Sua vontade foi se deixar tomar pela loucura e abraçá-la, e dizer a ela tudo o que estava sentindo. Mas ele sabia que seria ridículo, afinal, aquelas lágrimas eram por outro homem, e pensar nisso foi como fincar um punhal no próprio coração latejante.

– O que a impede de amar livremente a Beltrán? – perguntou Alfonso, para surpresa dele mesmo, porque teve a impressão de que não formulara conscientemente aquela pergunta. Só podia ser o debatedor perguntando por ele.

– O senhor André, frade. Ele está apaixonado por mim. Na verdade, ele está louco por mim. Não sei o que ele pode fazer...

– André sempre foi louco por todas as mulheres que não pode ter. Você já se entregou a ele? – perguntou o frade, sem rodeios e tentando recuperar o autocontrole, mas Isabelita não respondeu de imediato. A moça apenas abaixou o rosto e conteve um soluço. Alfonso esperou que ela se acalmasse, dando ordens constantes para que suas mãos se mantivessem onde estavam, porque sua vontade era puxá-la para si e pedir para que não sofresse mais na sua frente.

– Ele me ameaçou, senhor – respondeu Isabelita com alguma formalidade, sem olhar para o frade. – Ele disse que nos mandaria embora da fazenda e que entregaria meu pai ao seu primo, o inquisidor Diogo Martínez, por judaizar. O senhor sabe que descendemos de uma família de convertidos e ele tripudiou sobre isso. Disse também que denunciaria meu tio por muitos crimes que cometeu no passado e ele sabe quais são. Ele pode destruir nossa família... Então...

– Então foi mais fácil ceder – falou o frade, subitamente tomado de ódio e ciúme pela entrega de Isabelita, sem medir exatamente o que falava.

– Oh! Meu amigo... sei que pequei, sei que estou errada, mas o que eu poderia fazer? Ouvimos tantos horrores; tantas famílias são destroçadas... O que eu poderia fazer? Ele é muito mais poderoso do que nós e agora ainda pode destruir a família de Beltrán se souber o que estou sentindo. Por favor, meu amigo, não preciso apenas do perdão de Deus, preciso também de sua ajuda.

Alfonso respirou profundamente, até certo ponto aliviado por entender que sua amada Isabelita, aparentemente, não fora simplesmente leviana. O que ela acabara de contar sobre o primo não o surpreendia em nada. Além do mais, André era um galanteador, sedutor por natureza. Ainda assim imaginava que não deveria ter sido tão repugnante a entrega dela, já que a situação era comum na maioria das casas abastadas. Era evidente também que ela via nele, Alfonso, não um intermediário divino que poderia perdoá-la por seus erros; o que Isabelita queria mesmo, muito além do perdão, era sua ajuda para poder resolver os problemas que a paixão criara. "Ela quer usá-lo como uma bengala" sussurrou o debatedor, que muitas vezes parecia querer apenas provocá-lo. Era bem claro para Alfonso que o debatedor apenas debatia, antagonizava, assumindo sempre o lado oposto de onde mirava sua ética pessoal.

– O que eu posso fazer por você além de lhe dar o perdão de Deus e sugerir uma penitência, Isabelita?

– Conversar com seu primo, chamá-lo à razão. Alertá-lo do perigo que é a senhora Maria del Mar descobrir tudo. Ela é uma castelhana passional, não quero nem imaginar do que é capaz. Não tenho a quem recorrer, meu bom amigo. Se eu pudesse, pediria ajuda a quem quer que fosse: ao papa, ao inquisidor-geral, a qualquer pessoa que tivesse mais poder do que André, mas quem sou eu? Quem sou eu? Oh! Meu Deus...

Os soluços de Isabelita cortaram o coração de Alfonso mais uma vez, por isso não resistiu e colocou a mão em seu rosto, numa atitude que ela entendeu como uma tentativa carinhosa de consolo, mas ele sentia como se fosse uma confissão de amor eterno. "Como pode se deixar apanhar assim pela paixão?", perguntou o debatedor, mas ele não deu ouvidos. Sua mão amparando o rosto de Isabelita era uma sensação que não podia ser interrompida. Quando ela colocou a mão delicada e macia sobre a sua, então, pensou que perderia definitivamente o controle. Isabelita respirou fundo e beijou a palma da mão do frade, que sentiu um tremor abalar seu corpo, depois soltou-a, ajeitou-se em sua cadeira e falou:

– Eu ficaria muito feliz com sua ajuda, como amigo, mas sei que está aqui como meu confessor, por isso, diga-me uma penitência e serei apenas obediente.

– Penitência? Ora, Isabelita, sua dor já é uma grande penitência, por que Deus precisaria lhe dar mais uma? Vou pensar em uma maneira de ajudá-la, mas não esqueça que eu e meu primo nunca nos entendemos bem. Mesmo assim vou fazer o possível. Agora vá, está quase na hora do almoço. Enxugue essas lágrimas e sorria, porque ninguém na casa pode saber o que está acontecendo.

Isabelita apanhou novamente a mão do frade e a beijou, sem perceber que a pele que se estendia depois da mão ficara arrepiada. Usou as mangas soltas do vestido para enxugar os olhos, sorriu, e foi embora. Foi embora, mas não foi embora. Toda sua presença ficara incutida nas sensações mais humanas do frade, que lutava para deixá-la realmente partir, enquanto seu pensamento insistia em relembrar o que ela falara sobre procurar o inquisidor-geral, se fosse possível.

"Juan Pardo de Tavera", sussurrou o debatedor. Sim, o cardeal Juan Pardo de Tavera, que trabalhava para ser inquisidor-geral, a quem ele deveria se reportar sobre seu amigo Agustín de Cazalla, ou sobre qualquer assunto que o tribunal do santo ofício tivesse interesse.

# CAPÍTULO 28

Dona Tereza de Almada e Borges recebeu o sobrinho com um carinhoso sorriso e reclamou de sua demora, mas sem exageros, porque André estava junto e era fácil perceber o ciúme que sentia do primo, o que acontecia desde a juventude. Estavam se preparando para o almoço e Isabelita já havia colocado um prato a mais na mesa, mas apenas Diogo Martínez se deu conta deste detalhe, sempre atento a tudo. Ele olhava para a moça com um interesse nada condizente, não apenas com sua situação de clérigo, mas também pela diferença de idade entre eles. Diogo estava com cinquenta e oito anos, embora poucos pudessem precisar sua idade, tanto pela sua vitalidade, quanto pelas feições bem conservadas. Mesmo assim Isabelita o via como um velho saliente, como tantos que a perseguiam com olhares cúpidos.

O almoço transcorreu tranquilo, apesar da rispidez com que André tratava Alfonso, principalmente comparando-se com Diogo, para o qual era todo atenção. Mas dona Tereza e Maria del Mar, que também não gostava de Diogo, souberam contornar delicadamente a situação, mesmo em momentos de maior estupidez.

– Quanto tempo ficará na fazenda, Alfonso – perguntou André, repentinamente.

– O tempo que menos o incomode, caro primo – respondeu Alfonso, com um leve sorriso irônico. – Pretendo caminhar pelos arredores para conversar com os colonos, descobrir como eles estão se relacionando com Deus e ajudá-los nas questões da fé.

209

– Pensei que ficaria apenas conosco – comentou dona Tereza, ainda olhando azedamente para o filho devido à pergunta deselegante, mas sem que este correspondesse ao seu olhar.

– Um bom dominicano não pode se dar ao luxo de relaxar dos serviços religiosos – falou Diogo, entrando na conversa. – Sinto-me até um pouco constrangido por estar aqui quase que tão somente para descanso.

– Tenho certeza de que muitas atividades úteis para a igreja se escondem atrás desse "quase", frei Diogo – comentou Alfonso, e havia muitas arestas em suas palavras, todas elas sentidas por Diogo Martínez. Ele era um inquisidor que costumava trabalhar na surdina, na sombra dos fatos, escondido por um manto de poder, buscando detalhes que podiam comprometer pessoas ou famílias inteiras. O dominicano mais velho cerrou levemente os olhos e contraiu os cantos dos lábios, o que fez Alfonso se arrepender de suas palavras, pois conhecia muito bem a malícia e o poder de Diogo, que fora recomendado ao rei pelo duque de Medina-Sidonia, um dos homens mais importantes do reino.

– É quase nada mesmo, irmão. O rei me pediu para que sondasse mais uma vez a disposição de Agustín de Cazalla em ser seu capelão. Estive com ele ontem à noite, logo depois de sua partida para cá, e achei que ficou animado com essa possibilidade, embora pretenda voltar para Alcalá e completar mais uma fase dos seus estudos antes disso. Como o frei Alfonso saiu de Salamanca ontem e só chegou hoje, creio que já começou seu trabalho de ouvir as pessoas e seus problemas, não é mesmo? – falou Diogo, olhando para Isabelita, que estava logo atrás de dona Tereza e medindo sua reação. O verdadeiro motivo para estar em Salamanca era outro e ele sabia que o rei já tinha todas as informações que desejava sobre Agustín de Cazalla.

– Ele vai declinar de um convite do rei? Isso é uma afronta! – rugiu André, sem perceber a insinuação de Diogo sobre o fato de Alfonso ter saído na tarde do dia anterior e somente ter aparecido na fazenda no meio do dia seguinte, sem comentar por onde esteve.

– Não, meu amigo – interferiu Diogo, feliz por perceber que os olhos de Isabelita ficaram ligeiros depois do seu último comentário. – O rei sabe da importância da instrução para estar ao seu lado como capelão e tenho certeza de que gostará da postura do nosso irmão Agustín. Porém, quem não gostará nem um pouco deste convite será Juan Pardo de Tavera, não é mesmo, frei Alfonso?

– Não tenho a mínima condição de responder por ele, frei Diogo. Além do mais, o cardeal Juan Pardo tem tantos afazeres que imagino que não se preocupa com o destino de Agustín. O que eu sei dele é que tem trabalhado muito e se diz cansado, principalmente porque sabe da possibilidade de ser o substituto do cardeal Alonso Manrique de Lara como inquisidor-geral, o que é uma imensa responsabilidade. Eu soube que frei Diogo também é um dos indicados para substituir o cardeal Alonso Manrique – falou Alfonso, astutamente desviando-se da indireta de Diogo e devolvendo o dardo lançado com a mesma intensidade.

– Ah! Em absoluto! Já tenho trabalho demais na corte do rei Carlos tentando manter a verdadeira fé incólume das heresias. Por que eu haveria de querer ainda mais, se quase não dou conta dos meus compromissos? Mesmo depois de tanto tempo que os judeus partiram, ainda há muitos convertidos profanando nossa terra com sua ideologia subversiva, escondidos sobre o manto da hipocrisia – respondeu Diogo, novamente olhando para Isabelita. – E tem também essa nova heresia, talvez ainda mais perigosa, dos adoradores de Lutero. Pensávamos que pessoas que se deixavam levar por ideias como as dos *allumbrados*, ou de Erasmo, tinham desistido de suas loucuras, mas eis que eles revivem em Lutero uma nova ameaça aos que não conseguem entender a pureza e a força da verdadeira religião.

Alfonso manteve o olhar sereno sobre Diogo, mas sua alma gelou. Em poucas palavras, o inquisidor deixava bem claro que conhecia as ligações ideológicas dele e seu amigo Agustín de Cazalla a respeito de Erasmo de Rotterdã, pois não citaria o assunto a esmo se não fosse com a intenção de sondá-lo. Alfonso sabia da aversão de Diogo em relação ao cardeal Juan Pardo de Tavera, e provavelmente isso se dava por considerá-lo concorrente ao cargo de inquisidor-geral. O cardeal era muito influente, mas Diogo contava com o apoio do ducado de Medina-Sidonia, e isso não podia ser ignorado, pensava Alfonso. Porém, para ele, que também não tinha nenhuma simpatia por Juan Pardo, pouco importava quem seria o inquisidor-geral, mas não podia deixar de ficar alerta quando uma pessoa perigosa como Diogo se aproximava do seu amigo Agustín, mesmo com a alegação de que estava a serviço do rei, e agora o sondava sobre ideias heréticas, embora tão veladamente. O que estava pretendendo Diogo Martínez?

– Creio que um dos seus objetivos é observar se estas heresias se infiltraram entre os colonos da fazenda Sant'Ana, não é, frei Alfonso? – insistiu Diogo em fazer perguntas a Alfonso, aparentando naturalidade, como se a questão fosse banhada de ingenuidade.

– Não creio que assuntos como reforma e interpretação pessoal das escrituras preocupem as pessoas mais simples, frei Diogo – respondeu Alfonso, também de maneira natural. – Acredito que estas elucubrações estão mais disseminadas entre famílias ricas e letradas, infelizmente. Não são estas as ovelhas que pretendo pastorear, irmão.

– Tem razão, frei Alfonso, tem razão. Até mesmo no clero estas malditas elucubrações se infiltram e isso nos dá muito trabalho. Mas a religião mais pura sempre será a mais forte, por isso não tenho dúvidas de que venceremos a heresia, embora tenhamos que sempre estar atentos – comentou Diogo, acomodando-se melhor na cadeira e de olhos fixos na senhora Maria del Mar, que repentinamente ficara lívida. Nem mesmo Alfonso, também arguto, perceberia a alteração dela, mas Diogo não deixava passar nada diante dos seus olhos atentos e sabia o motivo da aflição da esposa de André, que, aparentemente, era tão devota quando dona Tereza.

Alfonso, por sua vez, tão logo absorveu as palavras de Diogo sobre a infiltração da heresia no clero, uma clara referência a ele e a seu amigo Agustín, sorriu com gentileza, em concordância às observações do dominicano. Dentro das diversas ordens católicas, Erasmo de Roterdã causava reações adversas, senão extremistas de rejeição ou ódio, portanto, ser apenas simpático às suas ideias já seria o suficiente para ser condenado como herético. A tensão tomara conta do ambiente e todos pareciam incomodados, por isso Alfonso procurou uma maneira de livrar-se rapidamente da situação:

– Bem, embora seja sempre prazeroso conversar com pessoas como o senhor, frei Diogo, o dia já vai a meio e eu ainda estou aqui. Gostaria de estar próximo dos colonos tão logo finde a sesta e aproveitar o restante do dia para trabalhar.

– Oh! Mas nem tivemos tempo para conversar com calma – protestou dona Tereza, que realmente tinha afeto pelo sobrinho. – Onde passará a noite?

– Onde Deus permitir, senhora minha tia. Mas, não se preocupe, ficarei algum tempo pela região de Salamanca e teremos tempo para essa conversa.

– Posso saber por onde pretende começar seu trabalho, primo? – perguntou André, sempre com rispidez nas palavras dirigidas a Alfonso.

– A primeira pessoa que encontrei ao chegar aqui foi Isabelita e tivemos a oportunidade de conversar um pouco. Ela me disse que há algumas famílias novas na fazenda que eu ainda não tive contato. São estas famílias que pretendo visitar, meu primo.

– Tenha especial atenção com a família de Beltrán Girón. Eles moram no quarto de terra mais distante e tenho pouco contato com eles. Seria bom termos mais informações sobre a relação dessa família com a igreja – falou André, passando rapidamente o olhar por Isabelita para medir sua reação e, depois, olhando para Diogo, que sorriu discretamente, mas sem olhar para ele.

– O motivo principal da minha pressa é exatamente essa família, André. Soube por Isabelita que são os mais novos por aqui e que há doentes entre eles. Sabe lá quanta ajuda estão precisando!

Isabelita saiu da sala de jantar para chamar as criadas que limpariam a mesa, enquanto que Maria del Mar relaxava por ver os homens levantarem, quebrando o clima de tensão que se instalara. André, por sua vez, se controlava para não partir atrás de Isabelita, pois percebera seu constrangimento quando falou sobre Beltrán Girón, mas sabia que não podia se delatar na frente da mãe e da esposa, só que não escapou ao olhar ferino de Diogo, que percebeu sua irritação, bem como a sua respiração acelerada. Alfonso ainda conversou por mais alguns minutos com a tia, antes de partir, com o calor ameno do meio da tarde, mas, assim que contornou a capela para seguir em direção ao norte, Isabelita apareceu na sua frente, para sua surpresa.

– Meu amigo, eu lhe pedi ajuda...

– E é o que estou fazendo, Isabelita – falou Alfonso, interrompendo-a.

– Mas...

– Como vou defendê-la se não conheço Beltrán e sua família? Qualquer argumento que eu usar cairá por terra.

– Oh! Senhor... perdoe-me, mas sei que André não poupará esforços para destruir Beltrán. Até não sei se a presença deste frade na fazenda não é com essa intenção.

– Mas, Isabelita, André poderia apenas mandá-lo embora de suas terras, não é mesmo?

– Isso não vai impedir Beltrán de me procurar. Mandá-lo embora não basta para André. Tenho medo da presença de Diogo Martínez, meu amigo. Durante o almoço, ele me olhava como se soubesse de tudo o que está acontecendo, e lembre-se da ameaça de André de entregar meu pai ao tribunal.

– Por isso tenho pressa, Isabelita. Diogo Martínez sempre sabe de tudo o que está acontecendo e saiba que diante dele ninguém está realmente a salvo. Não creio que o principal interesse dele aqui seja apenas satisfazer os desejos infantis de André – falou Alfonso, lembrando do debatedor. – Agora acalme-se e volte para seus afazeres, antes que ele descubra que veio atrás de mim, se já não descobriu.

# CAPÍTULO 29

Dona Tereza de Almada e Borges sempre fora uma mulher forte. Sua força e tenacidade estavam acima de sua beleza e lhe conferiam uma aura de superioridade natural, que todos sentiam quando dela se aproximavam. O tempo podia ter roubado a delicadeza dos seus traços, mas não conseguiu tirar nada de sua firmeza e respeitabilidade, a ponto de a relação que tivera com o sobrinho no passado, o dominicano Diogo Martínez, não mais afetar sua consciência, porque sabia não ter tido outra saída e não tinha dúvidas de que Deus a perdoaria, sem que nenhum padre precisasse dizer isso. Os cabelos claros da família de Almada nunca mais foram soltos, assim como suas roupas eram sempre de luto, desde que o marido desaparecera há mais de vinte anos. Nos dias festivos, colocava um xale claro sobre os ombros e ornava a roupa com alguma flor delicada, nada mais. Sentira profundamente a falta do marido, por quem se apaixonara desde a primeira vez em que nele pousara seus olhos meigos, e o que mais lhe doía na alma era nunca ter podido se explicar a ele devidamente sobre tudo que envolvera sua prisão pelo tribunal do santo ofício. Nunca teve certeza do que ele sabia a respeito dela e do sobrinho, mas, pelo fato de ele jamais ter aceitado uma visita enquanto estava preso, imaginava que soubesse apenas coisas que a incriminavam. Para se proteger de comentários maldosos que só alimentariam intrigas, preferira dizer que fora o tribunal que não permitira visitar o marido, mas sabia que ele é quem nunca aceitara vê-la.

Quando Diogo Martínez revelou a ela, pela primeira vez, as preocupações do tribunal quanto ao fato de existirem muitos judeus con-

215

vertidos trabalhando na fazenda Sant'Ana, não entendeu até onde ele pretendia chegar. Não imaginava que a principal intenção dele era seduzi-la, não se importando com qual artifício usaria para isso. Como poderia imaginar tamanho disparate vindo de um frade e, além de tudo, sobrinho do marido? Assim, ao saber que dom Camillo seria preso para ser interrogado pelo tribunal do santo ofício a mando do inquisidor-geral, Francisco Jiménez de Cisneros, membro da família e tão influente no reino de Castella a ponto de ter sido confessor da própria rainha, ainda não sabia que tudo girava em torno dela mesma e do dinheiro do marido. Não tinha como imaginar que dom Camillo era apenas uma vítima de desejos rasteiros do sobrinho, que supostamente havia ouvido entre os colonos comentários sobre judeus convertidos com atitudes suspeitas, sendo que alguns deles recebiam visitas de dom Camillo.

– As denúncias chegaram a Cisneros através de outras pessoas, que quando acusam são protegidas pelo tribunal, que mantém o sigilo sobre seus nomes – falou Diogo a ela. – A senhora sabe que meu tio, por seu temperamento, tem muitos inimigos. Mas vou tentar protegê-lo como for possível, afinal, Cisneros é nosso parente e tenho certeza de que não a deixará passar por tudo isso... afinal, sempre foi tão devota... além de ser tão linda...

"Além de ser tão linda" foi a primeira frase galanteadora do sobrinho, mas ela ainda demorou a entender por qual caminho ele pretendia seguir. Porém, esta frase se repetiu com os dias que passavam, sem que ela conseguisse notícias do marido, e outras vieram, até que ele se declarou abertamente. Enquanto ouvia as lamentações, se aproximou e usou isso como ponte para justificar a paixão que explodira em seu peito. Ela não soube o que dizer, nem fazer. A dor por ter o marido preso acusado de heresia já lhe embotava o suficiente para que pudesse lidar com qualquer outro problema. Apenas conseguiu pedir ao sobrinho que se mantivesse na linha, dentro das regras da igreja, e ele fez de conta que a obedeceria. Fez de conta.

– Ele irá a interrogatório amanhã, senhora. Ouvi falar que vão colocá-lo diretamente no balcão...

– Por Deus! Isso não pode acontecer, senhor. Preciso conversar com o cardeal Cisneros...

AMOR | 217

– Creio que eu posso conseguir isso, senhora, mas...

– Mas? – perguntou dona Tereza, aturdida com a notícia.

– Ah! Senhora! Como pode ser tão indiferente aos efeitos de sua beleza sobre um pobre mortal como eu? Estou desesperado! Sinto que há uma tenaz apertando meu peito e nada mais consigo fazer senão orar a Deus, mas de nada têm valido as orações. Além do mais, a senhora sabe do poder do cardeal... Se eu ousar intervir mais, posso ser acusado e também ir parar em um cárcere. Falta-me coragem... Se ao menos...

– Se ao menos? – perguntou dona Tereza, depois do frade ter deixado as palavras no ar.

– Se ao menos a senhora me recompensasse com o mínimo que preciso para conseguir essa coragem, eu moveria o mundo – falou Diogo num rompante, arrojando-se para a tia e abraçando-a.

Diogo encontrou uma mulher trêmula e sentiu que as pernas dela cederam, precisando ampará-la, o que ainda lhe deu mais poder. Ao perceber que ela perdia momentaneamente os sentidos, entendeu que cedia aos seus impulsos e a beijou. Quando ela abriu os olhos, demorou a entender plenamente o que estava acontecendo, mas foi aos poucos, e com o controle que podia ter, saindo do abraço do sobrinho, sem que ele também reagisse, extasiado que estava com a situação.

– Farei tudo o que for possível, senhora, e o impossível também, agora que me deu coragem – falou Diogo, enquanto ela se afastava, saindo logo em seguida.

Dona Tereza ficou parada onde estava por um longo tempo, chorando, encostada à parede da sala. Blanca, sua dama de companhia, a chamou diversas vezes sem sucesso. Somente a balbúrdia causada por André, que chegara bêbado em casa, a tirou da apatia em que caíra. Foi com indiferença que ouviu sussurros pelos cantos sobre ela e o sobrinho, não se importando em dizimar os comentários maldosos. No terceiro dia, Diogo voltou.

– Consegui evitar até agora que dom Camillo fosse para os aparelhos, senhora, mas a que preço! Tive que mentir, oh, Deus! Não sei mais o que fazer.

– Meu marido não precisa de mentiras para defendê-lo, senhor. O fato de ele aceitar pessoas na fazenda sem perguntar sobre suas crenças não quer dizer que seja também um herético.

218 | Mauro Camargo

– Mas as acusações que pesam sobre ele são severas, senhora, e são muitas, de diversas pessoas. Não sei mais o que fazer a não ser me comprometer ainda mais... A verdade apenas não basta...

– O que tem em mente, senhor? – perguntou dona Tereza, com medo do que poderia ainda vir do frade.

– Estive conversando com algumas pessoas e tenho um plano, mas precisarei de muita coragem para executá-lo.

– Qual o seu plano, senhor?

– Há um soldado que voltou há pouco para a fazenda, chamado Juan Carillo. Ele já trabalhou para meu tio há muito tempo e sempre foi um aventureiro, que de tudo faz para conseguir algumas moedas. Se conseguirmos provar que as acusações contra seu marido foram motivadas por vingança pessoal o tribunal amenizará em muito o julgamento, podendo libertá-lo em troca apenas de penitências.

– E o que esse Juan Carillo quer em troca de ser acusado, devido a ter motivos pessoais contra meu marido, a ponto de levantar falsas suspeitas e espalhar boatos para que este fosse levado ao tribunal? – perguntou dona Tereza, adiantando-se ao raciocínio de Diogo e o surpreendendo.

– Ora, senhora, o que um aventureiro pode querer além de dinheiro e um lugar no futuro onde possa ter segurança?

– Um lugar no futuro? Como assim?

– Ele terá que fugir antes de ser preso, o que aumentará a certeza dos inquisidores sobre sua culpa e facilitará a situação de dom Camillo, mas gostaria de deixar bem colocado seu irmão, que é um ótimo pedreiro em Ávila. Ele fugirá e mandará o irmão para a fazenda Sant'Ana, onde será muito útil devido ao seu trabalho e, assim, quando a igreja esquecer seu nome, terá um lugar onde sossegar das aventuras.

– E o dinheiro? Quanto ele quer?

– Nada que não seja possível ser pago, senhora, mas há de convir que é um empreendimento muito perigoso que pode não apenas pôr fim à minha carreira religiosa, como à minha própria vida. Afinal, se esta trama for descoberta, certamente arderei também em uma fogueira por proteger um culpado perante o tribunal. Estou em sérias dúvidas se conseguirei fazer isso, senhora.

Dona Tereza de Almada e Borges nada falou, mas entendeu de pronto onde queria chegar o sobrinho. Naquele momento ainda estava em dúvida sobre o que ele sentia, chegando a pensar que realmente sofria por estar apaixonado por ela. Somente com o passar dos anos é que entendeu uma parte da trama em que fora envolvida. Não podia imaginar que Diogo agia de forma totalmente diferente diante do inquisidor-geral, para quem alegava não haver dúvidas quanto à culpa do tio, sem saber como agir, já que os interesses da igreja estavam sempre acima das vontades particulares. Tudo o que falava para a tia sobre interrogatórios e máquinas de tortura eram mentiras meticulosamente planejadas para chegar a seus intentos: o dinheiro do tio e a sedução da linda tia. Como ela poderia saber naquele momento? O cardeal Cisneros, por sua vez, sendo tão ou mais arguto do que Diogo, suspeitou que havia interesses escusos por trás das condenações que este ameaçava levar adiante e resolveu prender dom Camillo, não para interrogá-lo, muito menos levá-lo para os aparelhos de tortura. Queria somente protegê-lo, e a única proteção efetiva que entendia era mantê-lo preso e sob suas ordens, longe da atuação do jovem inquisidor Diogo Martínez. Só não sabia ele que esta atitude bastava para que Diogo chegasse aos seus objetivos, principalmente pelo fato de dom Camillo não ter sido torturado, o que justificava sua tentativa de protegê-lo.

Depois de dar o dinheiro que iria para Carillo, ela entregou-se ao sobrinho como se fosse um corpo sem vida, e chorou por todo o restante daquela noite, com Blanca, sua dama de companhia, sempre ao seu lado, sem que isso lhe causasse qualquer reação. Dois dias depois, Diogo trouxe a ela um bilhete de Cisneros, onde estava escrito apenas.

*Manterei seu marido preso, sem interrogatórios, até que possa ser libertado sem maiores perigos.*

*Francisco Jiménez de Cisneros*

Assim que ela leu o bilhete, Diogo o tomou de suas mãos e o queimou na lareira, alegando que era um pedido do cardeal. Tão logo o bilhete queimou, ele a abraçou, sem que ela tivesse forças para reagir, e a beijou, partindo logo em seguida, sem dar mais notícias por muito tempo. De lá Diogo Martínez partiu para a região de *Ciudad Rodrigo*, porque recebera uma carta de outro primo chamado Steban de Cuellar, que lhe pedia ajuda para lidar com as dificuldades que tinha com o pai, dom Osório de Cuellar, viúvo da irmã mais nova de dom Camillo de Alunes e Borges. Segundo Steban, dom Osório vinha tendo atitudes suspeitas, provavelmente induzidas por um dos padres da cidade chamado Ramiro, e, por isso, ele precisava da ajuda do primo.

# CAPÍTULO 30

Diogo Martínez talvez não precisasse de mais dinheiro, mas precisava satisfazer sua sede de poder sobre as pessoas, e o dinheiro sempre era um indicativo de que este poder se mantinha. Viera para a região de Salamanca seguindo um rastro de aparentes vinganças em série, que começaram com o suicídio de Steban de Cuellar, passando pela morte de Tomas, irmão de Pilar, e sua esposa, e chegando aos irmãos Cordellos. Era obrigação da igreja manter os delatores sob proteção, e tanto Steban como a família Cordellos haviam prestado significativos serviços denunciando heresias. No caso de Tomas e Sônia, eram parentes e protegidos do duque de Medina-Sidonia, da casa com a qual trocara tantos favores, e ligados à família de Steban de Cuellar, protegido por ser delator. Todo inquisidor precisava ser um bom investigador, pela própria natureza do seu trabalho, porque descobrir as impurezas nas almas humanas nem sempre era fácil. Queimar estas impurezas na fogueira para purificar estas almas e dar a elas uma nova chance era bem mais fácil do que descobri-las, e isso dava ao inquisidor não apenas um poder imponderável, mas também uma imensa capacidade de ver além das aparências.

Diogo era um dos melhores, por isso não tivera dificuldades em descobrir que Maria del Mar tinha simpatias com as ideias de Erasmo de Roterdã, principalmente depois de ter descoberto o livro *Stultitiae Laus*[26] na biblioteca da casa, mantendo o assunto em segredo junto ao primo, mas sabendo que poderia usá-lo quando melhor lhe aprouves-

---

[26] *O Elogio da Loucura*, de Erasmo de Roterdã. (Nota do autor)

se. Trabalhando como inquisidor, desenvolveu a acuidade e conseguia fazer leituras de ambientes e situações inteiras sem precisar trocar muitas palavras. Por isso, sabia que Alfonso estava apaixonado por Isabelita, assim como André, e que o frade havia passado a noite em algum lugar suspeito antes de se apresentar à tia. Se já havia conversado com Isabelita, como intuíra ao ver que ela havia colocado previamente mais um prato na mesa, talvez fosse com ela que tivesse passado a noite, o que lhe colocaria o primo definitivamente em suas mãos. Porém, por saber do gênio introspectivo de Alfonso, também imaginara outras possibilidades, principalmente quando ele falou que visitaria a família de Beltrán Girón, exatamente o nome que aparecia em comum em alguma possíveis vinganças que vinha perseguindo, e que André também tinha interesse em causar algum dano. André jamais denunciaria alguém simplesmente para ajudar a igreja no seu trabalho de purificação da fé, então o nome Beltrán cada vez mais se situava no centro do seu tabuleiro, ligando-se à várias situações simultaneamente.

Diogo pensava em juntar uma tropa de soldados e ir ao encontro de Beltrán para fazer perguntas, mas, ao saber que Alfonso se antecipara a ele, resolveu esperar, porque assim aumentaria sua bagagem antes de qualquer contato direto. Pela trilha que vinha seguindo, imaginava saber quem era Beltrán, mas não tinha ideia de quem eram os outros dois velhos que o acompanhavam, por isso precisava agir com bastante cuidado, principalmente por ter recebido uma carta anônima denunciando os novos moradores. Estava ciente de que podia ser uma armadilha.

Alfonso chegou na casa de Beltrán com a noite já suplantando o dia e foi recebido por um senhor baixo e entroncado, que andava com alguma dificuldade e falava pouco. Seu nome era Sancho e ficou bastante arredio à presença do dominicano.

– Estou aqui em nome de Deus, meu amigo, não precisa temer – falou Alfonso, quando viu que Sancho ocultava as informações que pedia.

– Em nome de Deus muitos inocentes morrem na fogueira, senhor, e não creio que exista uma alma viva nestas terras que não tema um dominicano ou franciscano – respondeu Sancho com uma franqueza que assustou Alfonso. Uma resposta assim, dada a outro frade qualquer, seria o suficiente para levantar sobre ele enormes suspeitas, mas Alfonso vinha com outras intenções, ao menos era o que ele pensava.

Amor | 223

– Soube que há doentes na casa e vim para ajudar, senhor. Mas ainda nem me disse se esta é mesmo a casa de Beltrán Girón e se ele está – falou o frade, parado no portão de madeira da casa humilde, que havia sido aumentada, mas não perdera sua simplicidade.

– Sim, esta é a casa de Beltrán, mas ele não chegou ainda do campo.

– Vi que a terra que arrendaram está longe de ser produtiva e isto pode estar relacionado às dificuldades que Beltrán enfrenta em casa, o que seria natural. Algum médico já esteve aqui?

– Eu sou médico, senhor. Trabalhei em Ávila e Ciudad Rodrigo, depois vaguei pelo mundo aprendendo a medicina de outros povos.

– Ah! E posso saber quem está doente na casa?

– O doente se chama Javier Herrera e é meu tio – falou Beltrán, que havia se aproximado silenciosamente pelo campo que se estendia pela frente da casa, onde a terra que deveria estar lavrada era ocupada apenas por um capim alto, descuidado e seco.

Alfonso se virou um tanto surpreso e encontrou um homem alto e de ombros largos, na casa dos quarenta anos, usando roupas simples de lavrador, mas com tamanha altivez desenhada nos olhos que o confundiu. Tinha cabelos longos presos na nuca e a barba negra cobria quase todo seu rosto, mas atrás dela era fácil perceber uma têmpera pouco comum aos colonos habituais da região. A surpresa de Alfonso pela aparição sorrateira de Beltrán logo foi substituída pela admiração, que ainda mais rapidamente se transformou em despeito. Aquele só podia ser Beltrán Girón, por quem sua linda Isabelita estava perdidamente apaixonada e a quem se entregava voluntariamente. O despeito não passou, mas teve que dividir espaço com o ciúme, que dizia ao frade que ele jamais poderia suplantar um adversário como aquele na disputa pelo amor de Isabelita. "Amor de Isabelita! Está louco", rugiu o debatedor, mas Alfonso o ignorou.

– O senhor deve ser Beltrán Girón, acredito.

– Ao seu dispor, frei Alfonso.

– Como sabe meu nome?

– Porque a senhorita Isabelita disse que um bom homem estava para chegar. Bons homens não são comuns e vejo bondade nos seus olhos, apesar do hábito que veste.

– Ah! Isabelita... uma boa menina. Foi mesmo ela quem me falou dos senhores e que havia pessoas doentes na casa. Por isso vim para ver se precisam de ajuda. Posso ver o doente?

– Eu acabei de fazê-lo dormir, senhor – falou Sancho, antecipando-se a Beltrán. – E, creia, fazê-lo dormir é muito difícil. A minha medicina ensinou que o sono é reparador para várias doenças, por isso, não creio que seja interessante acordá-lo agora.

– Tenho certeza de que não – concordou Alfonso, um tanto decepcionado com a resistência que estava encontrando. Nem convidado para entrar tinha sido. – Posso saber qual a doença de Javier Herrera?

– Há muito tempo ele teve um ferimento na perna e isso o fez passar o restante da vida um pouco inclinado para o lado quando andava. Os ossos da coluna gastaram e, por isso, hoje sente muita dor com a maioria dos movimentos. Eu dei a ele uma beberagem de vinho com beladona, entre outras coisas, que o fez dormir, felizmente, e espero que durma por muitas horas.

– Ah! Está bem... está bem... – falou Alfonso, entendendo que realmente não era bem vindo naquela casa. – Então não há mais nada que eu possa fazer por aqui, não é mesmo?

– Somente sua preocupação já nos faz um grande bem – falou Beltrán, olhando atravessado para Sancho. – O senhor gostaria de entrar e comer conosco? Embora Sancho seja muito melhor como médico do que como cozinheiro, creio que pão e vinho temos em casa.

– Se isso não lhes causar incômodo, sim, gostaria – respondeu o frade, que precisava alguma justificativa para conversar mais com Beltrán e o conhecer. Beltrán, a quem sua consciência mandava ajudar a pedido de Isabelita, mas que seu coração via como um oponente, enquanto o debatedor somente balançava negativamente a cabeça.

Javier Herrera não acordou até a manhã do dia seguinte, quando Alfonso se despediu de Sancho. Beltrán já havia saído muito cedo e a manhã ia a meio quando o frade ganhou a estrada, sem saber ao certo para onde ir. Encontrara um homem inteligente e belo, que não se confundia em nenhuma pergunta e parecia conhecer boa parte do mundo. Tudo o que vira nele não condizia com um simples camponês e era fácil suspeitar de tudo naquela casa simples, mas com duas lindas espadas penduradas na parede, com os punhos cravejados de pedras preciosas e ouro, além de muitos outros objetos decorados do mesmo metal. Somente em ouro e pedras a família já poderia viver em situação muito melhor do que aquela em que viviam. No estábulo os cavalos eram belos e seus arreios eram caros. Porém, foi muito difícil perscrutar a origem de cada um dos moradores. Soube que Beltrán e o tio haviam participado da guerra de Granada e, depois disso, vagaram pelo mundo fazendo comércio e chegaram a ir até as novas terras da América, mas voltaram logo para Castela devido ao tio não ter se acostumado com o clima quente e úmido de lá, o que, para Sancho, agravou muito sua saúde, além das dores que sentia nas costas.

– Ele pode nos prejudicar? – perguntou Sancho a Javier Herrera, que apareceu na porta assim que o frade desapareceu no caminho.

– Alfonso é meu sobrinho e era quase uma criança quando tudo aconteceu, por isso não sei o que dizer, mas aquele manto sobre seu corpo não me diz nada de bom.

– Não me pareceu ser perigoso – contestou Sancho.

– E qual deles parece ser antes de mostrar as garras? Diogo Martínez também é meu sobrinho e entrou em minha casa abençoando meu lar antes de destruí-lo.

– E quando ele virá?

– A qualquer momento, se já não veio. A carta que mandei o trará até aqui, na minha porta, e o matarei. Depois disso posso morrer em paz.

– E o que será de Beltrán sem você?

– Ele está apaixonado, Sancho, tem um novo futuro agora, tanto que perdeu o ímpeto pela vingança...

– Com os irmãos Cordellos ele já havia perdido – interrompeu Sancho. – Não pode culpar somente Isabelita pela mudança de Beltrán. Se formos vingar todas as pessoas que sofrem maldades, passaremos mil vidas e não terminaremos o trabalho. Quantas pessoas más vocês dobraram pela força nestes vinte anos? Em quantas terras? O que mudou depois disso?

– Você quer dizer que a vingança é inútil?

– Inútil é o que usamos para justificá-la? Tentar melhorar o mundo? Fazer justiça com as próprias mãos para servir de exemplo? Isso são apenas justificativas, escudos para nossa incapacidade de perdoar...

– Não vamos começar tudo de novo, Sancho.

– Não, não vamos. Só não quero que insista mais com Beltrán. Ele está cansado. Fez muitas pessoas más sofrerem o que fizeram sofrer; atingiu aqueles que destruíram sua família, e encontrou alguma felicidade nisso? Não, nunca. Contra vinte anos de luta por vingança bastou um dia de amor por Isabelita para entender o que é a felicidade.

– E a quem você quer que eu ame? Diogo Martínez? Tereza, que se entregou a ele?

– Como pode ter tanta certeza de que ela se entregou a ele? Pelo que me contou, estava preso quando isso supostamente aconteceu. Como pode ter certeza?

– Eu tenho, é o que basta.

– Não, senhor, não é o que basta. Pode estar errado...

– ... Ele mandou prender e torturar uma criada – interrompeu Herrera, já com a respiração ofegante, subitamente destilando ódio pelas palavras, que saiam carregadas, pesadas de sua boca. Nunca havia contado aos amigos mais detalhes sobre o assunto e agora resolvera contar, talvez por não ter mais argumentos para justificar a vingança. – Uma criada, Blanca, que era dama de companhia de Tereza. Ele a fez sofrer sem que ela tivesse cometido nenhum crime a não ser tê-los visto juntos. Pobre Blanca, ouvi suas lamúrias na cela sem falar nada, porque sabia que ela não teria coragem de me contar a verdade. Ficou pouco tempo presa, mas foi torturada e logo levada embora, nunca descobri para onde, mas certamente para um espetacular auto de fé. Deve ter sido queimada porque viu o demônio deitar com minha mulher e poderia denunciá-lo. Ela nem sabia ao certo do que estava sendo acusada. Gritava sua inocência sem que ninguém a ouvisse, procurando ajuda com quem quer que fosse, sem saber que eu estava na cela da frente, sempre em silêncio, porque nada poderia fazer por ela. Se não bastasse isso, ainda ouvi uma conversa entre Diogo e Carillo em uma taberna de Ávila, que somente confirmou o que eu já sabia. É esse homem que tenho que amar, Sancho? É essa mulher que tenho que voltar a amar?

Herrera terminou de falar e parecia exausto. O ódio que sentia por Diogo Martínez era tão grande que Sancho não ousou falar mais em amor, tampouco em perdão, que seria o primeiro passo. Esperou que ele se recompusesse, apoiando a mão generosa em seu ombro, para depois falar, calmo, em voz baixa:

– Vamos embora, meu amigo. Vamos partir daqui e terminar nossas vidas tranquilamente em algum lugar mais tranquilo. Beltrán levará Isabelita...

– Beltrán precisa matar Juan Carillo antes de tudo – interrompeu mais uma vez Herrera, ainda com a respiração pesada e voltando para dentro de casa, onde vivia escondido porque temia que algum dos colonos mais antigos o visse e reconhecesse, sem sentir nenhuma dor, como mentira Sancho para protegê-lo do sobrinho.

– Você quer que ele mate o pai da pessoa que ama?

– Carillo é o monstro que sequestrou e violentou a irmã que ele adorava. Já começou a vingança quando atravessou a espada na sua virilha sem matá-lo de imediato e até pensamos que ele morreria à mingua, mas o desgraçado é forte e sobreviveu, por isso precisa terminá-la, para vingar completamente a morte de Maria Ana. Ele era adotivo, mas a amava como irmã, e Juan Carillo a massacrou até o dia de sua morte, até o dia em que você a ajudou a ter Isabelita, que ele entregou ao irmão sem sequer assumi-la como filha. Ela nem sabe que ele é seu pai verdadeiro. Além disso, Carillo destroçou sua primeira família, sabe lá sob quais horrores.

– E se ele disser que não quer mais se vingar?

– Não posso obrigá-lo, embora isso vá me causar um grande desgosto. Mas ele tem um compromisso comigo, que vai até o momento em que eu mate Diogo Martínez. Depois disso, fará o que quiser da vida. E esse dia está próximo, Sancho. Sinto que esse dia está muito próximo.

# CAPÍTULO 31

No meio da noite, Beltrán levou Isabelita até os fundos de sua casa em total silêncio. Estavam escondidos no celeiro maior há algumas horas e tomavam todo o cuidado para não serem vistos na noite escura, sem lua e sem estrelas, com uma leve garoa umedecendo o caminho. Depois que sua amada entrou em casa, ele ainda ficou alguns minutos perscrutando qualquer som para certificar-se de que estava tudo bem com ela. Saber que ela amava Tiago Carillo, que pensava ser seu pai, não o incomodava, mas não era fácil pensar no fato de que ela também amava Juan Carillo, seu pai verdadeiro, que ela pensava ser seu tio. O ódio a ele trouxera Beltrán para Salamanca, mas agora seu coração estava tomado por Isabelita e parecia que qualquer ódio que sentira um dia tinha menor importância.

"Foram três mulheres importantes em sua vida, e as três muito parecidas fisicamente. Pilar, Maria Ana e Isabelita. Avó, mãe e filha. E ele não tinha laços consanguíneos com nenhuma delas, para seu alívio. Amara silenciosamente Maria Ana e vivera um tormento constante por vários anos, ainda como Ramon Sandoval, quando esta se transformou em uma mulher tão linda, pois impunha a si mesmo que se comportasse como se ela fosse sua irmã legítima, mesmo que no fundo soubesse que fora adotado por Antonio e Pilar. Por isso gostava da distância que o pastoreio lhe proporcionava e as noites estreladas da Extremadura eram testemunhas da sua luta em manter o respeito pela irmã, já que o que sentia por ela ia muito além de um amor fraternal. Quando o fato de ele ser irmão adotivo de Maria Ana foi

Amor | 229

exposto e se tornou claro, de certa forma sentiu-se livre dos grilhões de conduta que impunha a si mesmo. Alegria e dor se misturaram em seu sentimento, porque, junto com essa notícia veio a da prisão de Antônio e a da partida de Pilar para Sevilha. Logo em seguida, perdera Maria Ana para sempre."

Vagara pelo mundo assombrando pessoas más que encontrava. Ganhou os mares, novas terras e até o Novo Mundo, mas voltou para finalizar seu trabalho de vingador das dores do passado. Porém, na viagem de volta, a peste atacou quase toda a tripulação do navio onde viajavam e Herrera foi afetado. Beltrán e Sancho se salvaram de contrair a doença, mas pensaram que Herrera não viveria, já que pouquíssimos conseguiam essa façanha. Porém, ele resistiu, e atribuiu a isso seu desejo incomensurável de vingança, que supunha ser mais forte do que qualquer doença. Embora tenha demorado alguns anos para se restabelecer totalmente, conseguiu voltar a ser o que era.

Beltrán e Herrera ganharam ainda mais dinheiro do que já tinham nas suas aventuras. A fortuna em ouro e pedras que Javier Herrera havia encontrado sob a pedra do meio, entre a figueira e o muro da casa abandonada do verdadeiro Herrera, seria o suficiente para viverem bem até o fim da vida, mas eles ainda a multiplicaram enquanto procuravam pessoas más para livrar o mundo de suas torpezas. E isso dava dinheiro, porque havia quem pagasse para que não existissem pistas, nem suspeitas. Enquanto isso, por muitos anos buscaram Juan Carillo, mas ele parecia um fantasma. Quando conseguiam alguma pista ou se aproximavam dele, sumia sem deixar rastros. Queriam encontrá-lo para saber da filha de Maria Ana, mas não imaginavam que ela estava exatamente na fazenda Sant'Ana, porque dom Camillo, quando foi preso, não ficou sabendo da vinda de Tiago Carillo, o irmão do monstro, para as suas terras.

Em uma das vezes em que quase o encontraram e o perderam, estavam na região de Sevilha, então resolveram se concentrar em Tomas e Sônia. Não foi difícil para um rico e sedutor mercador de sedas cativar a senhora Urraco de Gusmán. Em poucos dia, bem menos do que pensava, ela estava em seus braços, e logo depois ele estava em seu quarto. Em uma das visitas a esse quarto, um velho médico abordou Tomas na rua e, como se estivesse em transe, pediu para que ele voltasse para casa e tomasse melhor conta da esposa. Para um passional, não precisou de mais palavras.

Beltrán, o mercador de sedas, havia presenteado Sônia com um riquíssimo diadema e ela o estava usando quando Tomas entrou pelos aposentos de dormir. Desesperado, ensandecido, ele, que havia sofrido tanto com o ciúme doentio da esposa, transpassou nela sua espada e virou para fazer o mesmo com seu amante, mas este não era apenas um mercador inexperiente com armas, mas sim um espadachim acostumado ao combate, que desarmou seu oponente com imensa facilidade, mesmo este sendo um general de exército. Desarmado e com uma espada apertando na garganta, Tomas atendeu ao pedido de Beltrán para que examinasse melhor o diadema que Sônia usava. Quando viu o que era, ficou perplexo, e então Beltrán revelou quem era e o motivo de estar ali para matá-lo, o que fez em seguida. Antes de desaparecer, ainda deixou o casal disposto de tal maneira que parecesse um assassinato seguido de suicídio.

Mas Beltrán sentiu alguma alegria com isso? Nenhuma. Assim como não mais sentira quando matou Steban de Cuellar, mesmo que, na ocasião, não tenha assumido este sentimento. O que era a vingança senão uma multiplicadora de dores e tragédias? De que estava lhe servindo devolver a dor que sentira por perder a família? Nada, absolutamente nada. Mesmo assim, havia um homem com quem esta sensação poderia ser diferente. O homem que havia matado um soldado da fazenda na sua frente e queria incriminá-lo por isso. Um homem que havia destruído suas duas famílias. Quem sabe, matando este homem não encontraria o sossego que Javier Herrera dizia ser possível somente com a vingança?

Estavam em uma taberna em Ronda, na Andaluzia, próximo à Málaga, onde um grupo de soldados mercenários cochichavam sobre a derrota que haviam sofrido para um inimigo que lhes roubara os cavalos. Sempre curioso, Javier Herrera se infiltrou entre eles, pagando rodadas de vinho, e ficou sabendo de quem se tratava. Um dos mercenários fora soldado de Carillo e se voltara contra ele, o que não era tão difícil. Foi este que contou quem era o inimigo ladrão de cavalos e para onde ele provavelmente tivesse ido, assim como revelou que Juan Carillo tinha um irmão e uma sobrinha morando próximos de

Amor | 231

Salamanca. Com sua facilidade em comandar, Herrera juntou aqueles derrotados em torno de si até encontrarem Carillo, o que seria mais fácil por saberem para onde este tinha ido. Beltrán teve sua vingança ao se identificar primeiro como filho de Abel Hakim, em seguida como Ramon Sandoval, logo depois de ter enfiado sua espada no alto da coxa de Carillo. Depois disso, deixou que o desesperado inimigo fugisse para morrer aos poucos, mas com a promessa de que, se vivesse, o encontraria para terminar o serviço. Sendo assim, a fazenda Sant'Ana era a última etapa da vingança de Herrera e Beltrán. Era nela que ele reencontraria Carillo, que descobrira vivo. Era nela que dom Camillo de Alunes e Borges encontraria Diogo Martínez e dona Tereza de Almada e Borges, e também teria sua desforra.

Como André não tinha a mínima ideia de quem era Beltrán, foi este que o procurou como colono querendo trabalhar na parte quase improdutiva da fazenda, onde ninguém conseguia tirar nada nem para o sustento. Não tendo nada a perder, André aceitou a proposta de bom grado e em nenhum momento relacionou a morte trágica dos irmãos Cordellos com seus novos agregados. Desta vez Beltrán pouco participou e deixou quase todo o trabalho de justiceiro para Herrera, que parecia não deixar diminuiu nunca seu apetite pela vingança.

Em Ronda, o soldado que passara a eles as informações sobre Carillo já havia dito que o irmão deste era um bom pedreiro e muito diferente do mercenário. Então Beltrán procurou o pedreiro, tomando o cuidado para não ser visto por Juan. Sabia que Tiago estava trabalhando no estábulo da casa principal e o chamou da porta de entrada, porém, quem veio atendê-lo não foi o pedreiro, mas sim um pedaço do passado. O que ele viu se aproximando, vindo do fundo do estábulo, era Maria Ana em pessoa, e suas pernas fraquejaram. Isabelita, que sempre estava por perto do pai quando podia, mesmo que acostumada com o que causava na maioria dos homens, achou estranho tamanha comoção e isto já fez com que prestasse mais atenção naquele novo colono. Seus olhos não demonstravam apenas atração física e, mesmo ele sendo bem mais velho do que ela, sentiu por ele uma imediata afeição. Quando conheceu Beltrán, já estava sofrendo com os encontros impostos por André, pensando em salvar a família do tribunal da inquisição. Por isso entendeu que sua afeição tão

## 232 | Mauro Camargo

rápida por um estranho se devia ao fato de ter o coração tão desequi-
librado pelo patrão, que em nada a respeitava, muito pelo contrário.

Beltrán, por sua vez, não apenas apaixonou-se por uma pessoa que
acabara de conhecer. Seu coração simplesmente religou o passado
com o presente e de lá trouxe a imensa paixão que sentia pela irmã,
que não era irmã, e que tanto o torturava. Seria muito mais fácil se
apaixonar pela sobrinha que não era sobrinha. Além do mais, o que
haveria agora de impedimento, senão a diferença de idade entre eles,
o que pareceu não ser um problema para Isabelita desde que suas
mãos se tocaram pela primeira vez? Assim o amor mútuo os uniu em
muito pouco tempo e não demorou para que Beltrán desconfiasse da
relação forçada entre sua amada e o patrão, para seu desespero, pois
André não era apenas um nobre influente na região, mas também o
filho de dom Camillo, ou Javier Herrera. Queria matá-lo com a mesma
facilidade com que matou tantas outras pessoas más, na surdina,
sem que ninguém soubesse. Porém, como esconder isso de Herrera,
que agora era como um pai para ele? Foi também com desgosto que
descobriu o quanto Isabelita gostava do tio, sem saber que o tio era
seu pai. Isabel Carillo, esposa de Tiago, havia morrido ao dar à luz
também a uma menina, poucos dias antes da chegada de Juan com
uma criança no colo. Sua ideia inicial era deixar a filha recém-nas-
cida com o casal, por que nem sabia que a cunhada estava grávida,
mas a situação se configurou de tal forma que foi mais fácil que o tio
se tornasse pai. Beltrán sentiu vontade muitas vezes de contar o que
sabia, mas não podia imaginar a reação da amada se soubesse do ódio
profundo que o unia ao tio. Por ela ficara sabendo que o tio fora ferido por um antigo desafeto que buscava vingança e que era chamado
Ramon Sandoval, de quem ela tinha muito medo. Toda esta situação
fazia ele não saber como poderia terminar seu ciclo de vinganças, se
isso iria causar dor na pessoa que mais amava.

Isabelita insistira várias vezes que queria apresentá-lo ao tio, mas
Beltrán sempre fugia desse encontro, porque ela mesma já havia lhe
contado do ódio de Juan Carillo pelos judeus, mesmo os convertidos
como ele, embora não tivesse mais nenhum contato com a religião
dos seus ascendentes. Até deixara o livro de Isaac Hakim, seu pai verdadeiro, escondido na velha cabana de caça na beira do rio Agueda,

onde voltaram algumas vezes, quando era preciso realmente descansar, mas nunca mais o folheara, como se quisesse mesmo esquecer aquele passado. Então, ele amava Isabelita, mas não podia se expor, tampouco finalizar sua vingança sem correr o risco de perder esse amor. A saída mais plausível para ele era fugir com Isabelita e deixar para trás todo o seu rancor, mas somente poderia fazer isso depois de Javier Herrera ter matado Diogo Martínez. Por isso, quando ela lhe contou que o dominicano estava na fazenda, e sabendo que Herrera havia mandado a ele uma carta anônima, cobrou alguma esperança de que poderiam logo partir, mesmo que tivesse que levar Isabelita à força. Ela ficaria magoada no começo, mas tinha certeza de que, tão logo soubesse toda a verdade guardada em seu passado, entenderia a situação.

Foi pensando mais uma vez em tudo isso que ele se afastou pisando muito leve da casa de Isabelita, quando teve certeza de que seu pai e seu tio não haviam acordado com a chegada dela, e tomou o caminho de casa, distante dali. Queria dar a Herrera a notícia da chegada do inquisidor e estava feliz com as novas perspectivas, tanto que andou despreocupado e sem olhar para trás. Se tivesse olhado, provavelmente veria o vulto de outro dominicano, que mais uma vez estava escondido no celeiro onde ele e Isabelita se encontravam, para passar a noite, porque não queria dormir na casa e encontrar Diogo. Um dominicano dominado pela paixão e pelo ciúme, ainda sem saber ao certo o que fazer.

# CAPÍTULO 32

Diogo Martínez encontrou Alfonso Borges conversando com a tia, dona Tereza, na mesa da refeição matinal e foi fácil perceber o desgosto imediato que tomou conta dela com sua aproximação. André estava na cidade desde o dia anterior para negociar o que sobrara da produção de lã. Por isso o frade precisava da atenção das mulheres da casa que escolhera para seus dias de suposto descanso.

– Voltou mais cedo do que eu esperava, frei Alfonso – comentou Diogo, tomando seu lugar à mesa, enquanto dona Tereza pedia licença para levantar, alegando a necessidade de orientar os serviços da casa, sempre sem olhar nos olhos de Diogo.

– Fiquei preocupado com a situação dos novos colonos que visitei quando saí daqui, por isso resolvi voltar e discutir o assunto com minha tia – respondeu Alfonso, tão logo dona Tereza saiu da sala.

– E o que o deixou tão preocupado com a família de Beltrán Girón?

– Há um homem idoso e doente na casa, assim como um médico também idoso e com a aparência de não ter uma boa saúde. Somente Beltrán, que me pareceu uma boa pessoa, não conseguirá sustentar a casa e fazer aqueles campos renderem. É preciso mais pessoas...

– Beltrán Girón não é uma boa pessoa e não está lá para trabalhar na terra, frei Alfonso. Não perca seu tempo – falou Diogo com secura, interrompendo o primo, que ficou estupefato com a situação e, por isso, em silêncio, esperando ouvir alguma explicação. Como esta não veio e Diogo continuou sua refeição, perguntou:

– Como sabe que esse colono não está lá para ser colono?

– Porque Beltrán Girón, Javier Herrera e Sancho de Salunca, são assassinos procurados por todo os reinos da Espanha, Portugal e alguns outros. Entre tantos crimes, os que mais interessam à igreja são aqueles que vitimaram pessoas por ela protegidas, como Steban de Cuellar, nosso parente, os irmão Cordellos aqui em Salamanca, ou Tomas Urraco de Guzmán e sua esposa em Sevilha.

– Por Deus! – balbuciou Alfonso, assustado com sua ingenuidade, que apenas viu gentileza e bondade nos olhos de Beltrán. – Então é este o verdadeiro motivo de sua presença em Salamanca?

– Ah! Não, em absoluto! Eles não são realmente um problema, por que logo estarão presos. André trará amanhã um grupo de sodados da cidade para prendê-los e os levarei para Valladolid, onde responderão junto ao tribunal por seus crimes, antes de serem entregues à justiça secular, se for necessário.

– Se o senhor alega que eles não são realmente um problema, não quero imaginar o que considera um problema verdadeiro. Ficarei ainda mais preocupado se existirem problemas verdadeiros por aqui, na fazenda Sant'Ana.

– Sempre existem problemas verdadeiros, frei Alfonso. Problemas que envolvem grandes nomes, nobres, reis, bispos, capelães, cardeais... pessoas que conduzem o destino de outras pessoas e que merecem, por isso, uma atenção bem maior da igreja. Veja bem, irmão, se nos preocuparmos com André, por exemplo, decidiremos o destino de quantos colonos? Valerá a pena ir de um em um? Problemas verdadeiros sempre envolvem grandes nomes.

– E qual problema verdadeiro pode envolver André, nosso primo, para que o senhor precise se preocupar com ele? – perguntou Alfonso, preocupado com o andamento da conversa e fazendo de conta que não entendera a citação da palavra "capelães", que envolvia seu amigo, Agustín de Cazalla, que havia sido convidado pelo rei para ser seu capelão.

– Precisamos conversar, frei Alfonso, mas não aqui. As paredes das casas sempre têm ouvidos afiados. Encontre-me na capela daqui a pouco, lá poderemos discutir assuntos que precisam da nossa máxima atenção sem que nos interrompam ou nos escutem. Além do mais, não gosto de discutir problemas deste tipo enquanto me alimento. Minha digestão é muito frágil.

236 | Mauro Camargo

Alfonso saiu da casa da tia evitando encontrá-la, bastante preocupado com o que acabara de ouvir, mas, ao contornar pelo caminho dos fundos, encontrou Isabelita, que o esperava.

– Por favor, meu amigo, preciso saber...

– Não, Isabelita, perdoe-me, mas não posso conversar agora – falou o frade, passando por ela sem olhar nos seus olhos para não correr o risco de ficar ali, preso pela paixão.

Diante do que acabara de ouvir, conversar com ela e não avisá-la do perigo que a família de Beltrán estava correndo seria uma traição. "Traição? Quem está acima, Isabelita ou a igreja?", protestou o debatedor, mas Alfonso não deu espaço a ele. Foi até a capela e mais uma vez ficou desesperado por não conseguir elevar uma prece verdadeira a Deus. Precisava estar sereno para a conversa que teria com Diogo e para as verdades que passaria a carregar depois disso, mas não conseguia. Além do mais, seu coração ainda estava por demais angustiado com a paixão que nele latejava. "É a chance que tem de se livrar de um dos concorrentes, mas ainda faltará André", falou mais uma vez o debatedor, mas Alfonso não teve tempo nem de mandá-lo calar a boca, porque Diogo Martínez acabara de entrar na capela e vinha em sua direção. Assim como Isabelita, apanhou uma cadeira e colocou-a na sua frente.

– Não temos muito tempo a perder, meu caro – falou, logo que se acomodou. – A situação é bastante grave e vou ser direto, principalmente porque envolve parentes muito queridos.

– Tenho medo do que estou para ouvir, frei Diogo.

– E tem razão em ter. André acusou a família de Beltrán de judaizar, por que está apaixonado por Isabelita e quer fazer dela sua amante exclusiva. Com a acusação, se livra do concorrente, porque sabe que romper o contrato que fez com ele não será o suficiente para mantê-lo longe da moça. Tenho certeza de que isso não é um assunto novo para você, frei Alfonso, não é mesmo?

– Continue, frei Diogo, continue... – respondeu Alfonso, deixando entender que até aquele momento nada realmente o surpreendera.

– André trará uma guarda da cidade para a fazenda pensando que se livrará de Beltrán e sua família, mas não sabe que a acusação principal recai sobre ele.

– O quê? Do que André é acusado? De judaizar?

– Ah! Não, não... embora ele se envolva com assuntos também perigosos quando deixa a sua linda esposa ler as ideias de Erasmo, mas disso eu tenho conseguido protegê-lo, não sei até quando. Nas suas noitadas em Salamanca, ele também acaba soltando a língua e se diz defensor de Erasmo, a quem, na verdade, mal conhece. Porém, a acusação agora é mais pesada. André foi acusado de ter matado o padre Euzébio, aquele que o corpo foi encontrado estrangulado no rio.

– Meu Deus! Como pode ter sido ele?

– A paixão, frei Alfonso, a maldita paixão – falou Diogo, abençoando-se com o sinal da cruz. – Infelizmente irmão Euzébio não era uma pessoa que seguia à risca a lei do celibato e tinha alguns casos que já haviam lhe rendido advertências, mas ele era incorrigível. Acabou por se interessar por nossa querida Isabelita, e foi insistente, tão insistente que André percebeu e fez o que fez. A irmã do padre Euzébio o viu conversando com André na noite do crime...

– Mas por que ela não recorreu ao alcaide? Por que não foi às autoridades seculares?

– O alcaide é o melhor amigo de André, em Salamanca, Alfonso. Além do mais, ela sabia que o dinheiro acabaria fazendo com que fosse presa por calúnia. Por isso, recorreu onde pode ser realmente ouvida e entendida. Pode haver heresia maior do que matar um representante de Deus na terra?

– E agora? O que o irmão fará? Vai prender nosso primo? Será a morte de dona Tereza...

– E podemos deixar um criminoso livre, frei Alfonso? A igreja está acima do parentesco, não é? Além do mais, o irmão não deve ter dificuldade em entender que tenho em minhas mãos a sua própria felicidade.

– O que quer dizer com isso, frei Diogo? – perguntou Alfonso, assustado com a franqueza e ousadia do frade.

– Ora, se eu levar para Valladolid Beltrán e André, o seu caminho para Isabelita estará livre e sem que ela possa acusá-lo de nada, afinal, os interesses da igreja sempre estão acima, não é mesmo? Eu sei que temos a obrigação de respeitar o celibato, mas também sou humano, meu primo, e entendo essas aflições – falou Diogo, colocando até doçura em suas últimas palavras.

Alfonso demorou alguns instantes para absorver o impacto do que ouviu. Jamais esperava que Diogo pudesse ser tão direto. Ele sabia o quanto era preciso manter o equilíbrio, principalmente porque rapidamente entendera que não adiantaria somente negar sua ligação com Isabelita, sem saber até onde Diogo queria chegar.

– Confesso que estou assustado, frei Diogo, e não sei exatamente o motivo de estar me revelando esses assuntos. Isabelita é minha amiga, sou seu confessor e tenho por ela um grande carinho desde há muito tempo, mas isso não quer dizer que eu tenha outras pretensões, que, aliás, em nada condizem com a minha história e condição de monge, mesmo sendo humano como o senhor – respondeu, cautelosamente.

– Oh! Sim, claro. Sua história é de austeridade e disciplina, sei bem disso. Mas, ainda assim, gostaria de continuar sendo muito direto, porque temos pouco tempo para decisões. Então, vamos supor que não tenha interesse em abrir seu caminho até o coração de Isabelita, mas se preocupa com o futuro de sua amiga e protegida. Vejo que o futuro dela é bastante incerto caso nada aconteça com André e Beltrán: ou estará unida a um criminoso que logo será apanhado, ou será amante de um nobre que a usará enquanto for bela, para depois simplesmente substituí-la. É isto que o senhor quer?

– Oh! Não, em absoluto – exclamou Alfonso, logo se arrependendo pela intensidade da reação, pois revelava por demais sua preocupação com Isabelita.

– Além do mais, embora isso não seja assunto exatamente da minha alçada, o tio dela, Juan Carillo, também logo será alcançado pela lei. É um velho criminoso, acusado de tantas mortes que nem consigo contar. Está sendo acobertado pelo irmão, o que o incrimina também. O mundo dela ruirá e será preciso alguém para cuidá-la...

– O que realmente quer, frei Diogo?

– Eu tenho assuntos relevantes para tratar com Juan Pardo de Tavera, frei Alfonso.

– Como? – perguntou o frade, cada vez mais confuso.

– Lembra quando falávamos que verdadeiros problemas se relacionam com grandes nomes e que fazemos muito mais pelas pessoas tratando diretamente com quem detém o destino de muitas delas?

– Sim... mas...

– Juan Pardo de Tavera é um grande nome... um dos maiores... e eu preciso de argumentos fortes e informações confiáveis para resolver alguns assuntos pendentes com ele... – falou Diogo, reticente, como se medisse um pouco mais o que falava.

– Assuntos pendentes? Não estou entendendo aonde quer chegar – falou Alfonso, embora o debatedor já tivesse entendido tudo em sua mente, apenas não conseguindo tempo para falar. – Estávamos falando de André, Beltrán, Isabelita...

– O cardeal Juan Pardo logo ocupará o cargo de inquisidor-geral, substituindo o cardeal Alonso Manrique de Lara, que enfrenta forte oposição por também defender as ideias de Erasmo de Roterdã. Não creio que permanecerá no cargo por muito tempo e imagino que poderá até ir parar na fogueira devido a isso. Mas o maior sonho de Juan Pardo não é ser inquisidor-geral, mas sim capelão do rei Carlos. Tenho certeza de que, se conseguir isso, abdicará de tudo e, se já for o inquisidor-geral, terá que indicar um sucessor. Mesmo que eu tenha o apoio do ducado de Median-Sidonia, uma indicação como a dele é muito mais segura e eu quero sucedê-lo, frei Alfonso. Por isso preciso da simpatia de Juan Pardo. Por isso preciso ajudá-lo a ser inquisidor-geral, a princípio, e depois capelão do rei. Imagine que posso oferecer a ele a prisão de criminosos que assombram a igreja; a prisão de um nobre que assassinou um padre e informações preciosas sobre um dos seus desafetos mais imediatos, o homem que pode lhe roubar o tão almejado sonho de estar próximo ao rei e comandar o reino... Não consigo pensar em argumentos mais convincentes do que estes para ser bem visto por ele.

Alfonso sentiu um calafrio correr por todo seu corpo e teve a sensação de que a alma gelou. Pensava que já tinha entendido onde Diogo queria chegar, mas agora percebia que as artimanhas dele eram quase impossíveis de serem alcançadas por seu raciocínio, nem com a ajuda do debatedor. Além do mais, ouvi-lo falar assim que queria que ele entregasse Agustín de Cazalla era assustador, por isso apenas fechou os olhos e tentou desesperadamente se ligar com Deus, quando sentiu que a mão do frade pousava em seus ombros.

– Não quero que me diga nada agora, frei Alfonso. Embora nosso tempo seja curto, temos até a noite para tomarmos decisões. Mas eu gostaria de lhe lembrar que proteger pessoas perigosas pode ser tam-

## 240 | Mauro Camargo

bém um perigo. Por Deus! Quantas pessoas perigosas o senhor está protegendo nos últimos dias? Beltrán, André, Agustín... Não acha que pode, a qualquer momento, ser acusado de não estar protegendo a santa madre igreja?

Diogo terminou de falar já em pé. Ficou ainda alguns segundos parado em sua frente, antes de falar novamente, sendo absurdamente claro:

– Tem nas mãos a segurança de uma pessoa que tanto ama e o direito de responder a ela e à sua consciência que está protegendo a igreja, o que é sua obrigação. Portanto, não seja tolo e faça o que é certo, antes que tenha o mesmo destino de todos, deixando Isabelita desprotegida no mundo.

Frei Alfonso Borges ficou aturdido. Uma avalanche se derramara sobre ele e o sufocava. O debatedor o segurava pela roupa e o chacoalhava, querendo urgentemente conversar, argumentar, mas ele estava estupefato demais para dar ouvidos. Tinha poucas horas para decidir qual caminho tomar, embora seu coração já soubesse qual seria a decisão. "Você vai justificar tudo com o argumento de que a igreja está acima das suas vontades", gritava o debatedor e ele tinha vontade de perguntar: "e não está?", mas não perguntava, tentando manter o terrível silêncio interior que o dominava.

Diogo Martínez, por sua vez, saiu da capela aparentando incrível serenidade no rosto. Sentia-se um grande defensor da verdadeira fé e sabia que os fins sempre justificavam os meios quando o assunto era manter a pureza da igreja. Como poderia se incomodar por mentir a Alfonso sobre o assassinato do padre Euzébio? Ele sabia que quem o matara fora Carillo, que não podia mais se mexer direito, mas ainda tinha soldados obedientes para ajudá-lo em qualquer assunto. Porém, Alfonso jamais saberia quem era o verdadeiro assassino, porque não ousaria perguntar ao primo. Por sua vez, gastara pouco com a irmã do padre para que ela falasse que viu André com o irmão, caso fosse procurada por alguém para falar do assunto. O dinheiro que gastara com ela seria muito pouco comparado com o que ganharia com André para protegê-lo, pois comprar o silêncio de outros inquisidores, mesmo que inventados, sempre custara muitas moedas de ouro. Ainda assim, levaria o primo preso até Valladolid, onde encontraria Juan Pardo de Tavera, o possível futuro inquisidor-geral, e ofereceria a ele a família de André, mais os assassinos procurados pela igreja, além de informações muito confiáveis da ligação de Agustín de Cazalla, futuro capelão real, com as ideias de Erasmo de Roterdã, que, embora cristão confesso, tanto desconforto causara com suas opiniões e escritos considerados por tantos como hereges. Mesmo sabendo que o rei Carlos era simpático às ideias humanistas de Erasmo, não acreditava que ele se arriscaria nomeando um capelão visado pelo santo ofício.

Em troca de tudo isso, seria natural que o cardeal o visse como um substituto no futuro ao cargo de inquisidor-geral, e seria fácil pedir que mantivesse o primo preso por alguns meses, apenas para que, supostamente, pudesse apurar melhor a denúncia da irmã do padre Euzébio. Enquanto isso, mostraria para a família sua habilidade em manter o primo preso sem ser interrogado e depois a necessidade de mais alguma soma para que fosse libertado, assim como acontecera com o pai, dom Camillo de Alunes e Borges. Era impressionante a tendência do destino em repetir-se, pensava Diogo Martínez, feliz com sua inegável esperteza, além da capacidade de ajudar a igreja, obviamente.

– Começo a entender melhor minhas dores, meu olho, minha perna atrofiada – falou padre Godoy, bastante tempo depois da longa narrativa de Herrera. Os dois haviam caído no silêncio, tomados pelas emoções do que o espírito acabara de contar. – É curioso – continuou o padre – Durante a vida muitas vezes me pego falando comigo mesmo, discutindo assuntos delicados como se eu fosse duas pessoas ao mesmo tempo.
– Terá uma grande surpresa quando conhecer o debatedor, padre.
– O quê? Ele existe? É um espírito?
– Uns chamam de anjo da guarda, outros de mentor... mas poucos conseguem estabelecer diálogos tão nítidos, como no seu caso. No entanto, eles estão sempre tentando dialogar conosco, nos conduzir para o bem. Quando nos fechamos a eles e deixamos o egoísmo prevalecer, eles são substituídos rapidamente por outros, geralmente

## 242 | Mauro Camargo

não tão bem intencionados, e os debates costumam descambar para níveis mais baixos, infelizmente.

– Alfonso foi egoísta, embora tivesse fortes argumentos para isso. Porém, nada justifica o que fez com o amigo, se realmente fez o que imagino.

– Os egoístas sempre consideram seus motivos os mais fortes. Eu também era assim. Achando que poderia fazer justiça, só queria mesmo satisfazer meu ego com a vingança.

– E onde estão os outros... Dona Tereza, André, Diogo... Posso saber?

– Logo saberá, padre. A minha próxima visita será a última e talvez eu traga alguns amigos comigo... Então poderemos contar muitas coisas. Mas esta próxima visita talvez não seja como as outras.

– Oh! Acostumei a recebê-lo e a ouvir suas aventuras... e desventuras. Sentirei falta – falou o padre, sem se dar conta da última frase de Herrera.

– Não se preocupe, caro Godoy, pelo que posso entender, terá mais alguns anos ainda nesta jornada e não deixarei que tenha muito tempo para sentir minha falta.

– Ah! Então continuará me visitando?

– Sim, com certeza... ou ao menos é o que espero. Na verdade, conto muito com isso – falou Herrera, com um sorriso discreto e misterioso. Depois levantou de sua poltrona, caminhando na direção da porta. Quem visse o padre Godoy abrindo a porta dos fundos e se despedindo de alguém que ninguém via pensaria que o velho padre já estava gagá. Antes de partir, Herrera perguntou:

– Tem tido notícias de André... Oh! Perdoe-me, de Bruno, e do restante da minha família?

Padre Godoy ficou olhando para Herrera de forma ensimesmada, sem saber que o tropeço fora mesmo acidental. Depois chacoalhou a cabeça e falou:

– Para enfrentar a dependência química é preciso muito amor e paciência. Creio que sabe que Bruno teve suas recaídas e acabou tendo que ser internado novamente. A medicina classifica seu caso de esquizofrenia desencadeada pelo uso de drogas, a maconha principalmente. Esta é uma droga terrível quando usada muito cedo, pelos problemas cognitivos que causa e cada vez mais as pessoas estão entendendo isso, pela dor, infelizmente. Bruno voltou a usar drogas, mesmo tão bem vigiado, e teve uma crise mais prolongada de alienação devido a isso. Achava que havia pessoas o perseguindo e foi preciso ser internado, antes que cometesse mais alguma insanidade, como quando quase matou Ernesto. A relação entre eles continua péssima. Que eu saiba, amanhã ele sairá da clínica novamente.

– Seria interessante o senhor preparar Maria do Carmo e Emília para o que está por vir, padre – falou Herrera, parado ao lado da porta, antes que o padre a abrisse.

– E o que pode estar por vir que elas ainda não estejam preparadas? Têm se esforçado muito...

– Ele terá uma crise ainda maior, um colapso, na verdade. Não entendo tanto do assunto porque não aprendi muito sobre os processos obsessivos, mas sei que a equipe espiritual que ajuda Bruno vai tentar desligá-lo do seu principal obsessor. Falaram que, nestas situações, em que o envolvimento é tão entranhado por culpas e desejos de vingança, é preciso que o corpo do obsidiado chegue próximo à morte para que as energias que os prendem possam ser rompidas. Então será um grande susto, mas creio que teremos mais progressos depois. Só será possível tudo isso, porque Emília tem se esforçado muito e espalhado amor em todos os momentos da vida de Bruno, embora ele não tenha muitas condições de entender isso.

– Farei o que for possível, meu amigo.

– Não tenho dúvidas, padre. É por saber que o senhor sempre fará o que for possível que tenho vindo, e lhe contado tantas histórias – falou Herrera, mais uma vez aguçando a curiosidade do padre.

A noite de primavera estava cálida e a lua passeando no céu a deixava mais iluminada do que o habitual. A chuva que caíra no final do dia limpara a atmosfera e Godoy respirou profundamente o aroma das flores, que ganhavam vida nova com o calor que aos poucos aumentava. Teve vontade de ficar mais tempo no jardim, mas sabia que não demoraria o novo dia, e viriam pessoas pedir sua ajuda, ou apenas os seus ouvidos.

# CAPÍTULO 33

Os campos ao redor da estrada que vinha de Salamanca até a fazenda Sant'Ana amanheceram mais uma vez cobertos de geada, mas, como não havia vento, não estava tão desconfortável a cavalgada de André e dos soldados destacados pelo alcaide para acompanhá-lo. Isabelita estava vindo pelo caminho quando viu a tropa parar na frente da grande casa e Diogo Martínez aparecer ao lado de Alfonso Borges para recebê-los, antes mesmo de dona Tereza. Seu coração apertou-se, tanto pelo perigo que aqueles homens representavam a Beltrán, quanto pela suposta traição de seu amigo Alfonso, caso estivesse sendo conivente com André e Diogo. Sem saber ao certo o que fazer, porque Beltrán morava muito longe, decidiu ir até a casa e sondar o que estava acontecendo.

Alfonso estava acabado, mas ainda assim seu coração bateu mais forte quando viu Isabelita vir pelo caminho e contornar a casa para entrar pelos fundos. Estava com todo o discurso pronto em sua cabeça e esperava que a moça pudesse compreendê-lo, mesmo que demorasse alguns dias para isso. Durante a noite escrevera o primeiro relatório que havia ficado de mandar periodicamente a Juan Pardo, salientando a importância das conversas que mantivera com o frei Diogo, para que pudesse chegar às devidas conclusões a respeito de seu amigo Agustín de Cazalla e a preocupação que tinha com o destino deste. Embora o debatedor esbofeteasse seu rosto constantemente, sabia que não tinha outro caminho a seguir, a não ser se aceitasse ser condenado também por defender ideias hereges ou preso por prote-

Amor | 245

ger criminosos, como era o caso da família de Beltrán, a qual visitara recentemente. Ele bem sabia que Diogo não teria pudores em acusá-lo. Como protegeria Isabelita? Então, mesmo que esgotado, vencido pelas circunstâncias, entendia que não havia outra saída digna para a situação e imaginava que tanto ela quanto seu amigo um dia haveriam de entender suas motivações.

– Quais são suas ordens, frei Diogo? – perguntou André, com um sorriso no rosto, feliz que estava por saber que Beltrán Girón seria preso e levado para ser interrogado pelo tribunal.

– Quem é o comandante da guarda? – perguntou Diogo, e logo um dos soldados adiantou seu animal até ficar ao lado dele, colocando-se à disposição. Diogo então tirou de dentro do hábito um documento enrolado e perguntou:

– Qual é seu nome?

– Pérez, senhor.

– E sabe ler, Pérez?

– Sim, é necessário para o meu cargo – alegou o comandante, enchendo o peito com orgulho ao receber o documento do frade. Ele era o único a carregar um arcabuz nas costas e seu uniforme estava impecável. Os botões bem polidos e brilhantes mostravam a Diogo, sempre observador, que aqueles guardas estavam mais acostumados a conversar do que a lutar.

André estava impaciente, mas sabia que era preciso que se cumprisse algumas formalidades. Sua mãe havia aparecido na porta da casa, ao lado de Isabelita, e isso o deixou ainda mais ansioso. Dona Tereza, por sua vez, estava aflita por ver aqueles guardas, lembrando da vez em que seu marido fora levado, há tanto tempo. A presença de guardas e de Diogo juntos novamente lhe causou profundo mal-estar, mas sabia que nada de prático poderia fazer naquela situação.

Pérez, que não sabia ler tão bem assim, embora não admitisse isso, ficou atônito com o que estava escrito no documento que recebera de Diogo e olhara diversas vezes para André enquanto repetia a leitura, como se quisesse ler algo diferente do que vira na primeira vez. Sem saber exatamente o que fazer, mas dotado de espírito prático e acostumado à função, chamou os oito soldados que o acompanhavam e fez com que o seguissem, tomando o caminho para o norte. Isabelita,

## 246 | Mauro Camargo

ao ver o rumo que o pelotão seguia, sentiu as pernas fraquejarem e procurou os olhos de Alfonso, mas este se negava a encará-la. O que ela poderia fazer, além de tentar esconder as lágrimas que já rolavam em seu rosto?

– O que está acontecendo aqui? – perguntou dona Tereza, descendo as escadas da casa e parando na frente de André, que havia acabado de apear do cavalo.

– Nossa fazenda foi contaminada pela heresia, senhora minha mãe, mas felizmente a descobrimos a tempo de não sermos considerados também hereges. Estes novos colonos do norte não fizeram render a terra que arrendaram por perderem muito tempo com os ritos heréticos dos judeus.

– Como pode ter certeza disso? De onde vem a informação? – insistiu dona Tereza.

– Não convém delatar testemunhas, senhora, não seria correto. Porém seu próprio sobrinho Alfonso esteve com eles recentemente e constatou nossas suspeitas – respondeu André, causando rápido assombro em Alfonso.

Alfonso não tivera nenhum contato com o primo desde que visitara a família de Beltrán e tampouco Diogo havia tido depois disso. Se André usava este argumento é porque já o tinha combinado previamente com Diogo Martínez, que apenas mantinha seu sorriso cínico desenhado no canto dos lábios. Assustado com a situação e entendendo que fora usado a contragosto para formalizar uma denúncia, descuidou-se e olhou para os lados, encontrando os olhos marejados de Isabelita. Porém, atrás das lágrimas que ela agora não conseguia mais conter, não havia apenas tristeza, mas sim um profundo rancor, caminhando rapidamente para o ódio.

André, ao vê-la chorando, teve vontade de gritar de ciúme, porque aquelas lágrimas eram por outra pessoa, mas Maria del Mar apareceu também na porta e foi preciso que se comportasse. Deu as costas para Isabelita e voltou-se para mãe, que ainda fazia perguntas sobre a situação, tentando acalmá-la e levá-la para dentro de casa, já que os soldados demorariam a voltar e ele ainda nem tinha feito sua refeição matinal, como se tudo o que estava acontecendo fosse corriqueiro, habitual.

As duas horas que se seguiram até a volta dos soldados foram de tensão e silêncio. Isabelita não conseguiu trabalhar e prostrou-se a um canto da cozinha, enquanto dona Tereza apenas cuidou para que as crianças da casa fossem levadas para longe por Maria del Mar, sem insistir mais em perguntas que não seriam respondidas. O som de cascos se aproximando causou alvoroço e todos correram para a varanda da casa. A guarda havia voltado trazendo dois velhos, um bastante arqueado sobre a sela e o outro demonstrando idade bem avançada. Ambos montavam belos animais, mas a aparência deles não justificava tamanho efetivo. Um deles, aparentemente o mais velho, ainda estava com a cabeça descoberta e montava com alguma dignidade, mas o outro vinha envolto em cobertores, mal conseguindo se sustentar na sela.

– Onde está Beltrán? – gritou André, quando os cavalos pararam.

– Não o encontramos, senhor – respondeu Pérez. – Procuramos pelos campos ao redor, mas ele desapareceu e os velhos se negam a dizer onde ele pode estar.

– Ele saiu para trabalhar com o primeiro sol – respondeu o calvo Sancho. – Como podemos saber onde ele está?

– Deixei dois soldados guardando a casa, senhor. A não ser que tenha fugido para não voltar, será em breve capturado – argumentou Pérez, apeando do cavalo e ordenando que seus soldados o seguissem para rodearem André, que demorou a entender o que estava acontecendo.

– O que estão fazendo, Pérez? – perguntou André, ainda irritado com a ausência de Beltrán.

– Gostaria que me entregasse sua espada, senhor André.

– O quê?

– Preciso seguir as ordens que recebi, senhor. Devo levar o senhor e sua esposa até Valladolid, juntamente com os outros prisioneiros.

– Mas o que significa isso? Diogo, por favor...

– Ora, meu primo, tente manter a calma. Não posso me colocar acima da igreja e existem algumas acusações contra você e também contra sua esposa – falou Diogo, tirando de dentro do hábito um livro de capa negra com letras douradas, onde estava escrito *"Stultitiae Laus – Erasmo de Roterdã"*.

Ao ver o livro nas mãos do primo, imediatamente André tentou se arrojar sobre ele, mas os soldados foram mais rápidos e o seguraram, desarmando-o com facilidade. André, nunca fora hábil na luta e, por não suspeitar da armadilha de Diogo, não chamou seus próprios guardas para protegê-lo. Na verdade, sabia que os guardas não veriam com simpatia colonos da fazenda serem levados presos com a sua conivência, por isso preferiu mantê-los fora da situação e agora estava desprotegido.

– Traidor! – gritou André, enquanto que dona Tereza sentia as pernas fraquejarem, tendo que se esforçar para se manter em pé. O destino se repetia com dureza e ela sentia que podia fazer ainda menos do que no passado.

– Não, André, não sou um traidor – falou Diogo. – Estou aqui exatamente por causa disso. Poderia ser qualquer outro inquisidor em meu lugar, que não o protegeria como posso proteger e ainda não deixar que os interesses pessoais pairem acima dos da santa madre igreja. Não tenho como evitar que seja levado a Valladolid, porque são as ordens, mas estarei junto para que não seja tratado como um prisioneiro qualquer. Há sobre você outra acusação muito pesada, mas tenho certeza de que poderá provar sua inocência, por isso toda esta situação são apenas formalidades que não tenho como evitar.

– Que outra acusação? – gritou André, e parecia que sua voz potente faria derrubar as paredes.

– A irmã do padre Euzébio informou à igreja que o senhor foi visto com ele na noite em que foi assassinado...

– Por Deus! Eu apenas conversei com ele, como sempre fiz. Como podem pensar que eu o mataria? Isso é uma idiotice!

– Eu também acho, meu primo, e é por isso que deve agradecer a mim por estar aqui e não outro inquisidor. Tenho certeza de que saberá se defender desta acusação e será libertado.

– Mas quem denunciou Maria del Mar, se só você sabia da existência deste livro?

– Ora, André, você sabe que nunca conseguiu segurar a língua. Quantas pessoas o ouviram falar de Erasmo nas suas farras em Salamanca e outras cidades? Além do mais, não sou o único que frequento sua casa... – falou Diogo, olhando rapidamente para Alfonso. Ao ouvir as últimas palavras deixadas no ar, André quase conseguiu se desvencilhar dos soldados e partir na direção de Alfonso, que mais uma vez se viu usado ardilosamente por Diogo.

Alfonso apenas se afastou um passo, alarmado, antes que os soldados conseguissem segurar novamente André, que gritava para ele todos os tipos de impropérios, enlouquecido do ódio que o rancor pelo primo sustentara sutilmente por toda a vida. Porém, agora, não havia nenhuma sutilidade em suas palavras e ações. Se não fossem os soldados, André o mataria usando apenas as mãos. Os egoístas se revoltam contra as pessoas que lhe privam de qualquer vontade, mesmo se elas estiverem no seu direito e agindo corretamente, mas se esta privação vier de uma situação suspeita, a revolta rapidamente se transforma em insanidade, e era assim, como um louco, que André estava se comportando. Alfonso, por sua vez, sem saber o que falar em sua defesa, olhou para a tia e nela viu o mesmo desapontamento e rancor que antes percebera em Isabelita, que continuava na porta da casa, com as duas mãos na frente da boca e os olhos tomados de lágrimas, embora uma esperança ainda latejasse em seu peito. Beltrán não fora capturado.

– Por favor, André – falou Diogo, aproximando-se. – Não torne a situação mais difícil do que já é. Mantenha alguma dignidade. Seu pai um dia também foi preso injustamente e comportou-se com nobreza até o último momento. Por favor, respeite o nome que carrega. Senhor Pérez – continuou, dirigindo-se ao comandante –, faça com que aquele senhor desmonte e traga-o até a mim.

– Ele mal pode andar – protestou Sancho, que assistia atônito o desenrolar da situação, ao ver que a ordem era dirigida a Herrera, mas Pérez ignorou seu protesto.

Herrera, sempre com os cobertores cobrindo o corpo e um largo capuz envolvendo a cabeça, obedeceu a ordem do comandante e apeou do cavalo com muita dificuldade, caminhando até o centro do pátio com o corpo muito arcado.

– Por que o quer? – protestou mais uma vez Sancho, mas Diogo ergueu a mão direita e fez com que se calasse. Depois postou-se ao lado do arcado e alquebrado Herrera, que era sustentado por Pérez, e removeu o capuz que lhe cobria a cabeça, mas ainda assim seus longos cabelos continuavam a cobrir quase todo seu rosto. Então Diogo gritou:

– Beltrán! Beltrán Girón! Apareça... eu sei que está nos vendo e ouvindo. Ou prefere que eu o chame de Ramon Sandoval? Se não aparecer ordenarei que Pérez leve Javier Herrera agora mesmo para Salamanca e seja entregue ao alcaide para ser enforcado. Há tantos crimes em seu nome que a justiça dos homens me será eternamente grata...

O silêncio se fez quando Diogo terminou de falar. Um silêncio tenso e ao mesmo tempo confuso, porque quase ninguém ali entendia exatamente o que estava acontecendo. Aparentemente, somente Diogo Martínez tinha o domínio de tudo, por isso continuou, depois de alguns instantes.

– Dou a vocês o direito de serem julgados justamente pela igreja. Ou pensa que poderá se esconder novamente, senhor Ramon? Como viverá sabendo que abandonou seus amigos? Como viverá sabendo que não protegeu sua amada Isabelita do que está por vir...

Quando terminou de falar, para surpresa de todos, Beltrán apareceu pela porta da frente da casa, passando ao lado de Isabelita, que soltou um breve grito ao vê-lo. Todos ficaram atônitos, porque ele surgiu como se fosse um fantasma se materializando, mas Diogo apenas sorriu, até que Beltrán parasse a dois passos dele.

– Então você é Beltrán Girón? Ou Ramon Sandoval... ou Abel Hakim? Quantos nomes! Quantas identidades! Quando seu pai foi preso não tive o prazer de conhecê-lo. Como quer que eu lhe chame? – perguntou Diogo, tomado de cinismo, mas Beltrán não teve tempo de dizer nada.

Javier Herrera, que mantinha-se arcado e soltando alguns gemidos, repentinamente ficou ereto, causando surpresa em Pérez, que o ajudava a sustentar-se. Era um homem alto e de ombros largos, que os anos de treinamento e luta haviam deixado ainda mais fortes, apesar de estar com sessenta e três anos de idade, o que fez com que a surpresa fosse ainda maior. Esta surpresa foi o que bastou para que Herrera derrubasse Pérez e o desarmasse, sem dar tempo para que os demais soldados, também atônitos, reagissem. Com a espada de Pérez nas mãos, Herrera, que agora parecia um hábil guerreiro, deixando cair de seu corpo os cobertores e o manto, jogou-se sobre Diogo e o derrubou como se este fosse um fardo pesado, estatelando-o ao chão. Quase que no mesmo movimento, colocou a ponta da espada no pescoço do dominicano e falou, muito alto, para todos ouvirem:

Amor | 251

– Ele vai morrer de qualquer maneira, mas se algum de vocês fizer qualquer movimento terei o prazer de matá-lo mais rapidamente.

Embora o espanto que causara, Herrera percebeu que os soldados haviam entendido sua ordem. Pérez ficou em pé rapidamente, mas apenas abriu as mãos e pediu calma. Ainda não havia entendido como foi possível que um velho alquebrado pudesse ter feito o que fez. No entanto, agora não via nenhum velho comandando a situação, por isso perguntou:

– O que quer? Não poderá matar a todos...

– Não? – perguntou Herrera com um sorriso aparecendo no meio de sua barba desgrenhada. – Seis soldados palermas e um comandante? O que acha, Beltrán? Já derrotamos pelotões bem maiores, não é?

Beltrán, não respondeu, porque agora ele olhava para Isabelita e havia uma súplica em seus olhos. Muitas vezes havia pedido que fugisse com ele e deixasse a família, e agora ela parecia entender o motivo. Aquele era Ramon Sandoval, o bandoleiro que havia atacado seu tio e quase lhe tirado a vida, e jurado que o encontraria onde quer que se escondesse. Ela jamais esqueceria aquele nome. Ramon havia cumprido o juramento. Aquele era o homem que, por vingança, causara um ferimento tão grave em seu tio, que não o permitia mais viver livremente, morrendo a cada dia pela privação da liberdade. O que ela sabia de verdade sobre Juan Carillo? Naquele momento nada que o incriminasse de fato e, embora a paixão por Beltrán ainda latejasse em seu peito, estava confusa, muito confusa. Percebendo o desespero nos olhos da amada, Beltrán pensou em ir até ela, mas Herrera não deixou:

– Ajoelhe-se – gritou para Diogo Martínez. Era a primeira vez na vida que o frade se via em uma situação onde não tinha nenhum domínio sobre ela. Quando Diogo ficou de joelhos, sempre com a espada muito próxima ao seu pescoço, Herrera pediu para que dona Tereza se aproximasse.

– O que quer com ela? – perguntou André, com sua voz de trovão, e Herrera olhou-o com desprezo. Quanto demorariam para descobrir quem ele era?

– Venha até aqui, senhora dona Tereza de Almada e Borges, e ajoelhe-se ao lado do amante.

Dona Tereza já estava na frente de Herrera quando ouviu suas últimas palavras e sentiu um vazio tomar conta do seu peito. Era como se um imenso buraco se abrisse repentinamente e tragasse para ele tudo o que vivera até aquele momento. Olhando nos olhos de Javier Herrera, ela viu Camillo de Alunes e Borges. Havia envelhecido, uma barba enorme e desgrenhada lhe cobria o rosto, a voz se tornara muito rouca, mas eram seus olhos. Não foi atendendo sua ordem que ela se ajoelhou, mas sim porque as pernas não suportaram a emoção e fraquejaram. Por momentos tudo escureceu diante de seus olhos, mas ela ainda pôde falar, baixo, mas o suficiente para ser ouvida por Diogo e por Herrera.

– Camillo... Camillo... é você... meu amado Camillo...

# CAPÍTULO 34

As palavras dela causaram um rápido desequilíbrio em Herrera. Depois de tantos anos era a primeira vez que a via frente a frente e ouvia sua voz. E havia dor naquela voz; e havia tamanha sinceridade expressa em tão poucas sílabas que ele não entendeu bem o que estava sentindo. Diogo Martínez, por sua vez, ajoelhado ao lado de dona Tereza, reconheceu o tio e seu raciocínio rápido entendeu todo o passado. Sabia que Antônio Sandoval ficara preso na mesma época em que seu tio em Salamanca, mas jamais havia aventado a hipótese de ser ele quem salvara Ramon da prisão de Ciudad Rodrigo, logo após ter desaparecido, ao ser libertado. Como pode não ter descoberto tudo antes? Incrivelmente o dominicano mais se cobrava pelo descuido do que se assustava por ver o tio ainda vivo.

– Eu não vou matá-la, senhora, por ter me traído com este verme, porque ainda há em mim uma fagulha de misericórdia. Mas vivi até hoje para ter este momento. Embora nada justifique sua atitude no passado, sei que o maior culpado é ele, por isso morrerá.

– Camillo, por favor. Eu sei que errei, mas jamais tive intenção de trair nosso amor. Tudo o que fiz foi para tentar salvá-lo. Como pode me julgar sem saber a verdade? – perguntou dona Tereza, ainda com um fio de voz, aos poucos se recuperando do aturdimento.

– Mas está confessando a traição ao falar isso! Como pode esperar que eu não a julgue? Como pode esperar que a entenda?

– Meu corpo fez o que a alma julgava ser preciso para salvar o único homem que amei na vida, senhor. Eu sempre o amei, desde o primeiro dia que o vi, e o amo até hoje – falou dona Tereza, ignorando a ordem do marido e ficando em pé.

Havia um estupor dominando a todos os outros que participavam daquele drama, até mesmo os soldados, que nada sabiam do que estava se tratando ali. Pérez mantinha-se atento, mas a espada de Herrera, encostada na ponta do queixo de Diogo, não lhe permitia qualquer iniciativa. Sem que os outros dessem atenção ao fato, Beltrán havia caminhado até Isabelita e parado na sua frente, enquanto que Alfonso Borges, tremendo e aflito, procurava recuperar a calma. André, bastante confuso, não prestava atenção no que a mãe falava, porque o ciúme, mesmo naquela situação caótica, não permitia que ele tirasse os olhos de Isabelita e Beltrán, que agora estavam muito próximos. Tudo o que queria era uma chance de se desvencilhar dos soldados e matar seu concorrente, mas sabia que isso seria impossível.

– Eu tive duas famílias nesta vida, e Juan Carillo destruiu as duas – falou Beltrán, parado na frente de Isabelita. – Sua mãe não foi Isabel, casada com Tiago. Sua mãe se chamava Maria Ana Sandoval e era minha irmã adotiva. Juan Carillo a sequestrou e a manteve presa até o dia em que morreu, quando você nasceu. Este é o passado que todos ao seu redor tentam manter em segredo.

Os olhos de Isabelita tremiam mas não conseguiam se desviar dos olhos de Beltrán. Em tão poucas palavras ele levantara o manto de dúvidas que tentara não dar tanta atenção por toda a vida. Rancor, amor, desilusão, tudo se misturava em um só momento e ela mal conseguia respirar. Em poucos minutos havia amado e odiado Beltrán, por descobrir que ele era Ramon Sandoval, e agora o ódio novamente esmaecia, porém, eles não tinham tempo para conversar.

– Não me fale em amor, senhora. Não foi o amor que me fez viver até hoje, mas sim o ódio – falou dom Camillo.

– Eu, ao contrário, só consegui me manter viva porque o amo, Camillo – falou Tereza, agora em voz mais alta e confiante. Foi então que André, que havia tirado os olhos de Isabelita e ouvido as últimas palavras da mãe, se deu conta de quem era aquele homem e falou, com os olhos muito abertos:

– Pai?

Por mais que dom Camillo tenha passado a vida esquecendo do que era uma família, a palavra pai repercutiu em seu peito como se fosse um sino tocando. Por obrigação da realidade que vivia, fora obrigado a esquecer que tivera um filho, mas que realidade era aquela senão a mágoa causada pelo orgulho ferido? Que realidade era aquela senão o desejo indomável de vingança? Em poucos momentos, ele ouvira a esposa dizer que nunca havia deixado de amá-lo, e agora ouvia da boca do filho a sagrada palavra 'pai'. Sua alma vacilou, seus olhos umedeceram depois de tantos e tantos anos. Seu coração apertou-se.

– Venha comigo, vamos fugir enquanto podemos – falou Beltrán para Isabelita.

– Por favor, me perdoe. Tudo o que fiz foi por amor a você – falou Tereza a Camillo.

Um vulcão parecia querer romper o peito de dom Camillo para vazar suas lavas de rancor e ódio. Habituado a matar sem comiseração ou a enfrentar muitos inimigos ao mesmo tempo, sem medo, sentia agora o corpo tremer. Como ele podia negar a si que ainda amava Tereza com a mesma intensidade da primeira paixão? Como ele podia não olhar com carinho para o filho, que deixara tão desorientado na vida por tanto tempo? Não podia. Amava a esposa e o filho e até hoje somente conseguira esconder esse amor, mas não destruí-lo. Quantos anos perdera por não conseguir superar o orgulho? Quantos? Mas não era ele o verdadeiro culpado por tamanha tragédia. O culpado estava ali, ajoelhado, o monstro que destruíra não apenas sua família, mas tantas outras, e agora se preparava para destruir mais uma vez. O ódio de dom Camillo pelo sobrinho Diogo Martínez, que já era imenso, rapidamente tomou uma proporção imensurável e, sentindo que o amor pelo filho e pela esposa poderia desviá-lo do caminho da vingança, deu um passo para trás e movimentou a espada em círculo por cima da cabeça, para ganhar mais força e velocidade. Porém, dona Tereza viu o que ia fazer e precipitou-se sobre ele gritando:

– Não... por favor, não o mate... ainda temos uma chance...

Dona Tereza conseguiu desviar o golpe de Herrera que já descia certeiro na direção do pescoço de Diogo, que teve apenas tempo de encolher-se. Ainda assim, a ponta da espada passou por seu rosto, começando pela orelha e causando um profundo corte no maxilar, chegando até a boca, fazendo o sangue jorrar abundante.

O momento de aturdimento de Herrera, ou Camillo, com a esposa abraçada ao seu corpo foi o suficiente para que Pérez pudesse agir. Puxando a espada da bainha do soldado que estava mais próximo, quase que em um só movimento, desceu-a violentamente sobre a espada de Herrera, jogando-a para longe de sua mão. No mesmo instante, e entendendo que conseguira escapar por muito pouco da morte, Diogo levantou e correu. Herrera ainda conseguiu afastar Tereza para o lado, tentando protegê-la, mas não teve tempo de apanhar novamente a espada, porque outros soldados já o cercavam. O movimento seguinte de Pérez, que agia movido pelo impulso e ainda assombrado pela facilidade com que aquele velho lhe roubara a espada, era matar Herrera, para ele apenas um criminoso procurado e não um nobre, ainda senhor daquelas terras. Porém, Pérez não conseguiu terminar seu movimento porque uma espada transpassou-o, das costas para o peito. Ele ainda conseguiu se virar e o que viu não foi Beltrán, mas sim o assassino frio que nele também habitava.

Por alguns fugidios instantes, todos ficaram paralisados, enquanto o corpo de Pérez caía lentamente ao chão e Beltrán lamentava a morte de um inocente. Só que aquele inocente mataria Herrera, que era como um pai para ele e sua consciência dizia que não havia outra atitude a tomar. A morte, embora tão mais comum naqueles tempos, naquela circunstância, apavorou a todos. Alfonso havia se ajoelhado e tentava rezar, mas a prece saía maquinalmente de sua boca, sem registrá-la com o pensamento. Havia fechado os olhos quando viu a espada de Beltrán atravessando o corpo de Pérez enquanto que o debatedor enlouquecido gritava que ele podia ter evitado tudo aquilo se não fosse a tola paixão por Isabelita. Não houve como precisar em tempo aquele momento de assombramento e paralização que a morte crua de Pérez havia causado, e os guardas foram aos poucos percebendo que não havia mais motivo para não reagirem, já que seu comandante havia acabado de ser morto brutalmente e mais nenhum inocente estava sendo ameaçado por uma espada desde que Diogo Martínez passara correndo ao lado de Isabelita e desaparecera.

Ignorando a reação dos soldados que começavam a sair do aturdimento, Beltrán embainhou sua espada sem medo de ser atacado e foi até Isabelita, parando novamente na sua frente.

– Não temos mais tempo para decidir, precisamos fugir agora.

– Como posso ter certeza que é verdade o que me falou?

– Você sabe que é verdade. Sempre soube que existiam segredos envolvendo seu pai e seu tio. Juan Carillo é o homem que matou minha primeira família quando ela fugia para Portugal; Juan Carillo é o homem que matou minha irmã Maria Ana, que é sua mãe. Já lhe contei tudo isso antes, só não revelei o nome do monstro para não magoá-la. Eu vim até aqui para matá-lo e só não o fiz por sua causa... só não o matei por amor a você.

Enquanto Beltrán conversava com Isabelita, Herrera recuperava o controle. Aqueles soldados poderiam querer lutar e certamente seriam mortos porque eram jovens e com pouca experiência. Eles, no entanto, estavam acostumados a matar, mas não pessoas inocentes, não sem uma causa que justificasse a morte. Que causa havia ali?

– Só há um criminoso aqui, soldados. E este homem fugiu. Não queremos lutar, não queremos mais mortes. Lamentamos pela morte do comandante Pérez, mas, na falta do inquisidor que moveu todo este processo, o mais sensato é voltarem para a cidade e comunicarem o que aconteceu ao alcaide. Ele saberá o que fazer e não os culpará. Vão para o norte e levem com vocês os soldados que ficaram vigiando nossa casa, de lá há um caminho que segue quase em linha reta para a cidade, cruzando o rio, que vocês devem conhecer.

A antiga autoridade do comandante Camillo de Alunes e Borges moveu aqueles soldados para seus cavalos e os fez partir a galope, aliviados por terem encontrado uma saída para a situação. Tão logo eles sumiram, Herrera chegou ao lado de Beltrán e falou:

– Não podemos partir sem matar Diogo Martínez. Venha comigo.

Beltrán ainda olhou desesperado mais uma vez para sua amada, que tardava em lhe dar uma resposta, e depois foi atrás de Herrera, que acompanhava a trilha de sangue que Diogo deixara. A trilha saía pelos fundos da casa e ia na direção da capela, mas contornava-a pelos fundos. Ao passarem pela capela ouviram o alarido de crianças e viram que Maria del Mar havia levado os filhos para brincarem com um balanço pendurado em um sobreiro, logo acima na campina. Era o riso de seus netos que Herrera ouvia, por isso esforçou-se mais uma vez para fechar os ouvidos e o coração e seguir a trilha de sangue de seu maior inimigo.

Depois que passaram pelo celeiro, viram que o sangue desaparecia subitamente muito próximo da casa da família Carillo, onde Juan estava sentado sobre a pele de ovelha, apanhando o sol da manhã de inverno, como sempre fazia. Olhando-se para ele, dava-se a impressão que nada de grave acontecera e que aquele homem era apenas um velho apanhando sol, nada mais.

– Onde está Diogo Martínez? – perguntou Herrera.

– Por que eu deveria responder? – redarguiu Juan Carillo, sem olhar para eles.

– Porque hoje seria um imenso prazer matá-lo e não apenas feri-lo, Juan Carillo – falou Beltrán, chegando a espada perto do rosto do velho mercenário.

– E por acaso acha que isso me causa algum medo, Ramon Sandoval? – falou calmamente Carillo, que pareceu não se surpreender com a presença do antigo inimigo. – Vamos, vá em frente, termine o que começou e me devolva a liberdade.

Beltrán recuou a espada e olhou para Herrera, enquanto Carillo sorria, o que era muito raro. Foi fácil entender que a morte seria uma boa ação para ele, então, quando pensavam em invadir a casa da família, o mercenário falou:

– Lembra de Joaquim, Ramon? Ah! Deve lembrar... Eu soube que ele quase o matou uma vez, quando foi parar no cárcere de Ciudad Rodrigo. Também deve saber que ele ainda trabalha para mim, por isso ele colocou Diogo Martínez na garupa do seu bom cavalo e partiu a galope. Diogo ainda conseguiu me contar que estava fugindo de vocês, antes de partir. Faz pouco tempo, mas tenho certeza de que não conseguirão alcançá-lo antes que cruze as portas da catedral de Salamanca e seja abrigado por aquele enxame de demônios vestidos de preto. Eu o venci mais uma vez, Ramon, e vou vencer sempre, principalmente enquanto estiver tolamente apaixonado por Isabelita. Ah! Como ela é linda, não é mesmo? Linda como Maria Ana, não é, Ramon?

Beltrán levantou a espada para matá-lo, mas Herrera o segurou. Se Carillo queria tanto morrer, talvez a melhor vingança fosse deixá-lo vivo. Vendo-o naquele estado de prostração e ouvindo suas provocações, Herrera decidiu não atender o pedido disfarçado de Carillo e puxou Beltrán pelo braço, levando-o para o caminho que voltava para a sede da fazenda, mas o mercenário insistiu:

– Nunca houve uma mulher tão linda, nem tão apaixonada por mim, Ramon Sandoval – insistiu Carillo. – Você não imagina o quanto ela gritava de prazer em meus braços... Eu tentava libertá-la todos os dias, mas ela implorava que eu não desatasse os nós que cortavam seus pés e seus pulsos... e gritava de prazer, Ramon, de prazer...

Herrera não conseguiu mais segurar Beltrán. Em poucos segundos se ouviu o assobio fino da espada cortando o ar antes de tirar a vida de Juan Carillo, que somente caiu para o lado da pedra, sem esboçar nenhuma reação, obviamente. O sangue que pingava da espada de Beltrán era como o ódio que pingava de sua alma, e nem ódio nem sangue conseguiam diminuir um pouco da dor que o dominava, por tudo que havia sofrido até este dia. Estava vingado de Juan Carillo, mas que alegria isso lhe trouxe? Mais uma vez, como de todas as outras vezes, nenhuma.

Olhou novamente para o corpo do velho mercenário e não sabia o que estava sentindo. Ali estava *El tenebroso*, o homem que ajudara a destruir suas duas famílias e que assombrara seus sonhos na infância. Estava morto por suas mãos e Beltrán não sabia o que sentir, então virou-se para retomar o caminho, mas o que viu o fez paralisar. Um pouco além de Herrera, parada e com as mãos na boca, sem nem ao menos conseguir gritar, estava Isabelita, que certamente o vira matar Juan Carillo que, por mais monstruoso que fosse, era seu pai.

# CAPÍTULO 35

*Salamanca, 28 de dezembro de 1533. Oito meses depois.*
A neve cobria com uma fina camada a *Plaza Mayor*, em Salamanca, e as crianças das famílias que haviam assistido à missa na catedral subiam pela Calle Mayor e se espalhavam por ela em alarido. Era o *día de los santos inocentes*,[27] e as cerimônias de natal estavam muito próximas, o que trazia uma quantidade muito grande de religiosos e também leigos para a cidade. Cruzando em diagonal pelo centro da praça, abraçado a uma pilha de livros, um monge passava, indiferente às brincadeiras e gritos das crianças. Quando saiu da praça e tomou a calle San Pablo, em direção ao convento de San Steban, percebeu que alguém começara a andar ao seu lado, mas não olhou para ver quem era e apressou o passo, com suas sandálias gastas escorregando algumas vezes na neve que cobria as pedras da rua.

Alfonso Borges não queria contatos. Por ondem do cardeal Juan Pardo, permanecera em Salamanca mesmo depois que Agustín de Cazalla retornou para seus estudos na Universidade de Alcalá de Henares. Juan Pardo de Tavera jamais fez qualquer comentário sobre

---

[27] No Novo Testamento, Mateus relata que, quando Jesus nasceu, o rei Herodes ordenou um massacre em Belém para matar todas as crianças menores de dois anos e, assim, garantir que o Messias anunciado, futuro rei de Israel, fosse assassinado. A igreja católica passou a comemorar, então, no dia 28 de dezembro, a festa dos Santos Inocentes, para lembrar aquelas mortes de crianças. Na tradição popular também se tornou um dia para contar "piadas inocentes" . Entre os anglo-saxónicos uma festa semelhante é comemorado em 1º de Abril com o nome de Fools Day (o Dia da Mentira). (Fonte: muyhistoria.es)

o relatório que mandou sobre o amigo Agustín, somente pediu que Alfonso se integrasse ao mosteiro dominicano de Salamanca, que era sua origem, e esperasse por novas orientações, que não mais vieram. Então Alfonso não sabia se estava sendo esquecido intencionalmente, ou mantido em uma cidade confortável como prêmio por seu serviço. Ah! Como foi difícil abraçar Agustín quando este se despediu! Era como se um punhal estivesse cravado em seu peito e o abraço apenas o fincasse mais para dentro. O que aconteceria com o amigo? Não tinha como saber e não recebera mais nenhuma notícia dele.

Alfonso andou mais rápido, mas quem o acompanhava também apertou o passo, mas ele não queria conversar. Muitos frades estavam se dispondo a partir para o Novo Mundo em missão de evangelização, motivados pelo frei Domingo de Soto, professor de teologia da Universidade de Salamanca. Desde 1509 o mosteiro oferecia monges para os trabalhos missionários nas novas terras e agora Alfonso fora designado a organizar um grupo de dominicanos para cruzar o mar, tendo ele como líder. Por isso muitos jovens frades o procuravam insistentemente para trocar ideias ou serem convencidos, porque ainda tinham dúvidas ou medos. Alfonso tinha muitos motivos para partir, mas o que poderia dizer aos outros? Quem havia passado pelo que ele passou? Quanta decepção causou nas pessoas que amava para ter tomado esta decisão?

Quando Alfonso contornou o mosteiro, que estava sendo ampliado, e entrou por uma rua estreita, a pessoa que o seguia puxou violentamente o capuz do seu hábito e quase o derrubou, fazendo com que os livros que carregava se espalhassem pela neve, causando rápida aflição no monge. Porém, não teve tempo mais de se preocupar com eles, porque fora quase erguido de encontro à parede, tamanha a força daquele homem que o segurava.

– Está louco? O que quer? – perguntou Alfonso, sufocado, atônito, porque estava acostumado a ver as pessoas se assustarem com ele, e não o contrário, mesmo que não coadunasse com a forma de agir do santo ofício. Mas aquele homem olhava-o com frieza e indiferença, como se o dominicano não lhe pudesse causar qualquer mal. Ele tinha o rosto limpo, bem barbeado, os olhos frios eram negros, profundos, e o frade demorou um pouco a reconhecê-lo.

Estivera com ele por muito pouco tempo, mas não havia como esquecê-lo, mesmo que agora não usasse mais a longa barba e tivesse o cabelo aparado.

– O que quer de mim, senhor Beltrán Girón? – perguntou Alfonso, tentando se controlar da surpresa. – Também acredita que fui eu quem os denunciou?

– Notícias – falou Beltrán, diminuindo a pressão sobre a garganta do frade, que respirou profundamente.

– E porque precisa ser tão violento? Quer que eu sinta medo? Isso não é necessário...

– Porque sinto vontade de matar quando vejo essa roupa. O que está acontecendo? Onde está Diogo Martínez?

– Como posso saber, senhor? – perguntou o dominicano, e imediatamente Beltrán voltou a apertá-lo contra a parede de pedras. Diante daqueles olhos injetados de fúria, Alfonso respondeu: – Ele está em Valladolid. Esteve à beira da morte por muito tempo, mas se recuperou... É tudo o que sei. O senhor não deveria se expor assim na cidade. Qualquer soldado gostaria de tê-lo como troféu, depois que matou o comandante Pérez.

– Soldados não encontram fantasmas, senhor, e enquanto Diogo Martínez estiver vivo continuaremos a ser fantasmas – falou Beltrán, aliviando a pressão do seu antebraço cruzado na garganta de Alfonso. – O que sabe da Fazenda Sant'Ana?

– Agradeceria se me soltasse, senhor Beltrán Girón. Tenho certeza de que dentro do mosteiro estaremos seguros para conversarmos, sem precisar me sufocar desta forma. Ninguém saberá com quem estou falando, dou-lhe minha palavra, se ainda é possível confiar nela.

Beltrán ficou olhando para o dominicano com os olhos contraídos, como se tentasse medir o grau de hipocrisia que poderia haver naquelas palavras, mas não pôde ver nada além de desgosto, como se o destino de qualquer um dos dois fosse sem importância alguma para ele. Assim que foi solto, Alfonso se apressou em juntar os livros espalhados pela neve esparsa, temendo qualquer dano a eles, depois fez sinal para que Beltrán o seguisse e só parou quando chegaram em uma sala onde dezenas de livros se espalhavam pela mesa do centro e pelas prateleiras. Assim que conseguiu algum espaço na mesa para

Amor | 263

depositar os livros que trazia, apontou uma cadeira e pediu para Beltrán, ainda atento e desconfiado, sentar-se.

– Fui expulso da fazenda Sant'Ana, senhor Beltrán Girón, e deixei atrás de mim um rastro de mágoas – falou frei Alfonso, sentando-se também na cadeira do outro lado da mesa. – O mais incômodo é que, embora tenha sido uma vítima ingênua de Diogo Martínez, fiz por merecer as mágoas que têm de mim. Mesmo assim, sempre tento saber como estão meu primo e minha tia, a quem eu prezo muito.

– E Isabelita?

Alfonso ficou alguns segundos olhando para Beltrán, tentando medir qual a verdadeira intenção daquela pergunta. Isabelita ainda era um vulcão não extinto em seu peito, principalmente porque ela jamais deixou que ele se aproximasse para qualquer explicação. O que a moça sabia era que ele havia confirmado as suspeitas de André em relação à família de Beltrán, exatamente o contrário do que havia pedido, e todas as vezes em que a procurou, escondido do primo, ela não permitiu que falasse. "Ele não sabe de nada da sua paixão infantil por Isabelita", por fim falou o debatedor, que também parecia estar magoado com ele. "Até você?", perguntou muitas vezes Alfonso.

– Não permite nem que eu me aproxime. As mentiras de Diogo a afetaram profundamente. O que eu sei é que o silêncio tomou conta de sua vida e pouco fala com qualquer pessoa, mesmo com seu tio, Tiago Carillo – respondeu, por fim, dando a entender que sabia que Tiago não era pai de Isabelita. – De uma maneira geral, senhor Beltrán, o silêncio tomou conta de todos que moram na fazenda Sant'Ana e lamento por não poder ajudá-los, por não ser mais bem-vindo entre eles. Eu jamais falaria uma palavra que os colocasse em qualquer situação de risco, mas todos preferiram acreditar em Diogo. Devo reconhecer que ele é muito hábil em armar suas tramas e jogar as pessoas umas contra as outras.

– Mas o senhor falou que fez por merecer todas essas mágoas, então como pode alegar que jamais os colocaria em risco?

– Por que fui estúpido o suficiente para me deixar envolver por Diogo, enquanto deveria estar mais atento para proteger a todos. Agi com infantilidade, senhor Beltrán – afirmou Alfonso, enquanto ouvia

## 264 | MAURO CAMARGO

os risos do debatedor. Obviamente não falou de sua paixão por Isabelita, que o levou a ser conivente e, pior, ter escrito contra seu grande amigo Agustín de Cazalla.

– Não creio que o destino seria diferente se tivesse agido com esperteza. Diogo Martínez parece sempre estar um passo à frente quando o assunto é destruir pessoas.

– Eu conheço sua história, Beltran – falou Alfonso, tirando os cotovelos de sobre a mesa e encostando-se na cadeira. – Depois de tudo o que ouvi naquele dia, fiquei curioso e procurei me informar. Foi fácil encontrar os processos de todos os envolvidos ao seu redor e lamento muito por sua família e mesmo por meu tio, dom Osório de Cuellar. Também foi fácil perceber o raciocínio ardiloso de Diogo. Também procurei saber sobre meu tio, dom Camillo, mas nada encontrei. Não há nada sobre ele escrito em Salamanca, onde ficou preso, então não está difícil de entender que fomos marionetes nas mãos da mesma pessoa. Como eu pude me deixar enganar tão facilmente?

– Parece ser sincero seu arrependimento, senhor – falou Beltrán.

– E por que não seria? Estou acabado, tanto que decidi partir em missão para o Novo Mundo, onde ninguém me conhece e posso ter uma chance de começar de novo. Antes de partir, mandarei uma carta para minha tia e espero que possa levar comigo seu perdão, mesmo que não me responda.

– Ficamos sabendo que partirá – falou Beltrán, sempre medindo cada reação do frade, pois era esse o principal motivo para tê-lo procurado.

– Ficaram? Como podem saber deste assunto?

– Fantasmas são invisíveis, senhor, e não são vistos por noviços ansiosos ou com medo do futuro, que falam mais do que deveriam.

– Ah! Noviços que frequentam tabernas...

– Ou praças, ou ruelas estreitas... Como eu disse, fantasmas vão a qualquer lugar sem ser vistos. É por isso que estou aqui, frei Alfonso.

– Por ser um fantasma? – perguntou Alfonso, sem entender o que Beltrán queria dizer.

– Por que vamos partir, frade. Partir para onde não exista a inquisição e suas torpezas.

Amor | 265

– Mas as novas terras logo estarão cheias de missionários, senhor. Dominicanos e franciscanos estão indo para La Española[28] e de lá se espalhando, não creio...

– Não queremos ir para o Novo Mundo, frei Alfonso – falou Beltrán, baixo, chegando mais perto da mesa. – Queremos ir para a Inglaterra, onde a Santa Sé não tem poder como aqui.

Alfonso ficou olhando para Beltrán e sua cabeça de maneira muito sutil balançava afirmativamente, avaliando já as possibilidades dessa fuga. Sabia que o tribunal da inquisição nunca fora aceito em terras inglesas.

– Ainda assim não entendi porque está me procurando, senhor.

– Sabemos que partirá em breve para Sevilha, onde vai organizar com a Casa de Contratación[29] a viagem de um grupo de monges para La Española. Queremos que contrate uma viagem para Bristol, onde temos contatos.

Os olhos de Alfonso ficaram mais rápidos. Depois da desgraça familiar na fazenda Sant'Ana, aos poucos fora perdendo a motivação para qualquer assunto e passou a tratar das coisas de forma meio mecânica. A ideia de partir para o Novo Mundo não era uma busca por novas motivações, mas sim uma fuga da sua própria consciência, um lugar onde pudesse se esconder até que todos o esquecessem, já que pensava que nunca conseguiria provar que Diogo Martínez mentia. "Mentia? Mesmo?", perguntou o debatedor. Agora ele pressentia a possibilidade de resgatar um pouco de seu erro e uma sensação estranha o dominava.

– Para quantas pessoas, senhor Beltrán, e quais os nomes.

– Serão dez pessoas, das quais duas são crianças. Creio que não preciso dizer os nomes, mesmo porque, não poderemos inscrevê-los na Casa de Contratación. Precisaremos de novos nomes e tenho cer-

---

[28] A ilha onde aportou Cristóvão Colombo em sua primeira viagem, em 1492, chamando-a de ilha Espanhola. Atualmente divide-se nos países República Dominicana e Haiti. (Nota do autor)

[29] Fundada por Carta Real em 1503, em Sevilha, a Casa de Contratação foi responsável por regular o comércio com as colônias americanas. Além de desempenhar funções comerciais, a Casa do Comércio teve um papel chave no campo de mapeamento e navegação, uma vez que estabeleceu numerosas escolas para os marinheiros que serviram como um precedente para o resto da Europa (Fonte: claseshistoria.com)

teza de que o senhor não terá dificuldade em conseguir isso, fazendo buscas nos registros de batismos e óbitos de Salamanca.

– As viagens para o Novo Mundo são financiadas pela coroa, mas para outros destinos costumam custar muito caro, principalmente se for necessário comprar o silêncio de alguns...

– Não temos problemas com isso, frei Alfonso. Consiga o primeiro navio que parte para Bristol e nos coloque nele por um preço razoável. Estaremos lá na data da partida, sem que ninguém nos descubra.

– Então o senhor conseguiu convencer Isabelita?

– Dona Tereza a convenceu... Isabelita se nega a conversar comigo, mas o que ela e o pai farão em uma fazenda sem senhores? Não têm outra saída e, com o tempo... – Beltrán interrompeu o que ia dizer e ficou em pé – Sei que em trinta dias estará de volta e nos encontraremos.

– Mas, como vou encontrá-lo? Não sou bem vindo na fazenda, tampouco sei onde se escondem.

– Eu o encontrarei, frei Alfonso, não precisa se preocupar. Fantasmas como eu têm passagem livre até para o inferno.

Beltrán sumiu assim como apareceu, e Alfonso ficou muitos minutos extático, sem expressão, enquanto o pensamento procurava todas as possibilidades para executar sua missão. Era a chance que tinha de mudar a imagem com a tia e, principalmente, com sua consciência. Era a chance que tinha de ser perdoado por Isabelita, embora soubesse que, provavelmente, nunca mais a veria.

# CAPÍTULO 36

*Sevilha, 15 de fevereiro de 1534. Dois meses depois.*
O frio próximo ao Mediterrâneo era bem menos intenso do que nas planícies abertas da Extremadura no meio do inverno. Chovia já há alguns dias em Sevilha e o vento muitas vezes tornava-se intenso, fazendo com que Gonçalo Saldanha, o capitão do galeão Santiago, que já estava preparado para seguir com destino final em Bristol, na Inglaterra, não pudesse precisar o dia da partida. A grande nau estava carregada com tonéis do precioso Xerez, o vinho licoroso de Jerez de la Frontera, que havia caído no gosto dos ingleses e que tanto lucro dava à coroa espanhola. O líquido era considerado tão precioso que a viagem do Santiago não teria escalas e seria levado em um galeão, o navio mais apropriado para enfrentar os piratas que povoavam a rota. Entrar em vários portos aumentava o risco de ataques, por isso a nau seguiria diretamente a Bristol, o que muito agradava ao grupo de passageiros que haviam pagado uma alta quantia para serem levados na viagem. Na volta, trazendo lã, um produto mais comum, o barco poderia negociar pelos diversos portos do caminho.

Os Borges da fazenda Sant'Ana anunciaram sua viagem ao norte, inicialmente para Zamora, e depois para Palencia. Em ambas as cidades existiam muitos Borges da família, e os de Salamanca alegavam que o trauma sofrido na fazenda Sant'Ana precisava ser esquecido. Também espalharam a notícia de que dom Camillo partira no mesmo dia em que reaparecera e causara tão grande surpresa, principalmente para a esposa e para o filho, sem dar mais notícias. Com estas infor-

## 268 | Mauro Camargo

mações plantadas, dona Tereza, André, Maria del Mar e os dois filhos, além de Isabelita, dama de companhia da casa e mais o pai, ou tio, Tiago Carillo, partiram da fazenda ao amanhecer de um dia de inverno, acompanhados de quatro guardas para protegê-los. Joaquim não mais aparecera desde a morte de Juan Carillo e a fuga de Diogo Martínez. Como nenhum outro inquisidor tivesse aparecido depois da fuga de Diogo, todos entendiam que as acusações sobre André e Maria del Mar eram invenções do primo para tirar proveito da situação.

Depois de terem enterrado Juan Carillo, Isabelita perguntou a Tiago sobre o passado, mas este pediu para não ter que relembrar momentos que para ele foram muito dolorosos. Pelo seu olhar marejado, a moça entendeu que a morte de Isabel, a esposa de Tiago, deixou nele cicatrizes abertas, e falar do passado as fariam sangrar novamente. Talvez por estas dores ele fosse sempre tão calado, entendeu Isabelita, continuando a amá-lo como sempre fez.

Em Salamanca, uma nova guarda contratada especialmente para a viagem substituiria os soldados da fazenda, que deveriam voltar para protegê-la enquanto estivesse sob responsabilidade do capataz. Somente depois de saírem da cidade é que os novos soldados foram informados de que o destino da viagem seria outro. Como o valor que receberiam era mais do que o esperado, não houve reclamações.

Dona Tereza tomou frente de todas as ações, porque André partia a contragosto. Por mais que alegassem sobre o imenso perigo que corria de ser alcançado pelo tribunal do santo ofício a qualquer momento, porque Diogo Martínez deveria ainda estar vivo, estava indignado por deixar suas terras, suas tabernas e amantes. Ninguém sabia ao certo como estava a saúde de Diogo Martínez depois que quase morrera, e André chegava a afirmar que ele não poderia ter sobrevivido, mas sempre havia o risco de outros inquisidores continuarem o serviço que ele havia começado. André fez de tudo para que o empreendimento não desse certo e somente a ameaça da mãe de deixá-lo sem nenhum dinheiro o assustou e o fez mudar de ideia, porque nem os desesperados pedidos da esposa eram capazes de sensibilizá-lo. Para Maria del Mar, acusada de defender ideias heréticas, ser presa e interrogada pelos inquisidores era um pesadelo insuportável. Quem poderia dizer que ela estava errada? Qual seria o destino do filho e da

## AMOR | 269

filha? Para André, o único fato que pesava a favor da ideia de partir era que Isabelita também partiria, embora ela não permitisse mais a aproximação dele, mesmo que usasse da violência, como de outras vezes. O medo que Isabelita sentia de ver a família entregue aos inquisidores dissipou-se quando a ameaça atingiu a todos, e principalmente a André. Então, por que se deixar subjugar por ele?

Os primeiros contatos que André teve com o pai, dom Camillo, ou Javier Herrera, como gostaria que fosse chamado, logo depois da fuga de Diogo Martínez, rapidamente fez com que não se sentisse à vontade com ele. Herrera era uma pessoa severa por natureza e ficara tempo demais longe para ser aceito com facilidade por uma pessoa egoísta como André. As preferências do pai por Beltrán o feriam de morte e chegou a discutir seriamente quando soube que este participaria da fuga.

– Mas ele é um assassino contumaz! – alegou André. – Todos vimos o que ele fez.

– Quem o ensinou fui eu, André, que sou tão ou mais assassino do que ele, por isso respeite a nossa decisão. A força que todos viram em mim naquele dia vinha muito mais do ódio por Diogo do que da minha condição de saúde. Lembre-se de que tenho mais de sessenta anos, por mais que não pareça. Beltrán é um homem maduro, experiente, e um grande guerreiro, que poderá nos defender na jornada muito mais do que qualquer soldado contratado.

O grupo partiu de Salamanca com muitos cavalos e uma carruagem coberta confortável, onde iam as mulheres e as crianças. Embora confortável, a carruagem não permitiria que pudessem se deslocar com velocidade, assim como a carroça onde levavam as bagagens, por isso precisariam parar em alguns locais predeterminados até chegarem em Sevilha. No período em que peregrinaram pelo mundo em busca das suas vinganças, Herrera e Beltrán conheceram inúmeras pessoas importantes e prestaram muitos serviços em troca de dinheiro ou consideração. Muitos homens maus, sob seus critérios ou os de quem os contratava, desapareceram repentinamente, e agora os dois percebiam que a consideração era bem mais valiosa do que o dinheiro que receberam. A primeira cidade em que o grupo da fazenda Sant'Ana parou para passar a noite foi Bejar, e hospedaram-se na casa da influente família Zuñiga, senhores da região, que devia a

270 | Mauro Camargo

Javier Herrera e Beltrán prestimosos serviços. Membros da família haviam sido delatados ao tribunal, supostamente por terem envolvimento com a seita dos *allumbrados* e sofreram os horrores das salas de tortura. Por isso queriam descobrir quem eram os delatores, quais seus motivos e, obviamente, puni-los, mas sem serem incriminados novamente.

Foi na casa dos Zuñiga que Herrera, Beltrán e Sancho se juntaram a eles. Sancho relutava muito em partir, mas não por qualquer ligação com a terra ou familiares, pois não tinha mais nenhum que lembrasse, mas sim porque achava que estava muito velho para a empreitada, e estava mesmo para a época. Era cinco anos mais velho do que Herrera e achava que já tinha vivido demais.

– Quantos chegam à minha idade? – insistia em perguntar. – Eu não vou conseguir chegar a Bristol, morrerei no caminho e serei um problema.

– Se ficar, Diogo Martínez o encontrará e fará com que conte a ele toda a verdade antes de morrer. Só aceito partir se levar comigo sua língua – dizia Herrera com escárnio, mas intimamente não aceitando a ideia de ficar distante do velho amigo.

O amor havia explodido no coração de Javier Herrera como se este fosse um adolescente. Dona Tereza, mais nova do que ele, estava com cinquenta e dois anos e era uma linda mulher aos seus olhos apaixonados. Ainda havia uma nódoa de dor se misturando à paixão, pelo que acontecera no passado, mas o perdão ia, aos poucos, sendo construído com os tijolos do amor em seu peito. Foi com muita alegria que Tereza e Herrera se encontraram em Bejar, porque sabia que dali para frente nada mais os separaria.

Foi em Bejar que frei Alfonso Borges os alcançou. Evitara qualquer contato em Salamanca, para não levantar suspeitas, mas não poderia deixá-los partir sem falar com a tia, de quem tanto gostava. Sabia que talvez se encontrassem em Sevilha, mas isso era incerto, por isso apresentou-se à tia e à Isabelita longe de André, que não sabia de sua presença, e pôde dar sua versão de tudo o que acontecera. A tia abraçou o sobrinho e seu coração explodiu a emoção em soluços no ombro dela. Havia muita confusão naquelas lágrimas, por que Isabelita sorrira para ele e colocara a mão em seu ombro, num gesto delicado de perdão.

Amor e agradecimento, paixão e arrependimento misturavam-se nas lágrimas que escorriam pelo rosto do dominicano. Alfonso partiu de volta para Salamanca na mesma noite, caminhando pela escuridão, como era do seu feitio, e conversando longamente com o debatedor, que insistia em perguntar a ele se queria mesmo partir para o Novo Mundo, principalmente agora que sua tia e Isabelita o haviam perdoado.

Beltrán ficou um longo tempo olhando para Isabelita, na mesa onde jantavam, na ala dos hóspedes da grande casa dos Zuñiga, até que ela não resistiu e também olhou para ele. O encontro daquele olhar fez Beltrán tremer, mas Isabelita não demonstrou nenhuma emoção. Olhava-o com frieza ou total falta de motivação, e não lhe dirigia a palavra, nem mesmo para as mais banais formalidades da boa convivência. Ela mesma não sabia o que sentia por Beltrán. Um emaranhado de aflições substituíra o amor por indiferença, mas ele estava feliz, mesmo assim, porque sabia que o tempo estaria a seu favor.

Na madrugada do dia seguinte, o grupo seguiu viagem, evitando as estradas mais movimentadas, quando possível, e indo na direção do Mosteiro Real de Santa Maria de Guadalupe, na província de Cáceres, onde passariam mais uma noite. O mosteiro fora uma indicação do frade Alfonso, que havia passado pelo local poucos dias antes e providenciado para que o grupo fosse recebido sem perguntas. Alfonso partiria para o Novo Mundo na mesma época que eles e era possível que se encontrassem em Sevilha antes da partida. O mosteiro pertencia à ordem dos Jerónimos, monges contemplativos e pouco afeitos aos fatos da vida dos leigos, o que não deixava de ser um acréscimo de segurança em um mundo vigiado por dominicanos e franciscanos.

Uma tempestade se abateu sobre o mosteiro durante a madrugada e a chuva foi tanta que os viajantes não puderam partir como pretendiam. Sabiam que não poderiam tardar em demasia, porque a viagem era longa e o capitão do galeão Santiago não poderia esperá-los, principalmente porque já tinha recebido quase todo o valor das passagens. Mas a chuva não permitia outra alternativa senão esperar. Uma espera monótona, enfadonha, ouvindo a chuva torrencial que parecia cair de propósito, com a única finalidade de detê-los. O enfado era tanto que André desapareceu, somente retornando ao grupo no meio da madrugada do dia seguinte. Ele sabia que não era só o enfado que o movia. Havia conseguido burlar a vigilância atenta de Maria del Mar e se encontrado com Isabelita em uma das capelas do mosteiro. Ela não respondia suas perguntas e também não o olhava. No seu rosto não aparecia nenhum sinal de emoção, boa ou ruim, como se ao seu lado não existisse ninguém, e isso deixou André enlouquecido. Tentou abraçá-la e beijá-la, mas era como se estivesse beijando uma boneca, sem vida, sem nenhuma reação, o que o humilhava ainda mais. Por isso ele perdeu-se pelos longos corredores do mosteiro e ganhou a rua, voltando somente poucos minutos antes de partirem.

Antes de chegarem a Sevilha, o grupo ainda passou uma noite no Castelo de Santa Olalla del Cala, local que Herrera também colhia os frutos da consideração que conquistara em passagens anteriores, assim como aconteceria em Sevilha, onde um rico comerciante de vinho esvaziara uma propriedade próxima ao porto para recebê-los, com todo o conforto que poderia oferecer. Herrera havia descoberto que os roubos de seus tonéis de vinho eram planejados pelo seu intendente e executado pelo irmão deste e mais um grupo de bandoleiros. Ambos sumiram sem deixar vestígios.

Na noite em que chegaram em Sevilha, com a chuva castigando a viagem desde o mosteiro de Santa Maria de Guadalupe, Beltrán ajoelhou-se aos pés de Isabelita e pediu perdão. Seus olhos marejados a princípio não impressionaram a moça, mas ela mesma sentia a necessidade de parar de sofrer, por isso, pela primeira vez, resolveu ouvi-lo, e Beltrán contou tudo, em mínimos detalhes. Já havia contado sua história antes, mas sem poder aprofundar-se como agora, sem falar em tantos nomes. No final de sua explanação, Isabelita chorava. Não conseguia sentir mágoa de Juan Carillo, porque seu coração era gentil, mas não havia como deixar de entender que ele fora um monstro.

– Imagine-se sendo violentada por um homem que você execra todos os dias, e com as mãos e os pés amarrados por cordas...

Isabelita não deixou que ele continuasse. Colocou os dedos na frente dos lábios de Beltrán e pediu silêncio, sem nada falar, depois apenas encostou a cabeça no peito dele e chorou, por muito tempo. Eles estavam em frente a uma janela que dava para um jardim interno e as folhagens balançavam ao vento, reluzindo com a chuva insistente. Abraçados por muito tempo, sem nada falarem, mas com seus corações voltando a sentir o toque um do outro, não viram que André caía num abismo de rancor por vê-los juntos, escondido pelo cortinado que dividia uma sala de outra. Sua vontade era a de atacar Beltrán e matá-lo, mas sabia que seria subjugado com facilidade. Por isso aquietou-se, mas jurou vingança, assim que pudesse.

No final de mais um dia de espera, um marinheiro veio até a casa dos fugitivos e avisou que partiriam antes do alvorecer do dia seguinte. O capitão Gonçalo sabia que aquele grupo não estava apenas partindo para uma nova vida, mas sim fugindo, e quem fugia da Espanha naquela época era porque temia a inquisição, o que lhe dava mais um motivo para aceitá-los a bordo. Com a venda dos cavalos e da carruagem, foi possível a Herrera prometer uma gratificação maior a Gonçalo, e isso fez com que ele fosse ainda mais atencioso. Herrera ficou apenas com dois cavalos que levariam a carroça de carga, sendo que todos caminhariam até o porto, que não era distante da casa onde estavam.

Exceto as crianças, ninguém conseguiu dormir até o momento de se reunirem para irem ao porto. Excitação e medo dominavam cada um ao seu modo, e mesmo Tiago Carillo e Sancho, os menos implicados em culpas, legítimas ou não, estavam tensos, principalmente quando Maria del Mar avisou que não conseguia encontrar André em lugar nenhum.

– Deve ter bebido de novo e está dormindo em algum canto – falou dona Tereza, irritada com a falta de responsabilidade do filho.

– Eu já procurei por tudo, senhora. Na casa ele não se encontra.

– Ele usou um dos cavalos da carroça de carga – falou Beltrán, entrando na sala onde estavam reunidos. – Com um cavalo apenas vamos demorar bem mais para chegar ao porto, não podemos demorar mais.

– Meu Deus! – falou dona Tereza. – Deve estar em alguma taberna.

– Ele foi irresponsável, senhora, e não podemos arriscar a sorte de todos nós por causa dele, por mais que isso nos doa. Precisamos ser práticos – falou Herrera, que vinha tentando estabelecer algumas regras ao filho, mas sem sucesso.

A chuva e o vento haviam amainado quando chegaram na Casa de Contratación, pela calle Santo Tomás. Pouco à frente passariam pela torre del Oro e entrariam pelo largo do porto, onde a nau Santiago os aguardava. Houve muita apreensão quando apresentaram seus documentos falsos aos fiscais da alfândega, porém, frei Alfonso havia feito um serviço de ótima qualidade. Todos os nomes eram de crianças que foram registradas no passado, mas que ele cuidou de fazer sumir os registros de óbito. Crianças que não viveram por muito tempo e cujos nomes chamariam pouca atenção. Mas os fiscais demoraram a emitir a autorização, fazendo muitas perguntas. Uma grande quantidade de pessoas fugia do tribunal da inquisição nos reinos da Espanha, e a corrupção estava gerando uma grande renda extra para muita gente. Então Herrera, sabendo o que queriam, garantiu em ouro que suas autorizações fossem assinadas. Foi quase um dia inteiro de tensões, por isso, ao passarem pela frente da Casa de Contratación, todos pareciam até ter dificuldade de respirar, mesmo que ela estivesse com as portas fechadas, mas havia um grupo de guardas ao redor da porta de entrada.

As lanternas da rua jogavam no piso úmido uma claridade baça, espalhando reflexos dourados pelo chão dentro da noite escura. O dia ainda demoraria cerca de duas horas para iluminar a cidade, que crescia vertiginosamente depois que Colombo chegara às novas terras e atraíra para o porto uma imensa quantidade de pessoas. Em uma ou duas horas, a maré vazante, ajudada pela cheia do rio, estaria mais intensa e seria o melhor momento para o galeão deslizar pelas águas do Guadalquivir até chegar ao mar. Outras pessoas caminhavam na direção do porto, atendendo ao chamado do capitão Gonçalo, passando pelo grupo de fugitivos, que se deslocava mais lentamente devido à dificuldade do cavalo em levar sozinho a carroça pesada. Todos usavam roupas mais simples do que usariam habitualmente e procuravam ser discretos nos mínimos atos. Porém, dona Tereza, aflita pelo sumiço de André, olhava para todas as pessoas, para todos os cantos, todas as ruas e vielas.

— Procure se acalmar, senhora. Assim chamaremos a atenção de guardas que talvez eu ainda não tenha comprado — falou Herrera.

— Como posso me acalmar, senhor. Nosso filho não está conosco. Não sei como consegue se manter calmo com esta situação.

— A vida me fez aprender a ser prático, senhora, mesmo em momentos de muita tensão ou perigo, porque o nervosismo nunca ajudou a ninguém. Se o capitão me autorizar, partirei com Beltrán atrás de André, mas só saberemos isso ao chegarmos à nau. Creio que ainda demoraremos algum tempo, porque as cargas dos passageiros precisarão ser embarcadas.

Um dos soldados do grupo que estava à frente da Casa de Contratación passou por eles em passo acelerado indo na direção da torre del Oro, e Herrera olhou para Beltrán, que já olhava para ele com ar de preocupação. Herrera apenas balançou negativamente a cabeça, porque sentiu o ímpeto de Beltrán seguir o soldado e agora não era o momento para qualquer confusão. Era preciso contar com a sorte. Sorte?

Quando estavam muito próximos da torre del Oro e já avistavam o galeão Santiago, assim como também todo o formigar de pessoas na plataforma de embarque, dois soldados surgiram de trás do prédio e vieram na direção do grupo, parando na frente de Herrera, que trazia dona Tereza ao seu lado.

– O senhor é dom Camillo de Alunes e Borges – perguntou um oficial, que trazia seu pesado e ameaçador arcabuz no ombro.

A pergunta assustou a todos, que olharam ansiosos para Herrera, mas este nada falou. Mesmo ele, tão experiente em situações críticas, demorou a reagir e dizer que não tinha ideia de quem era dom Camillo de Alunes e Borges. Como demorou a falar, o soldado fez um sinal com a mão e logo um pelotão com cerca de trinta soldados surgiu por trás da torre del Oro e os cercaram, apontando espadas e arcabuzes para o grupo, que nada pôde fazer. Herrera ainda olhou para Beltrán e cobrou dele que não reagisse. Naquela distância, mesmo um impreciso arcabuz não erraria, além da grande quantidade de espadas.

– O que está acontecendo? – perguntou Herrera. – Do que estamos sendo acusados?

– Por qual acusação o senhor quer que eu comece – falou uma voz que vinha de trás da parede de soldados que os cercavam, e que logo se abriram para que um dominicano magro e com uma grande cicatriz ao lado do rosto passasse. Ele vinha com as mãos nas costas e com a cabeça descoberta pelo capuz, fazendo questão de mostrar o rosto desfigurado. Olhava para baixo e sorria sarcasticamente, se aquilo que estava em seu rosto deformado pudesse ser considerado um sorriso. Todos tremeram, alguns de medo, outros de ódio.

Diogo Martínez, acompanhado de mais dois dominicanos e de Joaquim, o mesmo Joaquim que fora soldado de Juan Carillo e o salvara em Salamanca, parou na frente de Herrera, mas a uma distância em que o oficial mais próximo pudesse protegê-lo. O oficial, por sua vez, entendendo o perigo, tirou o arcabuz do ombro e apontou para Herrera. Enquanto olhava para o grupo, Diogo coçava a cicatriz ao lado do rosto. O corte da espada de Herrera arrancara parte da orelha, e vinha desta até o canto da boca, que havia sido mal costurada e fora de posição, fazendo com que um lado ficasse bem mais baixo do que o outro.

– Acho que não preciso arrolar todas as acusações, não é mesmo, senhor Camillo. Perderíamos tanto tempo que a nau Santiago partiria sem vocês – falou Diogo, tomado de cinismo e com dificuldade para articular alguns fonemas. – Então não vamos perder tempo com coisas inúteis. Exceto estes dois anjos, que sinto tanto por terem nascido em um covil, todos são acusados de diversos crimes e terão que responder, tanto à justiça secular, quanto à santa Sé. Mais uma vez fui bondoso e convenci o alcaide de que seria conveniente e caridoso que começássemos atendendo os assuntos da igreja, já que a justiça dos homens é tão bruta e intransigente.

– As mulheres não são culpadas de nada, senhor. Por favor, deixe-as soltas, porque foram convencidas por nós a seguirem viagem. Deixe-as soltas para que possam cuidar destes anjos, que alega tanto gostar, e leve a mim e Beltrán, que somos os únicos culpados aqui – falou Herrera, tentando manter-se calmo para salvar a família, antes que seu ímpeto o fizesse quebrar o pescoço de Diogo, o que sabia ser possível antes que o oficial entendesse o que estava acontecendo e disparasse.

– Ah! Que generoso, meu tio! Fico mesmo tocado por sua honradez, que o faz se declarar culpado antecipadamente, diante dos irmãos inquisidores que me acompanham. Porém, como sempre, sou apenas um agente de interesses muito maiores do que os meus. Se fosse por mim, apenas, que já o perdoei pela brutalidade, todos embarcariam naquela nau e continuariam suas vidas. Porém, não se preocupe, senhor, as crianças serão levadas para as irmãs das nossas ordens e terão uma orientação cristã, o que seria impossível se continuassem nesta família tão carcomida pela heresia.

Diogo falava baixo e tentando transmitir calma, mas era fácil perceber o fel que destilava em cada palavra. Uma pessoa como ele jamais assumiria qualquer culpa pelos males que sofria, sendo ou não consequência de suas próprias atitudes egoístas. Ele só via naquele grupo as pessoas que quase o mataram e deformaram definitivamente seu rosto. Mas, desta vez, havia tomado todos os cuidados, trazendo um grande número de soldados e mais dois inquisidores, para que eles não tivessem a mínima possibilidade de escapar das suas mãos.

– Na verdade, eu fico mesmo tentado a propor que todos partam e deixem conosco estes anjos, porque vejo neles alguma esperança. Seria bom nossas terras se livrarem de tantos heréticos de uma só vez – falou Diogo, passando ao lado de Herrera e olhando para cada um dos heréticos que acusava, enquanto que o filho e a filha de André e Maria del Mar, com nove e sete anos respectivamente, se agarravam à cintura desta tomados de pavor.

– Nem todos são culpados – insistiu Herrera, quando Diogo parou na frente de Isabelita e Beltrán e percebeu que era a moça que conseguia, com seu abraço, mantê-lo quieto.

– Todos são culpados, meu tio. Todos participaram livremente desta fuga e ajudaram criminosos, financiaram, acobertaram, aliciaram, foram coniventes com o crime e a heresia. Como eu me justificaria perante meus superiores se não prendesse a todos? Como saberíamos a extensão dos crimes se cada um não for ouvido? Para terem uma ideia de como é importante cada depoimento, só estou aqui porque meu amado primo, frei Alfonso, tomado pelo súbito clamor da sua consciência, me procurou e contou toda a trama. Ah! Uma alma que se salvou do pecado... Será preso também, porque sabemos de suas simpatias com Lutero, mas com muitos atenuantes...

Dona Tereza apenas fechou os olhos para que deles não vazasse o ódio que rapidamente envolveu seu coração. Por que Alfonso os trairia? Como poderia ser tão hipócrita, tão cruel, entregando-os depois de ter conseguido seu perdão? Herrera, ao vê-la trêmula, falou ao seu ouvido.

– Não dê ouvidos a nada do que ele diz. É mais provável que Alfonso tenha sido preso e torturado até não resistir.

– Não temos como saber, senhor – balbuciou Tereza.

– Na dúvida, ele é inocente, porque é o diabo que o acusa.

– Diabo? Eu ouvi a palavra diabo? – perguntou Diogo, agora sorridente, ao passar novamente pelo casal.

– Onde está André? – perguntou dona Tereza, com a voz embargada.

– André! Eu estava me esquecendo dele e dando todo mérito a Alfonso. Bem, André veio a mim somente depois de Alfonso, mas não deixa de ter seu valor – falou Diogo, olhando para baixo, como se discutisse o assunto consigo mesmo. – André me procurou durante a noite e negociou comigo a própria liberdade em troca de informações sobre a família em fuga. Não sei o que posso fazer por ele, mas será tratado com menos rigor pelo tribunal, sem nenhuma dúvida. Mas eu havia feito uma proposta. Ninguém vai me responder? Trocariam o destino cristão destas crianças pela partida para outras terras?

– Está louco? – perguntou Maria del Mar, abraçada aos filhos, e ainda absorvendo o impacto de o marido tê-los entregue sem tentar salvá-la.

– Oh! Não? Tem certeza, senhora?

– Cale-se, seu infame – respondeu a mãe, que, se pudesse, mataria aquele frade com as próprias mãos.

– Então, diante desta recusa, não há mais nada que possamos fazer. Fiz o que pude. Eu e meus irmãos dominicanos ainda temos outros assuntos a tratar. Em breve nos encontraremos, em locais mais aprazíveis, senhores, senhoras – falou Diogo, fazendo sinal para que os dois mudos e sorumbáticos dominicanos o seguissem. Porém, antes de deixar definitivamente o grupo, virou-se para o oficial comandante e falou: – Por favor, senhor, mantenha-os aqui até que a nau Santiago parta, depois recolha-os ao Alcázar. O espetáculo de um galeão partindo sempre é aprazível aos olhos e não há por que privar estes miseráveis desta despedida.

A chuva voltou a cair intensamente em Sevilha e as primeiras claridades do dia encontraram ruas com cascatas de água formadas pela enxurrada. Os transeuntes que acorriam ao porto não entendiam o motivo daquele grupo de soldados cercando pessoas encharcadas, todos parados no largo do porto, enquanto um grande galeão zarpava. Porém, nenhum ser humano era capaz de ver a cena sem perceber que o silêncio era apenas de sons, porque a dor que unia cada um deles era tanta que ninguém podia encará-los sossegadamente. Desviavam os olhos e corriam para seus afazeres, por que a vida precisava continuar. A vida sempre precisa continuar.

# CAPÍTULO 37

*Bairro da Restinga, Porto Alegre, outubro de 2014.*

O relógio da sala anunciou a meia-noite, quando Herrera parou de falar e as lágrimas percorriam lentamente o rosto de padre Godoy, que tinha a cabeça encostada no apoio da poltrona e os olhos fechados. Ele se sentia molhado e magoado, cansado e frustrado, com as coisas que acabara de ouvir. Era como se também estivesse naquele porto sob a chuva, vendo o navio partir.

– Alfonso realmente entregou a todos, Herrera? – perguntou, com medo de ouvir a resposta, mas não houve resposta nenhuma. Estranhando o silêncio, Godoy abriu os olhos e viu que estava sozinho. Pela primeira vez seu amigo espírito havia partido sem se despedir e achou estranho, porque ele havia dito que seria sua última visita.

Um pouco sentido com Herrera, levantou e tomou o caminho do quarto. Queria contar a ele sobre Bruno, que tivera um ataque convulsivo após abusar do consumo de alguma entorpecente, chegando muito próximo da morte, como o espírito havia prevenido. Foi a vigilância de Emília que não deixou que ele morresse. Desconfiada e alertada pelo padre para ser ainda mais vigilante, voltou mais cedo para casa e encontrou o filho à beira da morte. Queria contar e agradecer, mas Herrera havia partido.

Chovia na Restinga e a noite não estava convidativa para sentir os aromas do jardim no meio da primavera. Ainda no curto corredor que levava ao quarto, ele começou a sentir um sono que não lhe era habitual, já que sempre costumava demorar a dormir e muitas vezes a insônia o fazia passar noites em claro. Sabia que isso era principalmente pelas muitas dores que sentia no corpo, principalmente na coluna, mas agora, mesmo com a coluna doendo, o sono mal permitiu que se vestisse para dormir. Assim que encostou a cabeça no travesseiro, ouviu alguém lhe chamando pelo nome e ficou um pouco irritado inicialmente, mas rapidamente sentou na cama, porque não era seu costume deixar de atender ninguém. Somente sentado na cama é que percebeu que não estava sentindo dor nenhuma. Não lembrava mais como era esta sensação e achou estranho, porém, muito mais estranho estava seu quarto. Que quarto era aquele?

– Onde estou? – perguntou para si mesmo, mas foi Herrera quem respondeu.

– Em seu quarto, padre Godoy. Anos de oração pelos outros, esquecendo-se na maioria das vezes de si mesmo, criaram este ambiente espiritual junto ao seu quarto físico. Passa por aqui toda noite ao dormir, mas é normal que demore um pouco a recordar.

Herrera estava sentado em uma cadeira de espaldar alto, além dos pés da cama, e atrás dele havia uma larga janela, que se abria para um jardim repleto de flores.

– Então foi por isso que não se despediu, meu amigo.

– Eu havia lhe falado que esta visita seria diferente e assim está sendo. Mas venha. Vista este roupão e sente-se aqui ao meu lado, ainda temos muito a conversar.

Godoy apanhou um roupão branco e levemente perfumado que estava no criado mudo e o vestiu, sempre olhando para seu quarto no plano espiritual. Sua memória lhe dizia que já o conhecia, agora que passara a surpresa. Muitas vezes sonhara com um lugar como aquele e pensava estar sonhando com um lindo hospital, ou algum convento.

– Eu vou lembrar disto depois? – perguntou a Herrera, que também usava uma roupa azul-clara e confortável, parecida com o roupão de Godoy.

– O que for necessário, padre. Alguns sonhos são mais marcantes devido à necessidade de tomarmos algumas atitudes induzidas pelos amigos da espiritualidade. É como um reflexo condicionado para que nunca percamos os méritos vinculados ao livre arbítrio.

– Mais devagar, meu amigo. Percebo que minha mente está mais leve e ágil, mas não a ponto de me julgar um doutor em espíritos – falou o padre, com um sorriso. – Então me trouxe aqui para terminar de contar a história?

– Eu já terminei de contá-la, padre Godoy.

– Já? Mas...

– O que mais eu poderia dizer?

– Ora... o que aconteceu com todos?

– Não posso dizer que foi um final feliz, meu amigo. Diogo Martínez, ao seu modo, venceu.

– E o que aconteceu com Alfonso?

– Ah! Creio que quer saber se Alfonso realmente traiu os amigos. O que posso lhe dizer é que não demorou a contar a verdade quando estava na roda da tortura, inclusive contando mais alguns detalhes sobre Agustín de Cazalla. Mas como poderíamos recriminá-lo? Quantos resistiram sem nada falar? Além do mais, se não fosse pelo senhor, Agustin de Cazalla seria denunciado por outras pessoas. Ele acabou sendo morto pelo tribunal anos mais tarde, em 1559, mas, como reconheceu seus erros, lhe foi concedida a graça de morrer por estrangulamento e não na fogueira – falou Herrera, não conseguindo evitar que suas palavras carregassem alguma ironia.

– De qualquer maneira, creio que jamais vou me livrar desta culpa. Além do mais, minha tia...

– Vocês não demoraram a se encontrar do outro lado, padre, e lá ficou tudo claro. Somente André sobreviveu ao tribunal. Perdeu as terras e quase todo o dinheiro que tinha, mas não morreu em uma sala de tortura, embora tenha vivido uma vida dissipada depois, não tardando a retornar à espiritualidade, em péssimas condições. As crianças foram levadas para Ávila e, mais tarde, a menina juntou-se às carmelitas, enquanto o menino juntou-se aos Jerónimos. Ambos ficaram com muito medo do ser humano.

– Isabelita... Beltrán... ?

– Aquela manhã em Sevilha foi o último contato que tiveram, pelo menos conscientes. Foram levados para cárceres em cidades diferentes e os que sobreviveram aos aparelhos participaram de um auto de fé em Segóvia. Um grande espetáculo presidido por Diogo Martínez, que não conseguiu seu intento de ser inquisidor-geral apenas por um detalhe.

– Um detalhe?

– Joaquim, o soldado de Carillo e que se tornara seu protetor desde a fuga da fazenda, sabia demais a seu respeito, por isso Diogo entregou-o ao tribunal com alguma acusação qualquer. Porém, quando os soldados o estavam levando, num arroubo de mágoa e desespero, conseguiu se desvencilhar e atacou Diogo. Ambos rolaram por uma escada e o frade bateu fortemente com a cabeça em uma pedra, pondo fim a mais uma jornada de egoísmo, na qual tanto comprometeu seu futuro. Juan Pardo de Tavera, por sua vez, usando das informações que Diogo havia conseguido, iniciou o processo contra Agustín de Cazalla junto ao santo ofício e chegou a ser inquisidor-geral, mas morreu antes de o processo terminar, sem ser capelão do rei, como pretendia.

– O senhor poderia encontrar alguma coisa boa para me contar, meu amigo. Estou me sentindo oprimido com tanta dor, tanta desgraça. Eu gosto de finais felizes

– O final feliz está em suas mãos, padre Godoy – falou Herrera, com um sorriso um tanto triste no rosto. Ele também ainda estava envolvido pelo passado.

– Percebo que estamos vivendo um momento importante, mas gostaria que explicasse melhor o que cabe a mim para que este final seja mesmo feliz. Perdoe-me por demorar a entender.

– Não tem culpa em não entender, afinal, ainda não expliquei o que queremos.

– Então me diga: o que querem? Não costumo ficar ansioso, mas...

– Depois daquela jornada na matéria, nos encontramos mais algumas vezes. Aos poucos cada um foi purgando suas culpas, uns mais, outros menos rapidamente. Pertencemos a um grupo de espíritos que está unido há muito tempo, padre, muito tempo. Nossas desventuras remontam à antiga Grécia, mas não é hora de alongarmos mais a história e sim findá-la. O que interessa é que muitos já conseguiram se equilibrar, resgatar suas faltas maiores. O senhor sabe qual a diferença entre uma prova e uma expiação do ponto de vista dos espíritos?

– Já li alguma coisa, Herrera. Simplificando, dá pra dizer que a prova é escolhida e a expiação imposta.

– Isso mesmo, padre. Então posso lhe dizer que, em vidas seguintes àquela, passamos por expiações trágicas e provas duríssimas, embora merecidas. Com todas as mortes que eu e Beltrán cometemos, como poderíamos querer que fosse diferente?

– Imagino o que Diogo Martínez deve ter enfrentado, depois de tudo o que fez – falou Godoy, entristecido.

– Nem sempre uma pessoa está em condições de aproveitar plenamente uma jornada de provas e expiações. É o caso de Diogo.

– Poderia me explicar melhor? Ele não sofreu as consequências do que fez?

– Algumas consciências criam mecanismos de defesas tão bem armados que a culpa demora muito a se estabelecer. Sem o indivíduo reconhecer o erro, sem se sentir culpado diante do erro, como haverá de querer corrigir o que fez? Ele voltou várias vezes ao plano terreno, mas, embora prometesse modificações diante das probabilidades que a vida oferecia, preferia manter-se protegido por inúmeras camadas de justificativas. Mentes muito desenvolvidas nem sempre são emocionalmente inteligentes. Têm dificuldade em mudar, sair do pedestal a que se alçaram dentro da sua zona de conforto particular. Quando isso acontece, mesmo que o amor seja o grande remédio para todos os males, até ele tem dificuldade em ajudar. Então quem age é o amor divino, com o tempo e as reencarnações para desarmar as defesas e atingir a consciência. Consegue compreender, meu amigo?

– Digamos que sim, embora não me seja um assunto habitual, olhando-se por esta perspectiva. Você quer dizer que ele ainda não sofreu na carne o que fez sofrer?

– Sim, ou quase isso. Não seria muito produtivo esse sofrimento. Ele apenas se julgaria vítima e perderia ótimas oportunidades, tornando-se ainda mais perigoso. O vitimismo é um mal de consequências devastadoras para o espírito. É primordial que o espírito sinta a necessidade de mudar. Sem sentir-se mal com os erros, incomodado com eles, porque mudar? Quer um exemplo?

– Oh! Por favor...

– Por alguns instantes, procure lembrar de algum erro seu. Não um erro pequeno, mas alguma coisa que fez e que lhe incomode a consciência ao lembrar.

– São muitos... mas alguns são mais fortes – falou o padre, depois de meditar por alguns segundos.

– Sim, e qual sua vontade em relação a esses erros?

– Não tê-los cometido. Se pudesse fazer voltar o tempo, ou não os faria, ou os repararia o mais rapidamente possível...

– Pois é, o senhor acaba de desvendar o mistério da reencarnação. Depois de cada jornada, a consciência avalia seus atos, erros e acertos. O que fez de errado e ainda incomoda ao lembrar o faz procurar outra jornada terrena. É como voltar no tempo, mas volta-se indo para a frente. Diogo ainda é daqueles que dificilmente aceitam que fazem alguma coisa errada, por isso não sentem vontade explícita de mudar, a tal ponto que uma expiação, ou seja, uma situação imposta, o fará reagir como vítima e pode piorar a situação.

– Muito bom – falou padre Godoy. – Então Diogo não chega nem a se sentir culpado?

– Não, mas está começando a mudar, mesmo que lentamente. Tardou mais do que os outros, mas está começando, porém, não é só ele. Do nosso grupo, os mais difíceis são Diogo, André, Juan Carillo... e eu.

– Você? Como assim? – perguntou Godoy, estupefato.

– Ah! Padre, como eu gostaria que fosse diferente! Porém, tenho que ser realista. Não se engane com o que está vendo e ouvindo agora, pois, quando estamos na matéria, é difícil manter este equilíbrio. O ódio por Diogo Martínez tem atrasado muito meu crescimento. Na última encarnação, eu não matei Ernesto de Amorim somente por que antes tive um enfarto fulminante. Estava com a arma na mão para matá-lo... A minha morte foi uma necessidade para que eu não complicasse ainda mais minha situação espiritual. Não morri, fui retirado a tempo.

– Santo Deus! Eu não sabia disso! Então Ernesto, pai de Bruno, é mesmo Diogo Martínez?

– Depois de muitas encarnações ligados à igreja, conseguiram que ele procurasse outro caminho, embora tenha estudado por muito tempo em colégios católicos nesta vida. André veio como seu filho para que o sentimento de profundo ódio entre eles começasse a mudar. Mas André passou várias vidas mergulhado em seu próprio egoísmo, e tantas outras vezes perdeu-se. Não era esperado dele muito mais do que está passando. Na verdade, as dificuldades que ele nos oferece na situação em que se encontra faz com que tenhamos mais chances de progredir. Se aproveitarmos esta oportunidade que a vida está dando para que deixemos de pensar tanto em nós mesmos, poderemos realmente ajudá-lo na próxima.

– Sendo você dom Camillo, suponho que Maria do Carmo era dona Tereza.

Herrera ficou olhando para Godoy por um tempo antes de responder. Aquele que agora ali estava em quase nada lembrava o homem que se apresentou no salão paroquial pela primeira vez. Estava sereno e demonstrava um conhecimento da vida e do destino muito maior do que o padre poderia supor. Godoy viu que os olhos do espírito se encheram de lágrimas, antes de ele responder:

– Não é apenas o ódio que faz com que venhamos como pais e filhos, felizmente, meu amigo. As famílias são compostas dos mais diferentes sentimentos. O excesso de amor, ou o amor destemperado, muitas vezes também precisa ser corrigido. Desta vez, dona Tereza não veio como minha esposa, mas, devido à sua grandeza, ao imenso amor que tem no coração, muito maior do que qualquer amor que eu possa sentir, ela veio como filha. Ela veio como Emília, para que eu aprendesse a ter por ela o amor verdadeiro, transformando o amor possessivo, muito próximo da paixão, em amor de doação, como é o amor que sentimos pelos filhos, na imensa maioria das vezes.

A voz de Herrera estava embargada e o rosto riscado de lágrimas. Padre Godoy, entendendo a emoção do amigo, esperou que se acalmasse, até que ele voltou a falar:

– Quer prova maior de amor do que aceitar casar com a pessoa que a possuiu contra sua vontade, que acusou seu marido e o fez prender, e que depois a torturou e a entregou às chamas de uma fogueira? Como eu sou pequeno diante desse amor, padre, como eu sou pequeno!

Tanto Herrera quanto Godoy se deixaram tomar pela emoção e choraram. Demorou para que tivessem condições de continuar a conversa. Godoy rezava, agradecia a Deus pela chance de participar desta história de regeneração, mesmo sem saber o que ainda caberia a ele, mas já se preparando para o que viesse. Quando conseguiu falar, Herrera continuou:

– Ela sabe que é preciso que toda a família espiritual cresça, sem que ninguém fique para trás, por isso aceitou a situação. Casou com Ernesto de Amorim e recebeu mais uma vez André como filho. Assim, Diogo teria mais uma chance de começar a entender o que é pensar nos outros e não apenas em si. É impressionante os efeitos da perda da memória quando reencarnamos. Não fosse ela, como poderia existir esses arranjos?

– E Maria do Carmo, quem foi então? – perguntou o padre, tentando diminuir um pouco a carga de emoção de Herrera.

– Foi Maria del Mar, minha nora naquele tempo. Também aceitou casar com um espírito embrutecido como o meu, para que todos possamos crescer. Ela aprendeu muito nesta vida, padre, muito mais do que eu, sempre tão teimoso. É uma alma diferenciada.

– Mas o amigo demonstra conhecer tanto sobre a vida e as reencarnações. Não entendo por que se diz embrutecido.

– E quem disse que conhecer sem dobrar-se ao amor é suficiente? Em várias vidas pude aumentar muito meu conhecimento de tantas coisas... A mente tem uma capacidade de expansão fabulosa, mas o amor eu queria guardar apenas para mim e dona Tereza, ou para bem poucas pessoas. Quantas vezes a perdi por confundir paixão e amor! Agora é hora de mudar. Agora é hora de vencermos uma etapa muito importante, padre, e o senhor precisa me ajudar. Precisa muito me ajudar.

# CAPÍTULO 38

Godoy ficou mais uma vez olhando para o rosto molhado de Herrera e comoveu-se com sua emoção aflorada. Sua mente mantinha-se em oração constante e pedia a Deus que ajudasse aquele amigo desde já, pois pressentia que ele estava se preparando para uma situação difícil. A respiração dele estava pesada, mas, à medida em que o padre rezava, pôde perceber que começava a voltar ao equilíbrio.

– Talvez seja a hora de eu saber o que posso fazer por você, meu filho – falou Godoy a frase que vinha tantas e tantas vezes repetindo durante a vida: o que eu posso fazer por você, meu filho, ou minha filha. Sorriu quando se deu conta, e Herrera também sorriu.

– Antes de lhe pedir, gostaria que me permitisse chamar algumas pessoas que estão esperando para entrar.

– E é preciso que eu permita?

– O quarto é seu, padre. Foi o senhor que o construiu e é responsável por ele. Estamos até usando roupas especiais para estarmos aqui.

– Então os chame, estou curioso.

A primeira que entrou foi Maria do Carmo que, sorridente, abraçou o padre demoradamente. A amizade entre eles havia se consolidado em muitos anos de trabalho ajudando aos outros. Depois entrou Emília, e foi fácil ver a confusão estampada no rosto de Herrera, afinal, aquela era dona Tereza de Almada e Borges, mas também era Emília Benaccio de Amorim, sua filha. "Que grande confusão é essa, capaz de transformar amor egoísta em amor de doação?", perguntou-se o padre, lembrando-se imediatamente do debatedor. "Você está por aqui?", perguntou em pensamento, mas não ouviu resposta.

Emília também o abraçou demoradamente, e o que Godoy sentiu não foi a energia da filha de Maria do Carmo o abraçando, mas sim a de sua tia no passado, dona Tereza, e ele não teve como controlar as lágrimas mais uma vez, mesmo sabendo que tudo entre eles estava resolvido, sem mais mágoas para filtrar. Durante a jornada atual, Emília procurava muito o padre e costumava ouvir seus conselhos, seguir suas orientações, e Godoy agradeceu a Deus por isso.

Por fim, entraram duas pessoas que o padre não conhecia, mas que chegaram sorridentes e cativantes. Era um jovem de não mais de vinte anos de idade, abraçado a um mulher muito bonita, na casa dos trinta e cinco anos, aparentemente. Ela tinha os cabelos muito negros, os olhos também negros e profundos, e o padre não resistiu e falou:

– Isabelita... Por Deus!

Sim, ali estava Isabelita. Um grande amor seu no passado e que em vidas ainda anteriores àquela tinha-o levado a cometer outras atrocidades. Instintivamente, Godoy sabia que com ela também estava tudo equilibrado, talvez por outras jornadas subsequentes, mas mesmo assim teve vontade de se ajoelhar e lhe pedir perdão.

– Ora, meu bom padre Godoy, vai demorar a me dar um abraço? – perguntou Isabelita.

O abraço entre os dois sepultou definitivamente qualquer réstia de amargura que pudesse ter ficado pelo tempo, e todos puderam sentir as ondas de emoção e carinho que deles provinham. Por fim se separaram e Godoy virou-se para o jovem:

– Ramon Sandoval, com certeza.

– Sim, padre Godoy. Ramon, ou Beltrán, mas prefiro que o senhor me chame pelo nome da minha última jornada, Henrique Brandão.

O padre abriu a boca para falar, mas não achou palavras e a deixou entreaberta. Henrique Brandão, de quem ele tinha tanto ouvido falar, embora não tenha conhecido, por ter morrido muito jovem. Henrique, o filho do delegado federal Jaime Brandão, que, viúvo, havia casado pela segunda vez com sua sobrinha, Lívia Pazzianoto. Então Godoy olhou para Isabelita e entendeu que aquela era Lúcia, a mãe de Henrique, que fora a primeira esposa de Jaime.

Godoy precisou sentar-se, tamanha a surpresa, tanto dos reencontros, quanto da compreensão imediata dos mecanismos de correção da vida. Beltrán voltara como filho de Isabelita, também para corrigir o amor egoísta e transformá-lo em amor verdadeiro, de doação.

– Herrera já havia deixado escapar que minha sobrinha Lívia foi Pilar Sandoval – falou o padre.

– E Jaime Brandão, meu pai na última vida, foi Antônio Sandoval. Depois daquela vida, Antônio caiu em uma profunda descrença em Deus e isso o levou a cometer muitos erros, mas os principais deles já foram recuperados depois da última jornada. Infelizmente, nem todos aproveitam bem suas vidas na matéria. Veja que Sônia, a esposa de Tomas, naquela existência tirou a vida de Pilar devido ao seu ciúme e, na atual, como Vera Santello, casada com o irmão de Jaime, o mesmo Tomas daquela vida, matou Lúcia, minha mãe. Foi uma grande lástima.

– Sim, uma grande lástima. Eu soube por Lívia de tudo isso. Mesmo assim, apesar de até parecer cruel, é tudo perfeito, não é? Bem, se é de Deus, como poderia não ser? Na vida atual você foi morto com um tiro aos vinte anos, como havia matado Murilo, o filho de Steban.

– A quantas pessoas fiz mal naquela vida, padre? – perguntou Henrique. – Aos poucos fui pagando a cada um por meus erros, mas faltava este para resgatar. Aos olhos da matéria foi apenas um crime, porém, aos olhos do espírito, foi uma necessidade evolutiva. Minha consciência não ficaria tranquila se não tivesse acontecido assim. Somente os egoístas pensam que não é necessário pagar suas contas. Além do mais, minha morte também foi a pancada final necessária para que meu pai, Jaime, que foi Antônio, quebrasse as paredes que construiu para isolar Deus de sua vida, por tudo o que aconteceu depois que morri.

– E por onde anda Steban? – perguntou o padre. – Ainda não me falaram dele.

– Steban já progrediu muito e veio nesta vida como meu melhor amigo, enquanto pude estar nela. Casou-se com Aninha, que, enquanto eu estava na matéria, era minha namorada. Aninha foi Maria Ana naquela vida e, com Steban, agora, em um processo delicado de regeneração, vão receber como filhos Murilo e Eugênia, que foi a esposa de Steban.

– Você escreveu um livro, não foi? – perguntou o padre, ainda estupefato.

– Sim, junto a um escritor do plano físico escrevemos o *Perdão*, no qual o senhor é meu personagem, padre. É claro que mudei nomes, lugares, mas estamos todos lá, e no próximo que virá, com o mesmo escritor.

– E como será o nome do próximo?

– *Amor*, padre, e o senhor estará lá, obviamente. Creio que seja nosso melhor personagem. Enquanto eu escrevia o *Perdão*, minha mãe um dia me alertou que o que havíamos vivido no passado poderia gerar outro romance, mas nem eu imaginava que a história era tão intrincada, como ainda estou descobrindo. . Sem contar que falta eu saber os motivos passados que levaram Isabelita a desencarnar de forma tão trágica nessa sua última vida, como Lúcia.

– Amor! – falou o padre. – Só o amor é capaz de construir pontes para superarmos os abismos de dor do passado. Acho que estou aprendendo.

– O senhor é um exemplo para todos nós, padre.

– Não me deixe encabulado, filho. Eu não sou nada.

– É muito, padre Godoy, e por ser muito é que vamos lhe pedir mais uma atitude de grandeza – falou Herrera, se aproximando. Todos se aproximaram e rodearam o padre, e a emoção voltou a umedecer todos os olhos.

– O que eu posso fazer por vocês, meus filhos – falou o padre, sorrindo humildemente.

– Eu preciso voltar meu amigo, preciso voltar... – falou Herrera, como se tivesse que convencer a si mesmo do que falava.

– Voltar? – perguntou Godoy.

– Na verdade, eu e Juan Carillo precisamos voltar. Ele foi separado de Bruno recentemente, a quem obsidiava para tentar agredir Ernesto, ou Diogo Martínez. Para Ernesto, ter um filho fora dos padrões estabelecidos pela sociedade como normal é uma grande vergonha, e o espírito de Carillo se aproveitou disso para incomodá-lo. Utilizou-se das enormes brechas na organização perispiritual de Bruno para ligar-se a ele e induzi-lo ainda mais ao uso das drogas. Em outras jornadas, Diogo e Carillo estiveram próximos novamente e o ódio entre eles cresceu ainda mais, aumentando o que já sobrara dos tempos da Espanha, quando, já no plano espiritual após o desencarne, Carillo viu o que Diogo fez com Isabelita, a quem realmente amava como filha e que acabou morta em um auto de fé, queimada na fogueira.

Carillo foi desligado de Bruno e o estão preparando para reencarnar como seu filho, em breve. Assim estará novamente perto de Diogo, para uma nova tentativa. Não será uma reencarnação fácil para ele, nem para os pais, tampouco para os avós. Ele virá com algumas dificuldades mentais e deficiências físicas.

– Mas Bruno, como está hoje, vai poder ajudar?

– Bruno e a namorada certamente serão pressionados ao aborto, principalmente por Ernesto de Amorim. Além de pressentir o antigo mercenário, com quem não tem nenhuma afinidade, a lógica materialista dirá que esse filho não pode nascer. Será um trabalho árduo para sua capacidade de convencer, padre. E será apenas a primeira etapa deles no caminho da redenção. Contamos que o senhor seja o ponto de equilíbrio, contrapondo-se com sua força moral à ideia de aborto.

– E o senhor, como voltará? – perguntou o padre, despistando sempre que ouvia algum elogio.

– Como filho de Ernesto, padre – falou Herrera, e era fácil perceber sua dificuldade, a ponto de Emília se aproximar e abraçá-lo. Pai e filha abraçados, ou antigos marido e mulher? Logo Maria do Carmo também os abraçou, enchendo ainda mais o ambiente de carinho.

– Que bom que voltará como filho de uma pessoa que tanto ama, meu amigo – falou o padre, tentando animá-lo.

– Emília não será minha mãe, padre.

– Não?

– Diogo teve muitas mulheres no passado e, no presente, está envolvido com uma aluna, que não passa de uma das tantas a quem prejudicou. Na verdade é mais um reajuste com Blanca, a antiga serviçal de dona Tereza a quem fez prender e queimar em uma fogueira, e agora é sua amante. Ela faz parte da nossa família espiritual e é dela que serei filho. E caberá ao senhor manter-nos todos unidos na matéria, porque lá os laços de amor, facilmente sentidos aqui, se dissipam com mais facilidade – falou Herrera.

– Mas... o que poderei fazer? Vou lembrar de tudo isso?

– Não podemos lhe privar do livre arbítrio, amigo. Foi por isso que lhe contei toda a história no plano material, onde sua memória física tem tudo registrado, e agora lhe passamos o que ainda faz diferença para sua evolução no plano espiritual. Assim mantemos sua capacidade de dizer sim ou não e a decisão será sua, porque isso ainda importa para sua alma. É claro que tudo o que lhe contei sobre o passado será um forte alicerce para suas decisões.

– Por Deus! É claro que vou ajudar, só não entendo direito como farei isso.

– Estará comigo, meu sobrinho – falou Emília, com um sorriso carinhoso no rosto, depois repetiu: – Estará comigo, meu padre. Precisarei como nunca que me mantenha forte e aceite o filho de outra mulher sem romper meu casamento, porque saberei de tudo em breve. Já estou me preparando aqui para isso. É claro que posso não aceitar, é um direito meu, mas o quanto isso atrasaria a recuperação do grupo? Eu não passo de uma pessoa cheia de defeitos e lá, na matéria, tudo fica ainda mais difícil. Preciso muito ser forte, padre, e preciso que me ajude, assim como precisa ajudar Bruno e Rita, a namorada. Eles precisam receber Juan Carillo, porque o choque de uma nova vida, um filho ou filha, não deixa ninguém indiferente. Não será um trabalho fácil, meu amigo, nada fácil, e no plano físico só o senhor terá autoridade moral para que possamos seguir o caminho certo.

– Eu sou tão pequeno – falou Godoy, com os olhos novamente encharcados, mas entendendo a chance que Deus lhe dava para corrigir o que fizera no passado, quando delatou, ou deixou de ajudar, as pessoas amigas. Entendia também sua influência entre as famílias da paróquia, que acorriam a ele nos momentos mais delicados.

– Pode ser pequeno, padre, mas hoje é maior do que nós e ocupa a posição ideal para cumprir o que foi combinado há muito tempo, ainda antes de todos nascermos. Sempre terá o direito de agir diferente, mas não tenho dúvida de que o amor que tem é suficiente para compartilhar com todos nós. Só o amor constrói as pontes, padre, para superarmos a dor.

Todos se aproximaram ainda mais de Godoy, como se estivessem em um só abraço e seus corações unidos rapidamente formaram uma auréola de claridade ao redor. Uma cascata de luz derramou-se sobre o grupo e as lágrimas partiram dos seus olhos como se fossem pequenas pétalas, levadas pela brisa da redenção.

Godoy olhou para cima e viu apenas luz, e agradeceu a Deus pela oportunidade de servir mais uma vez. Então, no meio da luz, um anjo apareceu, mas não só ele o viu, todos o viram ao mesmo tempo, tamanha a energia de bondade que dele se espalhava. Quase que involuntariamente todos se afastaram e formaram um círculo ao redor de Godoy e do anjo, que agora estava parado à sua frente. Ele usava um túnica branca e singela, seus traços eram delicados e seus olhos pareciam jorrar luz e serenidade.

Sem saber o que fazer, o padre fez menção de se ajoelhar, mas o anjo não permitiu, segurando delicadamente suas mãos. Ao sentir o toque das mãos do anjo, uma sensação de paz inebriante tomou conta de Godoy e sua mente, ativada por tamanha energia, entendeu que aquele era o espírito responsável por todo seu grupo familiar. Alguma coisa em sua memória se agitava e Godoy se esforçava tentando lembrar de algum passado onde o anjo estivesse, mas não conseguia. Percebendo o esforço do padre, o anjo sorriu e falou:

– Somos amigos de muito tempo, Godoy, mas não é hora de se preocupar com isso. O que importa agora e no futuro é saber que, quando quiser conversar, debater, é só me chamar, meu amigo. Estarei sempre por perto.

Florianópolis, 02 de agosto de 2017

# VIRTUDES ESSENCIAIS

Esta edição foi impressa, em novembro de 2017, pela Assahi Gráfica e Editora, de São Bernardo do Campo, SP, sendo tiradas duas mil cópias em formato fechado 15,5 x 22,5 cm, em papel Off-set 75 g/m² para o miolo e Nigbo Star C2S L'D 300g/m² para a capa. O texto principal foi composto em Berkeley LT 12/13,8. A capa foi elaborada por Fernando Campos.